U1068771

湖南人文科技学院校级规划教材

金融法案例教程

主　编◎朱耀斌　罗立晖
副主编◎刘小林　张永红

湘潭大学出版社
XIANGTAN UNIVERSITY PRESS

图书在版编目（CIP）数据

金融法案例教程 / 朱耀斌，罗立晖主编．-- 湘潭 ：
湘潭大学出版社，2025. 3. -- ISBN 978-7-5687-1475-4
Ⅰ．D922.280.5
中国国家版本馆 CIP 数据核字第 20249TM538 号

金融法案例教程

JINRONGFA ANLI JIAOCHENG

朱耀斌 罗立晖 主编

策划编辑：张宝香
责任编辑：谭 慧 张宝香
封面设计：李 平
出版发行：湘潭大学出版社
社 址：湖南省湘潭大学工程训练大楼
电 话：0731-58298960 0731-58298966（传真）
邮 编：411105
网 址：http://press.xtu.edu.cn/
印 刷：长沙创峰印务有限公司
经 销：湖南省新华书店
开 本：787 mm×1092 mm 1/16
印 张：15.25
字 数：298 千字
版 次：2025 年 3 月第 1 版
印 次：2025 年 3 月第 1 次印刷
书 号：ISBN 978-7-5687-1475-4
定 价：79.00 元

目　录

第一章　银行法专题

一、连带保证之债不及于配偶

典型案例：某银行与甲公司、乙公司金融借款合同纠纷案

基本案情

（一）案件事实

2019 年 3 月 22 日，原告某银行与被告甲公司签订了编号为 2019 信黄银贷字第 006050 号的《人民币流动资金贷款合同》。2019 年 3 月 18 日，原告作为抵押权人（乙方）与被告甲公司作为抵押人（甲方）签订了编号为 2019 信黄银最抵字第 0317 号的《最高额抵押合同》，约定甲方担保的债权是指乙方依据与主合同债务人在 2019 年 3 月 18 日至 2020 年 3 月 18 日期间所签署的主合同而享有的一系列债权。该合同所附抵押物为被告甲公司名下地下一层的不动产。2019 年 3 月 18 日，原告（乙方）分别与被告乙公司、丙公司、丁公司、薛某某、贺某（甲方）签订内容一致的编号为 2019 信黄银最保字第 0312 号至第 0316 号的《最高额保证合同》，均约定：甲方担保的债权是指乙方依据与主合同债务人在 2019 年 3 月 18 日至 2020 年 3 月 18 日期间所签署的主合同而享有的一系列债权；保证方式为连带责任保证；保证期间为主合同项下债务履行期限届满之日起三年。在合同中甲方承诺：当主合同债务人不履行到期债务或发生约定的保证人承担保证责任的情形，无论乙方对主合同项下的债权是否拥有其他担保，乙方均有权直接要求甲方在其担保范围内承担担保责任，无需事先行使其他担保权利。被告薛某、张某分别作为薛某某、贺某的配偶，在 2019 信黄银最保字第 0315 号、2019

信黄银最保字第 0316 号的《最高额保证合同》中确认：已知晓上述合同约定并对于甲方依据本合同承担保证责任（包括但不限于处分夫妻共同财产）不持任何异议。原告按约于 2019 年 3 月 22 日向被告甲公司发放贷款3 900万元。被告甲公司未按合同约定偿还贷款本息。各担保人亦未承担担保责任。

原告某银行向本院提出诉讼请求：1. 判令被告甲公司偿还原告贷款本金38 996 710. 44元，偿还截至2020 年4 月 14 日所欠利息191 399. 34元、复利1 420. 31元、罚息267 525元（上述债务合计为39 457 055. 09元），偿还至贷款全部清偿之日止的全部利息、复利、罚息；2. 判令原告对被告甲公司提供的抵押物折价或者以拍卖、变卖该抵押财产的价款享有优先受偿权；3. 判令被告甲公司、乙公司、丙公司、丁公司、薛某某、薛某、贺某、张某对上述债务承担连带清偿责任；4. 由被告承担本案的全部诉讼费用（包括案件受理费和财产保全费等）。

（二）审判结果

辽宁省××中级人民法院于 2020 年 7 月 20 日作出民事判决：1. 被告甲公司于本判决生效之日起十日内向原告某银行偿还借款本金38 996 710. 44元及利息、罚息、复利；2. 原告某银行有权对被告甲公司抵押的地下一层的不动产权折价或者以拍卖、变卖该抵押财产所得的价款就本判决第一项确定的被告甲公司给付义务在最高额债权限额4 680万元范围内优先受偿；3. 被告乙公司、丙公司、丁公司、薛某某、贺某对本判决第一项确定的被告甲公司给付义务在最高额范围内承担连带清偿责任，并在承担清偿责任之后，有权向被告甲公司追偿；4. 驳回原告某银行的其他诉讼请求。

（三）裁判理由

法院生效判决认为：原告与被告甲公司签订的案涉《人民币流动资金贷款合同》合法有效。原告依据《人民币流动资金贷款合同》履行了发放贷款的义务，被告甲公司也应依据该合同履行还款付息义务。现借款期限已经届满，被告甲公司未按约还款付息，构成违约。原告诉请被告偿还借款本金及相应利息、罚息、复利，本院予以支持。原告与被告甲公司签订的案涉《最高额抵押合同》合法有效。被告甲公司以其名下地下一层的不动产权向原告提供最高额抵押担保，并办理了抵押登记，抵押权依法设立。债务履行期届满原告未受清偿，原告对被告甲公司提供抵押财产在最高额的范围内优先受偿。

被告乙公司、丙公司、丁公司、薛某某、贺某与原告签订了四份《最高额保证合同》均有效。这四份《最高额保证合同》约定乙公司、丙公司、丁公司、薛某某、贺某为被告甲公司在一定期限内连续发生的多笔债权提供最高额保证担保。因案涉《最高额保证合同》存在特别约定。根据有约定按约定、无约定按法定的原则，各保证人应当按照案涉《最高额保证合同》约定在最高额度内承担连带清偿责任，而无须原告先行行使抵押权。薛某与薛某某、张某与贺某系夫妻关系，其夫妻关系存续期间，被告薛某某、贺某与原告签署《最高额保证合同》，且被告薛某、张某书面确认对被告薛某某、贺某承担保证责任（包括但不限于处分夫妻共同财产）不持任何异议，应当视为被告薛某、张某同意薛某某、贺某用夫妻共同财产对被告甲公司承担清偿责任，并不代表被告薛某、张某同意作为保证人对被告甲公司所负债务承担连带清偿责任。原告请求判令被告薛某、张某对被告甲公司所负债务承担连带清偿责任的诉请，不予支持。各保证人在承担保证责任后，有权向被告甲公司追偿。

案例评析

（一）裁判要旨

夫妻共同债务的认定，不仅与夫妻双方的财产权利息息相关，也影响到债权人利益和交易安全。夫妻共同债务，是以夫妻共同财产作为一般财产担保，在夫妻共有财产的基础上设定的债务。一般系夫妻双方合意举债或者其中一方为家庭日常生活需要所负债务。对于一方超出家庭日常生活需要所负债务且未用于夫妻共同生活、生产经营的，不属于夫妻共同债务。对于保证人配偶在“声明条款”中仅写“已知晓保证合同约定”，并非作出承担保证责任的意思表示，该债务不构成夫妻共同债务，保证人配偶无需对案涉债务承担保证责任。

（二）典型意义

本案中，某银行以薛某、张某签署了《最高额保证合同》以及其系保证人薛某某、贺某的配偶为由主张薛某、张某对案涉债务承担连带清偿责任，故本案的争议焦点在于薛某、张某是否为案涉债务的保证人，本案中的保证之债是否属于夫妻共同债务。

根据《中华人民共和国民法典》（本书以下简称《民法典》）合同编以及物权担保的相关规定，保证合同应当以书面形式订立，且合同条款中关于保证人同意提供担保的意思表示应当明确。本案中，薛某、张某虽在《最高额保证合同》上签字，但其仅以保证人配偶的身份对保证人承担保证责任予以确认，并没有作出其自愿作为保证人承担连带保证责任的意思表示，故其不属于本案债务的保证人。另一方面，从夫妻共同债务的角度，根据《民法典》婚姻篇及相关司法解释的规定，用于夫妻共同生活或共同生产、经营活动，或者产生于双方婚姻关系存续期间由夫妻双方共同举债的，应当认定为夫妻共同债务。本案保证之债不属于夫妻共同债务，薛某、张某无需承担连带清偿责任。

拓展思考

关于保证人配偶是否承担责任的问题。保证人为自然人时，债权人往往会要求保证人配偶出具“知悉函”等声明条款，确认保证人配偶知悉并同意保证合同约定，从而确保保证人最终能以夫妻共同财产承担责任。但事实上声明条款的具体内容会直接影响法院的判决。在审理认定时，法院应审理认定配偶在签字确认时，有无承担共同还款责任的意思表示，从而认定保证人配偶是否承担保证责任。对于夫妻共同债务认定上可以考虑以下几个标准：

1. 夫妻双方在保证合同中共同签字，或者一方在合同上签字、一方在声明条款中说明“构成夫妻共同债务”或“承担连带保证责任”，或者庭审过程中另一方认可系夫妻共同债务的，可认定为夫妻共同债务。

2. 夫妻关系存续期间仅有一方以个人名义签订借款合同，但有证据证明借贷款项用于夫妻共同生活、共同生产经营活动，或者结合综合因素可推断用于夫妻共同生活、共同生产经营活动的，可认定为夫妻共同债务。

（编者：郭超群　梁子旋）

二、债务人和连带责任保证人只应在债务总额的范围内对债权人承担清偿责任

典型案例：某典当公司与湖南某房地产公司、某公司等保证合同纠纷案

基本案情

（一）案件事实

2014 年 1 月 25 日，原告某典当公司作为贷款方（甲方）、被告湖南某房地产公司作为借款方（乙方）、某公司、曾某彦、李某鹄、段某华、刘某、颜某志、肖某莲、彭

某平、龚某国作为担保方（丙方）三方签订了《借款协议》。2016年某典当公司向法院起诉借款人湖南某房地产公司，要求偿还借款。湖南省××中级人民法院于2016年11月11日作出（2016）湘××××民初6号民事判决书，认定如下事实：2013年12月24日湖南某房地产公司向某典当公司借款2 565 000元，并签订了《借款协议》，龚某国作为担保人为该笔借款提供担保。2014年1月25日某典当公司与湖南某房地产公司签订的《借款协议》也就是案涉借款合同实际借款本金为13 306 500元。两笔借款本金共计15 871 500元，并从借款之日起至2016年8月24日按月息2%计算利息，抵扣已支付的利息尚欠9 622 511.68元。后某典当公司对湖南某房地产公司的债权，通过债权人代位权诉讼起诉冷水江市某局，经执行程序，法院从冷水江市某局执行到位1 000万元。2019年1月24日，湖南某律师事务所起诉某典当公司，要求某典当公司向其支付因代理某典当公司与湖南某房地产公司民间借贷纠纷等案件的律师代理费1 465 969.5元，后双方达成调解，由某典当公司于2019年1月27日前支付湖南某律师事务所律师代理费1 465 969.5元。后通过执行程序某典当公司向湖南某律师事务所支付了591 600元，剩余款项未支付。原告某典当公司诉至法院请求判令：1. 某公司、曾某彦、李某鹄、段某华、刘某、颜某志、肖某莲、彭某平、龚某国等九被告（以下简称“九被告”）偿还原告某典当公司借款本金15 871 500元。2. 九被告以15 871 500元为基数按月利率2%支付利息至实际清偿之日止（在核减从冷水江市某局执行的1 000万元后，利息实际为8 669 266.68元）；3. 九被告承担本案诉讼费用及原告某典当公司为实现债权所支出的律师费。

（二）审判结果

湖南省××人民法院于2021年3月19日作出（2020）湘××××民初××56号民事判决：1. 被告某公司、曾某彦、李某鹄、段某华、刘某、颜某志、肖某莲、彭某平、龚某国于本判决生效之日起对借款人湖南某房地产公司所欠原告某典当公司的借款本金13 306 500元和利息8 379 305.68元（之后利息从2019年5月25日起按月息2%计算至清偿之日止）以及律师代理费1 465 969.5元承担连带清偿责任；2. 驳回原告某典当公司其余诉讼请求。

一审判决后，被告某公司、曾某彦、段某华、刘某、颜某志、肖某莲、彭某平、龚某国不服，提起上诉。湖南省××中级人民法院于2021年9月13日作出终审民事判决：1. 撤销湖南省××人民法院（2020）湘××××民初××56号民事判决；2. 上诉人某公司、曾某彦、段某华、刘某、颜某志、肖某莲、彭某平、龚某国、原审被告李某鹄在湖南省××中级人民法院（2016）湘××××民初6号民事判决所判定的借款人湖南某房地产公司应承担的责任范围内承担连带清偿责任（不包括2013年12月24日湖南某房地产公司与某典当公司签订的《借款协议》所涉款项）；上诉人某公司、曾某彦、段某华、刘某、颜某志、肖某莲、彭某平、龚某国、原审被告李某鹄承担连带清偿责任后，有权向湖南某房地产公司追偿；3. 驳回被上诉人某典当公司的其他诉讼请求。

（三）裁判理由

法院生效判决认为：1. 保证合同系主合同的从合同，保证责任是主债务的从债务，基于从属性原则，保证责任的范围及强度不能超过主债务的范围及强度。在已生效的（2016）湘××××民初6号民事判决中，某典当公司向湖南某房地产公司主张律师代理费的诉求被驳回，湖南某房地产公司未向某典当公司承担律师代理费，故作为保证人的曾某彦等无需承担律师代理费的保证责任。2. 债务人和连带责任保证人只应在债务总额的范围内对债权人承担清偿责任，基于法院就某典当公司与湖南某房地产公司民间借贷纠纷已作出（2016）湘××××民初6号民事判决，故保证人仅对湖南某房地产公司在本案所涉借款中应承担的责任范围内承担连带清偿责任，对该1 000万元如何抵销，双方可在执行程序中解决。3.《中华人民共和国担保法》（本书以下简称《担保法》，2021年1月1日废止）及其司法解释虽不禁止当事人分别起诉债务人或保证人，但某典当公司在涉案法律关系清晰、被告主体明确的情况下，完全可以一并起诉要求债务人及保证人承担民事责任，这也符合《担保法》及其司法解释相关规定的立法本意。现某典当公司先起诉主债务人湖南某房地产公司清偿债务，后又提起本案保证合同之诉，客观上产生了两笔诉讼费用，增加了债务人的负担，也增加了诉累。故酌定案件一审、二审诉讼费用合计355 006元，由某典当公司承担70%即248 504元，由保证人承担30%即106 502元。

案例评析

（一）裁判要旨

保证合同系主合同的从合同，保证责任是主债务的从债务，基于从属性原则，保证责任的范围及强度不能超过主债务的范围及强度，债务人和连带责任保证人只应在债务总额的范围内对债权人承担清偿责任。

（二）典型意义

本案系典型的担保合同纠纷，保证人应当对主债务承担连带责任是肯定的，争议在于对已经生效判决确认的主债务之外的律师费，保证人应否承担保证责任的问题。对此，法院认为，保证责任是主债务的从债务，基于从属性原则，保证责任的范围及强度不能超过主债务的范围及强度。如果保证责任的范围不受主债务的限制，可能造成债权人将获得从主债务人处不能得到的利益，如本案中债权人某典当公司主张的律师费已被生效裁判驳回，湖南某房地产公司未向某典当公司承担律师代理费，但根据保证合同的约定，保证人担保的范围“貌似”包括律师服务费，但实则不然，假使支持了债权人的此类请求，而上述费用不属于主债务的范围，保证人承担后将无法向被保证人追偿，保证人额外增大了债务，对保证人亦不公平。在实践中，债权人基于追求利益的天性，利用其强势地位，纷纷效仿，势必会损害保证人的利益，妨害保证担保的正常实施，最终不利于经济的发展。同时，在审理涉及连带责任保证案件中，连带责任法律关系中的债权人享有绝对的选择权，债权人对债务人、连带保证人的诉讼并非必要共同诉讼。债权人先起诉债务人、后起诉连带保证人虽不构成重复起诉，但在涉案法律关系清晰、被告主体明确的情况下，债权人增加诉累，亦增加了债务人的负担，故在诉讼费方面，判决债权人承担较大比重，体现了公正司法的原则。

拓展思考

本案是否构成重复起诉及重复受偿的问题。本案系债权人分别起诉债务人和连带责任保证人，是否存在重复起诉和重复受偿的问题。最高人民法院在（2018）最高法民终891号民事判决裁判观点认为：在审理涉及连带责任保证案件中，连带责任法律关系中的债权人享有绝对的选择权，即债权人为了实现债权而对履行对象、履行顺序、履行内容都享有绝对的选择权，从而保障债权人债权的实现。根据《民法典》第六百八十八条第二款“连带责任保证的债务人不履行到期债务或者发生当事人约定的情形时，债权人可以请求债务人履行债务，也可以请求保证人在其保证范围内承担保证责任”和《最高人民法院关于适用〈中华人民共和国民事诉讼法〉的解释》（本书以下简称《民诉法解释》）第六十六条“因保证合同纠纷提起的诉讼，债权人向保证人和被保证人一并主张权利的，人民法院应当将保证人和被保证人列为共同被告。保证合同约定为一般保证，债权人仅起诉保证人的，人民法院应当通知被保证人作为共同被告参加诉讼；债权人仅起诉被保证人的，可以只列被保证人为被告”的规定，在连带保证中，因债务人不履行到期债务或者约定保证人承担责任的情形出现，债权人起诉的，保证人的诉讼地位如何，取决于债权人列谁为被告提起诉讼，具体而言，包括三种情形：债权人仅起诉债务人，可以只列债务人为被告；债权人仅起诉保证人，可以只列保证人为被告；债权人一并起诉债务人和保证人，应当列债务人和保证人为共同被告。故债权人对债务人、连带保证人的诉讼并非必要共同诉讼。而且根据《民法典》第七百条“保证人承担保证责任后，除当事人另有约定外，有权在其承担保证责任的范围内向债务人追偿，享有债权人对债务人的权利，但是不得损害债权人的利益”和《最高人民法院关于适用〈中华人民共和国民法典〉有关担保制度的解释》（本书以下简称《担保制度解释》）第十八条第一款“承担了担保责任或者赔偿责任的担保人，在其承担责任的范围内向债务人追偿的，人民法院应予支持”的规定，保证人如清偿保证债务后，有权向债务人追偿，故不存在重复受偿的问题。

结合最高人民法院前述案例和司法实践，债权人对债务人、连带保证人的诉讼并非必要共同诉讼，债权人分别起诉债务人和连带责任保证人并非重复起诉，亦不存在重复受偿的问题。

（编者：李　琛）

三、借记卡盗刷案件的法律分析

典型案例：颜某与某银行储蓄合同纠纷案

基本案情

（一）案件事实

2015 年 5 月 22 日，原告颜某在某银行开户办卡，卡号（略）。截至 2016 年 6 月 30 日，颜某账户中有资金28 404元。

2016 年 7 月 5 日 00：01：18—00：05：50 涉诉银行卡在湖北某支行分八次取款共19 000元；2016 年 7 月 5 日 00：41：37—0：52：19 涉诉银行卡在重庆某银行分两次转出共8 800元和在重庆某家电销售分两次消费共 486 元；手续费共计 107 元。此外，2016 年 7 月 5 日 00：06：12 和 2016 年 7 月 5 日 00：33：58 分别在湖北某支行和重庆某银行有两次取款失败的记录。涉诉银行卡在一小时内，分别在湖北和重庆两地累计支出28 393元。

2016 年 7 月 7 日，颜某前往涉诉某银行 24 小时自助银行取款时发现涉诉银行卡内金额仅剩 11. 8 元。2016 年 7 月 8 日，颜某到娄底市乐坪派出所报警，该所立案侦查。

涉诉卡在上述两地刷卡时，颜某仍在其住所地广东省中山市。

颜某请求法院判令：1. 被告某银行赔偿原告颜某本金28 393元及从 2016 年 7 月 5 日至清偿之日止的利息；2. 被告某银行支付原告颜某在此案中花费的交通费 200 元；3. 本案的诉讼费用由被告某银行承担。

（二）审判结果

湖南省××人民法院于 2017 年 3 月 20 日作出（2016）湘××××民初××77 号民事判决：1. 被告某银行应在本判决生效后十日内赔偿原告颜某28 393元及利息，从 2016 年 7 月 5 日起按银行同期贷款利率计算至偿清款之日止；2. 驳回原告颜某的其他诉讼请求。

一审判决后，某银行不服，提起上诉。湖南省××中级人民法院于 2017 年 6 月 26 日作出终审民事判决：驳回上诉，维持原判。

（三）裁判理由

法院生效判决认为：1. 涉诉事实是否清楚的问题。虽然银行认为颜某提供的证据仅能证明案发时其仍在住所地，并不能说明案发时本人是否持有涉诉的真银行卡及涉诉的非正常交易非颜某的意愿表达，但是经法院审理查明颜某已提供证据证明涉诉银行（伪）卡在进行交易时其不在交易地点，且在发现卡内存款消失时积极查询、报案，颜某的上述行为能够证明涉诉交易并非其本人的意愿表达。2. 举证责任如何分配的问题。某银行认为“未尽到妥善保管密码义务”的举证责任在颜某。法院认为，在目前的科学技术下不能排除整个交易系统存在密码泄露或者被破译的可能性，也不能排除犯罪嫌疑人通过技术手段在持卡人适度遮掩的情况下仍然可以通过测录器、摄像头等设备获悉储户密码的可能性，在此情形下把举证责任分配给储户有违公平原则。而某银行作为专业金融机构及相关技术、设备、操作平台的提供者，在其与储户的关系中明显占据优势地位，应当对其交易安全保障义务不存在过错及颜某“未尽到妥善保管密码义务”等用卡行为存在过错的法律事实承担举证责任。本案中，颜某的银行卡内款项系被他人在银行盗取，某银行未能举证证明其尽到安全保障义务，应承担赔偿责任。

案例评析

（一）裁判要旨

借记卡被盗刷，银行作为借记卡制作和发行方，对其已尽到最基本的安全保障义务负举证证明责任，同时为防范持卡用户监守自盗，从而出现道德风险，也应审查持卡用户是否尽到合理的注意义务。

（二）典型意义

当今社会借记卡、信用卡的大量发行和使用，导致一些不法分子利用银行管理漏洞窃取持卡人的财产，致使持卡人的财产受到损失，由此引发诉讼。法院在审理此类案件时，一是防范持卡用户出现监守自盗的道德风险，二是注重处于弱势地位群体的法律保护。持卡人相对银行处于弱势的不利地位，保护弱势群体既是《民法典》规定的公序良俗的体现，亦是我国传统美德的弘扬。两者在举证责任上体现为：1. 持卡用户应举证证明卡内金额的异动非本人的意愿表达，具体表现为银行（伪）卡在进行交易时其不在交易地点，且在发现卡内存款消失时积极查询并且事后及时向公安机关报案。2. 银行应举证证明其已尽到了最基本的安全保障义务。《中华人民共和国商业银行法》第六条规定："商业银行应当保障存款人的合法权益不受任何单位和个人的侵犯。"银行作为发卡行，应当负有保障持卡人的合法权益不受任何单位和个人侵犯，保障储户的存款安全、提供安全的交易设备和技术平台、为储户的信息保密等的义务。同时，银行作为专业金融机构及相关技术、设备、操作平台的提供者，在其与储户的关系中明显占据优势地位，应当承担识别伪卡或模拟卡的义务，否则银行应承担因其过错而导致持卡人财产损失的赔偿责任。本案中，因银行处于优势地位，其未能举证证明已尽到安全保障义务，故由银行承担赔偿责任。

拓展思考

本案件是否适用"先刑后民"原则。《最高人民法院关于在审理经济纠纷案件中涉及经济犯罪嫌疑若干问题的规定》（以下简称《规定》）确认了"先刑后民"原则，它是指在民事诉讼活动中，发现涉嫌刑事犯罪时，应当在侦查机关对涉嫌刑事犯罪的事实查清后，由法院先对刑事犯罪进行审理，再就涉及的民事责任问题进行审理，或者由法院在审理刑事犯罪的同时，附带审理民事责任问题，在此之前，法院不应单独就其中的民事责任予以审理判决。该《规定》第十条规定："人民法院在审理经济纠纷案件中，发现与本案有牵连，但与本案不是同一法律关系的经济犯罪嫌疑线索、材料，应将犯罪嫌疑线索、材料移送有关公安机关或检察机关查处，经济纠纷案件继续审理。"本案中，颜某与银行形成的是储蓄存款合同法律关系，本案亦是基于此经济法律关系而产生的经济纠纷，与案外人涉嫌的信用卡诈骗案不属于同一法律关系。因此，本案的处理不以相关刑事案件的处理结果为前提。虽然公安机关在受理了颜某的报案后至今尚未结案，但这并不能排除银行应当依据双方的储蓄存款合同尽到保障储户银行卡内资金安全的合同义务。银行在赔偿颜某的损失后，可以向窃取者追偿。

（编者：张永红）

四、冒用他人姓名签订金融借贷合同，银行是否承担责任

典型案例：某银行与彭某、宋某、某房地产公司金融借款合同纠纷案

基本案情

（一）案件事实

2013 年 10 月 20 日，原告某银行与被告彭某、宋某、某房地产公司签订《个人购房借款/担保合同》〔合同编号：××字××行××支行（2013）××5 号〕，合同主要内容如下。1. 贷款种类与金额：贷款人根据借款人的申请，同意向其发放个人购置商用房贷款，金额为人民币3 540 000元（大写：叁佰伍拾肆万元整）。本合同项下贷款期限为 10 年，实际放款日与到期日以借款凭证为准。借款凭证为本合同组成部分，与本合同具有同等法律效力。2. 贷款用途：本合同项下贷款用于购买坐落于娄底某小区0001 幢 201、301、302、303、304 建筑面积 792.03 平方米的房屋。3. 担保方式：本笔贷款的担保方式为抵押、保证，抵押物为抵押人彭某、宋某购买的坐落于娄底某小区0001 幢 201、301、302、303、304 房屋。4. 贷款利率：贷款利率以贷款发放时适用的中国人民银行公布的同期同档次贷款利率为基准利率，上浮 25%确定，据此确定的利率以借款凭证记载为准，并按下列公式换算：月利率=年利率/12，日利率=年利率/360。贷款发放后遇基准利率调整，贷款利率按“贷款期限在一年（含）以下的，执行本合同利率，不分段计息；贷款期限在一年以上的，自每次基准利率调整之日的次年 1 月 1 日开始，按该次调整后的基准利率（如基准利率在一个日历年度内经两次或两次以上调整的，以该日历年度内最后一次调整的基准利率为准）及上述约定的利率浮动的比例确定并执行新的利率”的方式处理。5. 罚息：借款人未按合同约定日期（包括被宣布提前到期）偿还的贷款，贷款人有权按罚息利率按日计收利息；对不能按时支付的利息，按罚息利率计收复利。罚息利率按在第四条约定的利率基础上加收 50%确定。6. 保证担保：某房地产公司作为保证人对本合同项下全部贷款本金、利息、罚息、

复利、违约金、补偿金、贷款人实现债权的费用和借款人所有其他应付费用承担连带保证责任，但正式抵押登记手续已办理完毕，且贷款人收到记载有上述正式抵押登记信息的房屋他项权证书的，保证人对该项条件满足之日后到期的借款人的债务免除保证责任。7. 违约及违约责任：借款人连续三个月或累计六次未按时足额偿还贷款本息的，贷款人有权要求借款人立即清偿未偿还款项以及所产生的利息、罚息及其他费用。彭某在该合同上以借款人名义签字、捺印，宋某以共同借款人名义在该合同上签字、捺印，某房产公司以保证人名义在该合同上加盖公章。

合同签订后，某银行于2013年11月20日向彭某、宋某指定的账户（某房地产公司的账户）实际发放了贷款。根据借款合同，某银行于2013年11月20日就彭某购买的娄底某小区0001幢201、301、302、303、304房屋办理了不动产预告抵押登记，不动产登记证明号（略）。

某银行发放贷款后，彭某自2016年3月20日起未按约还款。截至2020年11月21日，彭某尚欠某银行贷款本金2 863 985.87元，利息1 072 281.02元。

另查明，2012年7月16日，彭某与宋某登记离婚。庭审过程中被告宋某申请对《个人购房借款/担保合同》上宋某的签名及指印进行鉴定，本院依法委托A司法鉴定中心进行鉴定，鉴定意见为被告宋某与《个人购房借款/担保合同》上宋某签名字迹均不是同一人所写，两枚指印均不是被告宋某所留。被告宋某支付鉴定费26 040元，交通费本院酌定300元。

原告某银行请求判令：1. 2013年10月20日，原告某银行与被告彭某、宋某、某房地产公司所签订的《个人购房借款/担保合同》项下贷款立即到期；2. 被告彭某、宋某偿还某银行贷款本息共计3 936 266.89元，其中贷款本金2 863 985.87元、利息1 072 281.02元，利息暂计算至2020年11月21日止，以后的利息、罚息、复利按合同约定另行计算至偿清之日止；3. 被告某房地产公司对上述诉讼请求中原告彭某、宋某的债务承担连带清偿责任；4. 确认原告某银行作为抵押权人对被告彭某、宋某所有的位于娄底市某小区0001幢201、301、302、303、304预登记房屋享有优先受偿权；5. 三被告承担本案全部诉讼费用及某银行实现债权的所有费用。

（二）审判结果

湖南省××人民法院于2021年9月17日作出（2021）湘××××民初××56号民事判决：1. 被告彭某于本判决生效之日起十日内偿还原告某银行贷款本金2 863 985.87元及利息（计算至2020年11月21日的利息为1 072 281.02元，自2020

年 11 月 22 日起的利息按照合同约定的利率计算至借款清偿完毕之日）；2. 被告某房地产公司对上述款项承担连带清偿责任；3. 原告某银行于本判决生效之日起十日内向被告宋某支付鉴定费、交通费合计26 340元；4. 驳回原告某银行的其他诉讼请求。

一审判决后，当事人服判息诉。

（三）裁判理由

法院生效判决认为：某银行方与彭某、某房地产公司签订的《个人购房借款/担保合同》系各方当事人真实意思表示，内容未违反法律、行政法规的强制性规定，合法有效，各方当事人均应当按照合同约定全面履行自己的义务。但《个人购房借款/担保合同》宋某的签名非本案被告宋某所签，且经庭审查明宋某本人也没有签订该合同的意思表示，故该合同对其自始不产生法律效力。

某银行方已按约向彭某指定的账户发放了贷款3 540 000元。彭某作为借款人，应当按照约定向某银行偿还借款本金并支付利息，但彭某却未按合同约定按期偿还贷款，已构成违约，且属于双方约定的“借款人连续三个月或累计六次未按时足额偿还贷款本息的，贷款人有权要求借款人立即清偿未偿还款项以及所产生的利息、罚息及其他费用”，故本院对某银行主张彭某偿还借款本金及其利息的诉讼请求予以支持。经审查，某银行方并未对彭某、宋某购买的娄底某小区 0001 幢 201、301、302、303、304 房屋取得抵押权，故本院对某银行要求确认对彭某、宋某提供的抵押物享有优先受偿权的诉讼请求不予支持。对于某银行要求某房地产公司承担连带清偿责任的诉讼请求，某房地产公司辩称因某银行未尽到审查义务，导致合同对宋某无效，加重了其担保责任的主张，本院认为，某房地产公司基于其与彭某的房屋买卖合同而提供的担保，并非基于对彭某及宋某的信任或信用而提供的担保，即担保的系房屋买卖而产生的债务而非借款人本人，借款人的变化并不必然导致加重其担保责任，故对该抗辩不予采信。因涉诉房屋未取得房屋所有权证，且某银行亦未取得房屋他项权证书，依据双方的合同约定，对某银行的该诉讼请求予以支持。

某银行要求宋某承担责任，因涉诉合同对其不具有约束力，故对某银行的该诉求本院不予支持。宋某主张的鉴定费及交通费与本案相关，因某银行在发放借款时未尽到审查义务，具有过错，故该费用由某银行负担，宋某主张的误工费、营业损失等，其未向法庭提供证据，本院不予支持。某房地产公司辩称某银行在其账户扣款 16 万元以偿还彭某贷款本金及利息，要求在本案中一并予以处理的主张，本院认为，该法律关系与本案不是同一法律关系，本院不予支持，被告某房地产公司可另行主张权利。

另外需要说明的是，原、被告在庭审过程中提出本案彭某可能涉嫌犯罪的问题，本院依法将案件相关线索移送公安机关，公安机关审查后，认为本案彭某的行为不符合刑事立案的条件。

案例评析

（一）裁判要旨

当事人主体适格，意思表示真实，不违反法律、行政法规的强制性规定且不违背公序良俗，借贷合同即合法有效。一方当事人冒用他人姓名签订的合同，并非被冒用人的真实意思表示，借贷合同对被冒用人而言无拘束力，银行在审核当事人身份信息的过程中没有尽到审核义务，应当承担相应的过错责任。

（二）典型意义

金融借贷合同在日常生活当中存在十分广泛，与人们的生活息息相关。一些当事人为获取贷款，采取一些非正常手段进行贷款，损害他人及金融机构的合法权益。本文意在分析金融机构作为贷款方的主导机构，在发放贷款时应当负有的义务及违反义务时所承担的责任。

1. 借贷合同对被冒用人的法律效力

合同效力及委托代理的相关法律规定。《民法典》第一百四十三条规定："具备下列条件的民事法律行为有效：（一）行为人具有相应的民事行为能力；（二）意思表示真实；（三）不违反法律、行政法规的强制性规定，不违背公序良俗。"《民法典》第一百七十一条规定："行为人没有代理权、超越代理权或者代理权终止后，仍然实施代理行为，未经被代理人追认的，对被代理人不发生效力。相对人可以催告被代理人自收到通知之日起三十日内予以追认。被代理人未作表示的，视为拒绝追认。行为人实施的行为被追认前，善意相对人有撤销的权利。撤销应当以通知的方式作出。"

基于上述法律规定可知，冒用他人名义签订的合同对被冒用人而言并非其真实意思表示，冒用人没有代理权限，实施的冒用行为，未经被冒用人追认的，对被冒用人不发生法律效力，即合同对其无拘束力。

2. 金融机构在签订合同时的义务及应承担的责任

在签订借贷合同时，金融机构的义务主要为：（1）严格按照法律规定审核借款人的主体资格；（2）明确贷款用途；（3）对于金融机构提供的格式条款免责事项按法律规定进行说明。

本案中，因银行在借款人的主体资格审核环节中出现纰漏，签订合同时没有按法律规定审核委托人和受托人之间是否存在委托文件，在无任何依据证明受托人有权代理的情形下，与受托人签订贷款合同，并按合同约定发放了贷款，导致被冒用人为证明贷款合同上签名非本人所签，进行笔迹鉴定，被冒用人亦当庭对该代理行为不予追认。因此，结合上文所述贷款合同法律效力分析，涉诉的贷款合同对被冒用人不产生法律效力。被冒用人因此而花费的鉴定费及交通费应由银行承担。

拓展思考

金融机构为确保发放的贷款能及时收回，在与借款人签订贷款合同时或者之后，金融机构要求借款人提供第三人进行保证担保，以确保贷款的安全。

保证担保是指保证人与贷款人约定，当借款人违约或者无力归还贷款，保证人按约定履行债务或承担责任的行为。具有代为清偿债务能力的法人及其他组织或公民（自然人）可以作为保证人。保证担保的范围包括主债权及利息、违约金、损害赔偿金和实现债权的费用。

本案中，某房地产公司作为保证人对本合同项下全部贷款本金、利息、罚息、复利、违约金、补偿金、贷款人实现债权的费用和借款人所有其他应付费用承担连带保证责任，但正式抵押登记手续已办理完毕，且贷款人收到记载有上述正式抵押登记信息的房屋他项权证书的，保证人对该项条件满足之日后到期的借款人的债务免除保证责任。因涉诉房屋未取得房屋所有权证，且某银行亦未取得房屋他项权证书即抵押权登记证明（说明：本案在2021年1月1日新实施的《最高人民法院关于适用〈中华人民共和国民法典〉有关担保制度的解释》之前判决，适用的是《担保法》相关规定），依据双方的合同约定，保证人应当承担连带保证责任。

（编者：张永红）

五、同一动产上浮动抵押权与质权竞存时的清偿顺序问题

典型案例：某银行与某融资担保公司执行异议之诉一审、二审、再审案

基本案情

（一）案件事实

某银行长沙分行于2013年6月18日与某纸业公司签订了《最高额动产质押合同》

《最高额抵押合同》，由某纸业公司提供价值5 750万元的纸张为该公司的贷款提供最高额抵押和最高额质押担保，质押担保的主债权是 2013 年 6 月 18 日至 2014 年 6 月 18 日期间因某纸业公司向某银行长沙分行因授信而发生的一系列债务。2013 年 7 月 3 日，某银行长沙分行与某纸业公司在市工商行政管理局某区分局办理了长工商芙抵设（2013）××63 号动产抵押登记书，该动产抵押登记书载明：抵押人为某纸业公司，抵押权人为某银行长沙分行，抵押物概况所有权归属为某纸业公司，数量、质量、状况、所在地等情况为“价值5 750万元的纸张，质量符合国家商检要求，状况良好，所在地为：某县某镇某新村”，备注为“本抵押为浮动抵押，抵押人与抵押权人向工商局提供的抵押物清单，仅为本次设立浮动抵押时点上的抵押物。抵押人已将前述现有的和将有的价值共计人民币5 750万元的纸张抵押给某银行长沙分行”。后因某纸业公司未按约定归还借款，某银行长沙分行向湖南省××中级人民法院提出诉讼。湖南省××中级人民法院于 2014 年 8 月 18 日对某银行长沙分行诉某纸业公司金融借款合同纠纷一案作出（2014）某中民二初字第×××55 号民事判决，某纸业公司在判决生效之日起十日内偿还某银行长沙分行贷款本息，若某纸业公司不履行上述还款义务，某银行长沙分行有权以某纸业公司价值5 750万元的纸张作为抵押物折价或者申请以拍卖、变卖该抵押物所得的价款优先受偿，抵押物折价或者拍卖、变卖后，其价款超过债权数额的部分归某纸业公司所有。该民事判决发生法律效力后，某纸业公司未能履行该判决，某银行长沙分行向湖南省××中级人民法院申请强制执行，湖南省××中级人民法院于 2015 年 5 月 4 日作出执行裁定：拍卖被执行人某纸业公司存放于某县某镇工业园仓库的纸制品。

在执行过程中，湖南某融资担保公司就该案执行向湖南省××中级人民法院提出执行异议。经查，2014 年 1 月 28 日，某纸业公司与湖南某融资担保公司签订《担保（动产质押）合同》，约定将某纸业公司位于某县某镇某纸业有限公司 2 号库房的卷筒纸7 013件、裁切纸 866 件质押给湖南某融资担保公司，为湖南某融资担保公司通过某银行股份有限公司某分行发放的1 000万委托贷款提供质押担保。同日，某纸业公司、湖南某融资担保公司和长沙某仓储服务有限公司签订《质押物监管合同》，约定由长沙某仓储服务有限公司对上述质押纸张进行监管。2014 年 2 月 25 日，湖南某融资担保公司通过某银行股份有限公司某分行向某纸业公司发放贷款1 000万元。后因某纸业公司未按约定归还借款，湖南某融资担保公司向湖南省××中级人民法院提起诉讼，湖南省××中级人民法院于 2014 年 9 月 26 日对湖南某融资担保公司诉某纸业公司借款合同纠纷一案作出（2014）某中民二初字第×××30 号民事判决：如某纸业公司不履行上述还款义务，湖南某融资担保公司有权以某纸业公司位于某县某镇某纸业公司2号库房的7 013件卷筒纸、866件裁切纸作为质押物折价或者申请以拍卖、变卖该质押物所得的价款优先受偿，质押物折价或者拍卖、变卖后，其价款超过债权数额的部分归某纸业公司所有。

湖南省××中级人民法院于2016年1月21日作出执异1号执行裁定书，裁定驳回湖南某融资担保公司的异议。湖南某融资担保公司不服该裁定，向湖南省××中级人民法院提起执行异议之诉，诉讼请求为：1. 判决停止对某纸业公司存放于某县某镇黄花工业园金湘路1号的2号仓库的纸制品的执行；2. 判决确认湖南某融资担保公司对拍卖（变卖）某纸业公司存放于某县某镇黄花工业园金湘路1号的2号仓库的纸制品所得的价款享有第一顺位优先受偿权。

（二）审判结果

1. 一审判决确认湖南某融资担保公司对拍卖某纸业公司存放于某县某镇黄花工业园金湘路1号的2号仓库的纸制品所得的执行款享有优先受偿权。

2. 某银行长沙分行不服一审判决，向湖南省高级人民法院提起上诉，二审法院判决，撤销一审判决，驳回湖南某融资担保公司的全部诉讼请求。

3. 湖南某融资担保公司不服二审判决，向最高人民法院申请再审，最高人民法院于2020年9月28日判决：维持湖南省高级人民法院（2018）湘民终1××号民事判决。

（三）裁判理由

一审法院认为：根据《最高人民法院关于适用〈中华人民共和国担保法〉若干问题的解释》（本书以下简称《〈担保法〉解释》）第七十九条的规定，同一财产法定登记的抵押权与质权并存时，抵押权人优先于质权人受偿。本案中，湖南某融资担保公司的质权在设立和生效时，其标的物均是具体、明确的，即某纸业公司存放于某市某镇黄花工业园金湘路1号（某纸业有限公司）的2号仓库的卷筒纸7 013件、裁切纸866件；本院（2014）某中民二初字第×××30号民事判决也明确湖南某融资担保公司的质权以某纸业公司存放于某市某镇黄花工业园金湘路1号（某纸业有限公司）的2号仓库的7 013件卷筒纸、866件裁切纸作为质押物。而某银行某分行的抵押权在设立时，其标的物为某纸业公司提供的价值5 750万元的纸张；在工商部门办理抵押登记时，动产抵押登记书上登记的抵押物为某纸业公司所有的位于某县某镇某新村的价值5 750

万元的纸张；本院（2014）某中民二初字第×××55号民事判决也仅明确某银行某分行的抵押权以某纸业公司价值5 750万元的纸张作为抵押物。因此，本院认为，根据现有事实，不能认定某银行某分行的抵押权与湖南某融资担保公司的质权所指向的标的物系同一批货物，不能认定某银行某分行的抵押权与湖南某融资担保公司的质权系在同一财产上并存，故不能认定某银行某分行应优于湖南某融资担保公司受偿。在排除某银行某分行的抵押权的情况下，湖南某融资担保公司设立于某市某镇黄花工业园金湘路1号的2号仓库中纸制品上的质权合法有效，故本院对湖南某融资担保公司要求停止对某纸业公司存放于某县某镇黄花工业园金湘路1号的2号仓库的纸制品的执行及确认其对拍卖某纸业公司存放于某县某镇黄花工业园金湘路1号的2号仓库的纸制品所得的价款享有优先受偿权的诉讼请求，予以支持。故判决：1. 停止对某纸业公司存放于某县某镇黄花工业园金湘路1号的2号仓库的纸制品的执行；2. 确认湖南某融资担保有限公司对拍卖某纸业公司存放于某县某镇黄花工业园金湘路1号的2号仓库的纸制品所得的价款享有优先受偿权。

二审法院认为：

1. 关于某纸业公司抵押给某银行某分行的纸制品与质押给湖南某融资担保公司的纸制品是否为同一批货物的问题。

经查，本案中，某纸业公司向某银行某分行借款，为担保主债务的履行，某纸业公司向某银行某分行签订了《最高额抵押合同》并办理了浮动抵押登记。根据《中华人民共和国物权法》（本书以下简称《物权法》，2021年1月1日废止）第一百八十一条的规定，经当事人书面协议，企业、个体工商户、农业生产经营者可以将现有的以及将有的生产设备、原材料、半成品、产品抵押，债务人不履行到期债务或者发生当事人约定的实现抵押权的情形，债权人有权就实现抵押权时的动产优先受偿。自某纸业公司与某银行某分行抵押合同生效之日起，浮动抵押权就已经设立，浮动抵押财产为抵押合同中约定的“某县某镇某新村某纸业公司价值5 750万元的纸张”。当某银行某分行与某纸业公司的主债务履行期届满后，该浮动抵押权担保的主债权未实现，经诉讼，人民法院裁定拍卖某纸业公司存放位于某县某镇工业园金湘路1号、2号、3号、6号、8号5个仓库的纸张，得款1 686. 660161万元。因此，某银行某分行与某纸业公司设立的浮动抵押权的抵押财产已经确定。标的物特定化后，某银行某分行的浮动抵押权转化为固定抵押权，某银行某分行有权就已拍卖抵押财产所得的价款1 686. 660161万元优先受偿。根据某银行某分行与某纸业公司签订的抵押合同的约定，某纸业公司仓库存放的纸张，只要价值不超过5 750万元，均属于浮动抵押财产范围。

由于某纸业仓库存放的纸张经拍卖价值为1 686.660161万元，未超过设立浮动抵押权时约定的浮动抵押物价值5 750万元，故拍卖的1号、2号、3号、6号、8号5个仓库的纸张均为确定的抵押财产。因此，某纸业公司质押给湖南某融资担保公司的质押财产即2号仓库的纸制品被包括在某纸业公司抵押给某银行某分行的抵押财产范围内。

2. 关于湖南某融资担保公司对某纸业公司存放于某县某镇工业园金湘路1号2号仓库的纸制品执行款是否享有优先受偿权的问题。

经查，某银行某分行与某纸业公司于2013年6月18日签订了《最高额抵押合同》设立了抵押权，并于2013年7月3日在某市工商行政管理局某区分局办理了抵押登记。湖南某融资担保公司与某纸业公司于2014年1月28日签订《担保（动产质押）合同》设立了质权。《〈担保法〉解释》第七十九条规定，同一财产法定登记的抵押权与质权并存时，抵押权人优先于质权人受偿。在认定某纸业公司质押给湖南某融资担保公司的质押财产被包括在某纸业公司抵押给某银行某分行的抵押财产范围内的情况下，某银行某分行应优先于湖南某融资担保公司对本案纸制品执行款受偿。故判决：1. 撤销湖南省××中级人民法院（2016）湘01民初××8号民事判决；2. 驳回湖南省某融资担保有限公司的诉讼请求。

最高人民法院再审认为：

本院再审查明的事实与二审查明的事实一致。本院再审认为，再审审理的争议焦点是：湖南某融资担保公司对某纸业公司存放于某县某镇工业园金湘路1号的2号仓库的纸制品执行款能否优先于某银行某分行受偿。

本院认为，《担保法》第四十一条规定："当事人以本法第四十二条规定的财产抵押的，应当办理抵押物登记，抵押合同自登记之日起生效。"《担保法》第四十二条规定："办理抵押物登记的部门如下：（一）以无地上定着物的土地使用权抵押的，为核发土地使用权证书的土地管理部门；（二）以城市房地产或者乡（镇）、村企业的厂房等建筑物抵押的，为县级以上地方人民政府规定的部门；（三）以林木抵押的，为县级以上林木主管部门；（四）以航空器、船舶、车辆抵押的，为运输工具的登记部门；（五）以企业的设备和其他动产抵押的，为财产所在地的工商行政管理部门。"因此，《担保法》上的"法定登记的抵押权"是指以《担保法》第四十二条规定的五类财产设立的抵押权，这五类财产必须办理抵押登记。《〈担保法〉解释》第七十九条第一款规定："同一财产法定登记的抵押权与质权并存时，抵押权人优先于质权人受偿。"这一规定中的"法定登记的抵押权"应仅限于《担保法》第四十二条规定的以五类财产设立的抵押权。而某银行某分行是以某纸业公司价值5 750万元的纸张设立浮动抵押，浮动抵押是《物权法》颁布后的新型抵押，《担保法》并未涉及，因此，某银行某分行对案涉纸制品享有的抵押权并不属于《担保法》第四十二条规定的以五类财产设立的抵押权。且在动产抵押问题上，《物权法》已改变了《担保法》确立的规则，统一采用登记对抗主义，即动产抵押权自抵押合同生效时设立，登记只是物权变动的对抗要件。在《担保法》的规定与《物权法》不一致时，根据《物权法》第一百七十八条的规定，应当适用《物权法》的规定。综上，二审判决适用《〈担保法〉解释》第七十九条第一款“同一财产法定登记的抵押权与质权并存时，抵押权人优先于质权人受偿”之规定，认定某银行某分行对案涉纸制品的抵押权优先于某融资公司的质权受偿，属于适用法律错误，本院予以纠正。

《物权法》第一百八十一条规定：“经当事人书面协议，企业、个体工商户、农业生产经营者可以将现有的以及将有的生产设备、原材料、半成品、产品抵押，债务人不履行到期债务或者发生当事人约定的实现抵押权的情形，债权人有权就实现抵押权时的动产优先受偿”。《物权法》第一百八十九条规定：“企业、个体工商户、农业生产经营者以本法第一百八十一条规定的动产抵押的，应当向抵押人住所地的工商行政管理部门办理登记。抵押权自抵押合同生效时设立；未经登记，不得对抗善意第三人。依照本法第一百八十一条规定抵押的，不得对抗正常经营活动中已支付合理价款并取得抵押财产的买受人。”湖南某融资担保公司申请再审认为，依据《物权法》上述规定，浮动抵押标的物确定前，浮动抵押权人对未特定化的标的物无控制力和支配力，浮动抵押权仅具有合同效力，仅对抵押人有效，对包括一般债权人在内的第三人均无对抗效力，故某银行某分行对案涉纸制品的浮动抵押权，在抵押标的物确定之前，不能对抗湖南某融资担保公司在先设立的质权。本院认为，动产浮动抵押允许抵押人为生产经营所需自由处分抵押物，由此决定了抵押财产在抵押权设定和抵押财产特定这两个时点并不相同，物权法立法时在移植这一来自英美法实践的制度时，并未严守大陆法传统理论关于“物权客体须于设立时特定”的理论构成，该法第一百八十九条第二款关于浮动抵押“不得对抗正常经营活动中已支付合理价款并取得抵押财产的买受人”的规定，可资印证。但除善意买受人之外，就动产浮动抵押权依法登记后，抵押权人能否对抗嗣后以该抵押财产设立质权的质权人等问题，《物权法》并无明文规定。本院认为，根据《物权法》第一百八十九条第一款规定，动产浮动抵押的抵押权自抵押合同生效时设立，故动产浮动抵押权与一般动产抵押权的设立规则相同，即采取登记对抗主义规则。虽然，《物权法》第一百九十六条规定“依照本法第一百八十一条规定设定抵押的，抵押财产自下列情形之一发生时确定：……（三）当事人约定的实现抵押权的情形……”，但其立法目的是为保证抵押权人需要行使抵押权时，抵押财产应当是确定的。即该条款主要解决的是抵押权实现时抵押物范围的确定问题，并未将抵押财产的确定与浮动抵押的设立相联结。且从制度功能上看，如果否定浮动抵押登记的效力，将可能导致对抵押财产缺少配套的登记制度保护，不利于推动浮动抵押制度的应用及发展。故同一动产上同时设立质权和浮动抵押权，应当参照适用《物权法》第一百九十九条的规定，根据是否完成公示以及公示先后情况来确定清偿顺序。具体到本案中，某银行某分行的抵押权于2013年7月3日办理了动产浮动抵押登记，依法产生对抗效力。而湖南某融资担保公司的质权以间接占有（委托某市某仓储服务有限公司监管）的方式于2014年1月28日依法设立。故在本案证据能够证明浮动抵押设定之时的财产描述涵盖了某县某镇工业园金湘路1号的2号仓库中的纸张的情形下，某银行某分行的浮动抵押权因其登记在先，应当优先于湖南某融资担保公司的质权受偿。且根据公示公信原则，湖南某融资担保公司作为质权人在设定质权时，应当知道或者实际能够知道诉争质押财产之上已经成立了动产浮动抵押权，在其未尽合理注意义务的情形下，认定其质权劣后于某银行某分行的浮动抵押权受偿，并无交易安全保护不周之虞。

综上，虽然原判决适用法律确有错误，但裁判结果正确，本院予以维持。湖南某融资担保公司的再审请求不能成立，本院不予支持。故判决，维持湖南省高级人民法院（2018）湘民终1××号民事判决。

案例评析

（一）裁判要旨

1. 同一动产上抵押权与质权竞存时，应按照登记、交付的时间先后确定清偿顺序

《物权法》并未针对同一财产上既设定抵押权又设定质权时的清偿顺序作出规定。本案一审、二审法院适用《〈担保法〉解释》第七十九条第一款规定来解决同一财产上抵押权与质权竞存的清偿顺序问题属于适用法律错误。因为《〈担保法〉解释》第七十九条第一款虽规定：“同一财产法定登记的抵押权与质权并存时，抵押权人优先于质权人受偿。”但这一规定中的“法定登记的抵押权”应仅限于《担保法》第四十二条规定的以五类财产设立的抵押权。此外，《〈担保法〉解释》第七十九条第一款中的“法定登记的抵押权”采取登记生效主义，而《物权法》对于所有的动产抵押权均为登记对抗主义。根据《物权法》第一百七十八条关于“担保法与本法的规定不一致的，

适用本法”之规定，《〈担保法〉解释》第七十九条第一款规定也就丧失了适用的基础。事实上，《全国法院民商事审判工作会议纪要》（本书以下简称《九民纪要》）对动产抵押权与质权竞存时的清偿顺序问题统一了裁判思路。《九民纪要》第六十五条的规定，同一动产上同时设立质权和抵押权的，应当参照适用《物权法》第一百九十九条的规定，根据是否完成公示以及公示先后情况来确定清偿顺序：质权有效设立、抵押权办理了抵押登记的，按照公示先后确定清偿顺序；顺序相同的，按照债权比例清偿；质权有效设立，抵押权未办理抵押登记的，质权优先于抵押权；质权未有效设立，抵押权未办理抵押登记的，因此时抵押权已经有效设立，故抵押权优先受偿。

《民法典》于2021年1月1日施行后，就同一动产上抵押权与质权竞存时，如何确定清偿顺序问题有了直接裁判依据，根据《民法典》第四百一十五条规定：“同一财产既设立抵押权又设立质权的，拍卖、变卖该财产所得的价款按照登记、交付的时间先后确定清偿顺序。”该条规定直接肯定了动产抵押权的登记和质押物的交付具有同等的公示效力，明确了抵押权与质权竞存时以权利公示时间的先后来确定清偿顺序。

2. 动产浮动抵押权依法登记后，该动产浮动抵押权能对抗嗣后以该抵押财产设立质权的质权人

首先，《民法典》第四百一十五条规定：“同一财产既设立抵押权又设立质权的，拍卖、变卖该财产所得的价款按照登记、交付的时间先后确定清偿顺序。”该条规定所称的同一财产并未排除《民法典》第三百九十六条所称的浮动抵押财产的范围。其次，根据《九民纪要》第六十四条的规定，企业将其现有的以及将有的生产设备、原材料、半成品及产品等财产设定浮动抵押后，又将其中的生产设备等部分财产设定了动产抵押，并都办理了抵押登记的，根据《物权法》第一百九十九条的规定，登记在先的浮动抵押优先于登记在后的动产抵押。因此，根据《九民纪要》精神，企业将其现有的以及将有的财产上设定浮动抵押权并办理抵押登记后，又对部分财产设定担保物权，也应依据是否完成公示及公示的先后顺序来确定清偿顺序。因此，登记在先的浮动抵押必定优于成立在后的动产质押优先受偿。再者，从浮动抵押权制度设计分析，动产浮动抵押权与一般动产抵押权都是采取登记对抗主义，如果否定登记在先的浮动抵押对抗登记在后成立的质权，就相当于否定了浮动抵押权登记的对抗效力，将可能导致对抵押财产缺少配套的登记制度保护，不利于推动浮动抵押制度的应用和发展。

综上，同一动产上浮动抵押权和质权竞存时，也应根据《民法典》第四百一十五条的规定，根据是否完成公示及公示的先后顺序来确定清偿顺序。因此，动产浮动抵

押权依法登记后，抵押权能对抗嗣后以该抵押财产设立质权的质权人。

（二）典型意义

本案为执行标的上同时存在浮动抵押权和质权而产生的执行纠纷。同一动产上浮动抵押权和质权竞存时，根据《民法典》第四百一十五条的规定，应依是否完成公示及公示的先后顺序来确定清偿顺序。本案中，某银行某分行对于涉案纸张办理了抵押登记，抵押权登记成立时间早于某融资担保公司的质权成立时间，某银行某分行对涉案纸张的执行款应当优于某融资担保公司受偿，即动产浮动抵押权依法登记后，抵押权能对抗嗣后以该抵押财产设立质权的质权人。

拓展思考

公示公信原则是物权法领域很重要的一项原则。在同一动产上抵押权与质权、两个以上抵押权以及浮动抵押权与抵押权、浮动抵押权与质权竞存时，皆按照登记、交付的时间先后确定清偿顺序。因此民事主体如需在某一动产上设定担保物权以保障自己债权的实现，一定要完成物权的公示，以产生对抗效力。

（编者：刘小林　姜时杰）

六、诉讼时效从提交起诉状之日起中断

典型案例：某信用社与常某某、刘某等金融借款合同纠纷案

基本案情

（一）案件事实

一审法院认定事实：2016年5月6日被告常某某以投资洗衣厂为由，向原告某信用社申请借款400 000元并出具了个人借款申请书。某信用社经审批于2016年6月28日与常某某签订了陕农信27051012借字〔20160628〕第×××号借款合同，合同约定借款期限自2016年6月28日至2018年6月27日止，借款金额为400 000元，借款月利率11.4‰，逾期利率在借据利率基础上浮动50%，按季结息。同日某信用社与被告张某、杨某、刘某、常某签订了陕农信27051012保字〔20160628〕第×××号保证担保合同，约定张某、杨某、刘某、常某对常某某的借款承担连带保证责任。2016年6月

28日常某某在某信用社所属的A信用社支取借款400 000元后，即离开陕西省前往西藏自治区并投资开办洗衣厂，随后便更换电话号码并在西藏长期居住，担保人刘某、常某也因打工外出，长期居住在西安市。借款后常某某未归还借款本金，借款利息清偿至2017年6月21日，后再未清偿借款本息。某信用社多次找常某某及担保人张某、杨某、刘某、常某催要借款未果。某信用社现要求常某某归还借款本金400 000元并按借款合同相关约定计算利息至借款清偿之日，并要求借款担保人张某、杨某、刘某、常某承担连带清偿责任。另查，杨某已于本案立案受理前因病去世。

2021年，某信用社向一审法院提出诉讼请求：1. 判令被告常某某立即偿还原告某信用社借款400 000元及利息、罚息；2. 被告杨某、刘某、张某、常某对上述第一项、第二项诉讼请求承担连带责任；3. 本案诉讼费、保全费由被告承担。

二审查明，一审查明的事实属实，本院予以确认。本院另查明，2016年6月28日某信用社与张某、杨某、刘某、常某签订的陕农信27051012保字〔20160628〕第×××号保证担保合同第一条约定："保证责任1.1本合同项下的保证为连带责任保证。1.4保证期间为借款到期之日起两年。如借款展期，则为展期协议约定的债务履行期限届满之次日起两年。"关于本案借款一事，某信用社分别曾于2019年8月27日，2020年10月22日将借款人常某某及担保人张某、杨某、刘某、常某诉至××人民法院，要求常某某偿还案涉借款400 000元及利息和罚息，同时要求担保人张某、杨某、刘某、常某承担连带责任，后均撤诉。本案一审判决作出后，常某某、张某于2022年2月21日向某信用社下属的A信用社出具分期还款计划1份，常某某承诺对案涉借款400 000元，分5期偿还，张某承诺对其为常某某所担保的案涉400 000元借款，自愿将本人账户资金73 000元扣划归还常某某贷款。

刘某、常某上诉请求：1. 撤销陕西省××人民法院（2021）陕××××民初××9号民事判决，依法改判上诉人不承担担保清偿责任；2. 本案诉讼费、保全费由被上诉人某信用社承担。

（二）审判结果

陕西省××人民法院作出（2021）陕××××民初××9号民事判决如下：1. 被告常某某于本判决生效后十日内归还原告某信用社借款本金400 000元并清偿借款利息，利息自2017年6月22日起至2018年6月27日止按年利率13.68%计算，自2018年6月28日起至借款清偿之日止按年利率20.52%计算；2. 被告张某、刘某、常某对上述款项承担连带还款责任，被告张某、刘某、常某在承担连带还款责任后，可在其清偿的借款范围内向被告常某某行使追偿权。

一审判决后，刘某、常某不服提起上诉。陕西省××中级人民法院于 2022 年 6 月 7 日作出（2022）陕××民终××1 号民事判决：驳回上诉，维持原判。

（三）裁判理由

法院生效判决认为：案涉双方对常某某以投资洗衣厂为由，从某信用社处借款 400 000元以及张某、杨某、刘某、常某为该笔借款提供担保、借款到期后常某某未归还本金仅清偿部分利息至 2017 年 6 月 21 日的事实均无异议，唯对某信用社的起诉是否已超过诉讼时效产生争议。故本案二审争议的焦点问题为某信用社的起诉是否已超过法律规定的诉讼时效即刘某、常某对案涉借款的担保责任是否已免除。因常某某在借款到期后未归还本金、借期内剩余利息及逾期利息，一审判决其归还借款本金400 000元、借期内利息及逾期利息，并无不当。张某、刘某、常某为该笔借款提供连带责任担保，不违反法律规定，一审据此判决其三人对上述款项承担连带偿还责任，并无不当。该笔借款于 2018 年 6 月 27 日到期，依据 2016 年 6 月 28 日某信用社与张某、杨某、刘某、常某签订的陕农信 27051012 保字〔20160628〕第×××号保证担保合同第一条“保证责任 1.4 保证期间为借款到期之日起两年”的约定，张某、刘某、常某对该笔借款的保证期间于 2020 年 6 月 26 日届满。某信用社就该笔借款曾于 2019 年 8 月 27 日将借款人常某某及担保人张某、杨某、刘某、常某诉至××人民法院，要求常某某偿还案涉借款400 000元及利息和罚息，并要求担保人张某、杨某、刘某、常某承担连带责任；依据《民法典》第六百九十四条“连带责任保证的债权人在保证期间届满前请求保证人承担保证责任的，从债权人请求保证人承担保证责任之日起，开始计算保证债务的诉讼时效”的规定，担保人张某、杨某、刘某、常某承担案涉借款保证责任的诉讼时效应从 2019 年 8 月 27 日起开始计算；2020 年 10 月 22 日某信用社就案涉借款一事再次将借款人常某某及担保人张某、杨某、刘某、常某诉至××人民法院，要求常某某偿还案涉借款400 000元及利息和罚息，并要求担保人张某、杨某、刘某、常某承担连带责任，依据《最高人民法院关于审理民事案件适用诉讼时效制度若干问题的规定（2020 年修正）》（本书以下简称《诉讼时效制度规定》）第十条“当事人一方向人民法院提交起诉状或者口头起诉的，诉讼时效从提交起诉状或者口头起诉之日起中断”的规定，本案的主债务及保证债务的诉讼时效于 2020 年 10 月 22 日发生中断，从中断之日起诉讼时效期间重新计算，故本案于 2021 年起诉，未超过 3 年的诉讼时效。因此，一审法院对常某某、张某、刘某、常某关于某信用社未在诉讼时效及保证期间内向其主张权利，其不应承担偿还案涉借款或保证责任的辩称意见不应采信，并无不妥。综上，关于刘某、常某上诉某信用社的起诉已超过法律规定的诉讼时效、一审判决认定事实错误、适用法律错误的上诉理由，不能成立，不予支持。

案例评析

（一）裁判要旨

当事人一方向人民法院提交起诉状或者口头起诉的，诉讼时效从提交起诉状或者口头起诉之日起中断。此规定是对故意逃避责任的义务人给予法律上的责难，促使义务人积极面对问题，并有利于保护债权人的债权不因义务人的故意躲避行为而失去法律的保护。

（二）典型意义

诉讼时效，又称消灭时效，是指权利人在一定期间内不行使权利，即在某种程度上丧失请求利益的时效制度。设立诉讼时效制度的主要目的，是促进法律关系安定，及时结束权利义务关系的不确定状态，稳定法律秩序，降低交易成本。

当事人一方向人民法院提交起诉状或者口头起诉的，是否构成诉讼时效中断？在司法实务中，第一种观点认为仅向法院起诉不构成诉讼时效中断，从保护债务人和其他负有履行义务的人的角度考虑，应将起诉状副本及相关应诉文书依法送达给当事人（被告或第三人）才能构成诉讼时效中断。第二种观点认为向法院起诉诉讼时效即可中断，其依据是《民法典》第一百九十五条规定："有下列情形之一的，诉讼时效中断，从中断、有关程序终结时起，诉讼时效期间重新计算：（一）权利人向义务人提出履行请求；（二）义务人同意履行义务；（三）权利人提起诉讼或者申请仲裁；（四）与提起诉讼或者申请仲裁具有同等效力的其他情形。"《诉讼时效制度规定》第十条规定："当事人一方向人民法院提交起诉状或者口头起诉的，诉讼时效从提交起诉状或者口头起诉之日起中断。"

本案中，借款于2018年6月27日到期，依据保证担保合同约定保证期间为借款到期之日起两年，张某、刘某、常某对该笔借款的保证期间于2020年6月26日届满。某信用社就该笔借款曾于2019年8月27日将借款人常某某及担保人张某、杨某、刘某、常某诉至××人民法院，要求借款人偿还欠款及保证人承担连带责任；依据《民法典》第六百九十四条第二款之规定，担保人张某、杨某、刘某、常某承担案涉借款保证责任的诉讼时效于2019年8月27日起开始计算；2020年10月22日某信用社就案涉借款一事再次将借款人常某某及担保人张某、杨某、刘某、常某诉至××人民法院，并要求各被告承担相应的责任，本案采第二种观点，即依据《诉讼时效制度规定》第十条之规定，起诉即导致诉讼时效中断，本案诉讼时效从中断之日即2020年10月22日起诉讼时效期间重新计算，至本案起诉时未超过3年诉讼时效的规定，故认定某信用社的起诉未超过法律规定的诉讼时效。

当事人向法院起诉即构成诉讼时效的中断的司法认定，是对故意逃避责任的义务人给予法律上的责难，促使义务人积极解决问题，并有利于保护债权人的债权不因义务人的故意躲避行为而失权。

拓展思考

分析保证期间与诉讼时效两者的本质区别和内在联系。

两者的本质区别：保证期间是指确定保证人承担保证责任的期间，不发生中止、中断和延长，属于除斥期间、不变期间。诉讼时效的概念如上文所述，可发生中止、中断和延长，属于可变期间。

两者的内在联系：债权人在保证期间向保证人主张了权利且未再另行约定保证期间，则从主张权利之日起开始计算诉讼时效。法律对此亦有明确的规定，《民法典》第六百九十四条规定："一般保证的债权人在保证期间届满前对债务人提起诉讼或者申请仲裁的，从保证人拒绝承担保证责任的权利消灭之日起，开始计算保证债务的诉讼时效。连带责任保证的债权人在保证期间届满前请求保证人承担保证责任的，从债权人请求保证人承担保证责任之日起，开始计算保证债务的诉讼时效。"

本案中，债权人在保证期间以诉讼的形式向连带责任保证人主张权利，因而诉讼时效应当从债权人向人民法院起诉之日起开始计算。此后，债权人在诉讼时效内向法院提起诉讼，符合法律规定，遂作出上述判决。

（编者：张永红）

七、"以贷还贷"的效力及其认定标准

典型案例：上诉人某银行与被上诉人平某、赵某、阴某，原审被告崔某、赵某某金融借款合同纠纷

基本案情

（一）案件事实

一审法院认定事实：涉案借款用于偿还"旧贷""旧贷"的名义借款人为周某，

某银行的分支机构某支行与周某于2014年4月24日第一次签订《个人借款合同》，该笔借款的担保人为朱某、廖某、夏某，双方于2015年4月28日第二次签订《个人借款合同》，该笔借款的担保人为张某、廖某、夏某，于2016年6月13日第三次签订《个人借款合同》，该笔借款的担保人为邢某、邓某、王某、夏某。以上三次借款金额均为100万元。2017年8月11日某银行分支机构某支行与崔某签订涉案借款合同，该笔借款的担保人为平某、赵某、阴某，于2017年8月12日向崔某的账户发放贷款100万元，同日该款用于偿还2016年6月13日以周某名义在原告处的贷款100万元，未按合同约定的用途使用贷款。

本案审理过程中一审法院对周某、某银行工作人员张某进行了调查，二人均称以周某名义在某银行的分支机构某支行的三次贷款100万元的实际用款人崔某的配偶赵某某。

崔某自2017年8月11日至2019年10月21日累计偿还某银行借款利息225 685.12元。截至2019年10月21日崔某尚欠某银行借款本金100万元、利息53 863.88元。

某银行一审诉讼请求：1. 判令被告崔某、赵某某共同偿还借款本金100万元及利息53 863.88元（利息暂计算至2019年10月21日，自2019年10月22日起至本息全部清偿之日止，以100万元为基数按照逾期月利率15.705‰另行计算），暂共计：1 053 863.88元；2. 判令被告平某、赵某、阴某对上述款项承担连带清偿责任；3. 本案案件诉讼费由被告平某、赵某、阴某、崔某、赵某某承担。

某银行上诉请求：1. 请求依法撤销一审判决第二项，发回重审或依法改判平某、赵某、阴某对涉案债务承担连带清偿责任；2. 本案一审、二审诉讼费用由平某、赵某、阴某承担。事实和理由：一审法院经审理，判决平某、赵某、阴某不承担连带清偿责任，该判决属于事实认定错误，法律适用错误，依法应当予以撤销。

（二）审判结果

河南省××人民法院作出（2019）豫××××民初××97号民事判决：1. 被告崔某、赵某某于判决生效之日起十日内偿还原告某银行借款本金1 000 000元及截至2019年10月21日的利息53 863.88元，自2019年10月22日起至本息全部清偿之日止的利息，以100万元为基数按照逾期月利率15.705‰另行计算；2. 驳回原告某银行的其他诉讼请求。一审案件受理费7 142元，财产保全费5 000元，均由被告崔某、赵某某负担。

一审判决后，某银行不服上诉。河南省××中级人民法院于2020年4月29日作出终审民事判决：驳回上诉、维持原判。

（三）裁判理由

法院生效判决认为：当事人对自己诉讼请求所依据的事实或反驳对方诉讼请求所依据的事实有责任提供证据证明，没有证据或证据不足以证明事实主张的应当承担举证不能的不利后果。

某银行与保证人对涉诉借款是否属于借新还旧、是否应适用《〈担保法〉解释》第三十九条产生争议，某银行认为只有新贷与旧贷借款人为同一主体时才属于借新还旧，借新还旧只是贷款期间上的延续，而非借款主体的变更。本案中，前后两笔借款虽借款人不一致，但 2017 年 8 月 12 日崔某账户收款 100 万元当日，该款项即用以偿还 2016 年 6 月 13 日以周某名义在某银行处贷款，新贷的借款人崔某客观上有将新贷偿还旧贷的行为，某银行工作人员与崔某主观上也有借新还旧的共同意思表示和意思联络，故新旧贷款借款人的变化并不影响本案实际借款人系赵某的事实，亦不影响本案系“以新贷偿还旧贷”事实的认定。

某银行未提交证据证明保证人对该笔贷款系借新还旧的情况知情，故其关于保证人应承担连带保证责任的请求证据不足，本院不予支持。

案例评析

（一）裁判要旨

“以贷还贷”，又称“借新还旧”，虽然新贷代替了旧贷，但在性质上原有的债权债务关系并未消灭，客观上只是以新贷形式延长了旧贷的还款期限。现行法律法规对“以贷还贷”行为，并未作出具体、明确的规定，但也没有明文禁止，即“法无禁止即自由”，因此“以贷还贷”属于有效的民事行为。“以贷还贷”的认定标准为金融机构与借款人之间是否具有“以贷还贷”的共同意思表示。

（二）典型意义

“以贷还贷”，又称“借新还旧”，《担保制度解释》对此表述为“新贷偿还旧贷”。“以贷还贷”是指金融机构与借款人约定以新贷款偿还旧贷款的行为，在性质上，“以贷还贷”属于民事行为。现行法律法规对“以贷还贷”行为，并未作出具体、明确的规定，但也没有明文禁止，即“法无禁止即自由”。“以贷还贷”也未违反《中华人民共和国商业银行法》及《贷款通则》等有关金融法律法规，因此这种借款行为应属有效。通说认为，金融机构与借款人之间“以贷还贷”的共同意思表示是“以贷还贷”成立的条件。那么“以贷还贷”的借贷主体是否要求同一性，即前次借贷和后次借贷的出借人和借款人相同？在司法实践中仍有争议。

本案中认定，新贷和旧贷两笔借款虽借款人不一致，但2017年8月12日，新贷的借款人崔某账户收款100万元当日，即用以偿还2016年6月13日以周某名义在某银行旧贷款，经查明旧贷的实际借款人系崔某的配偶赵某某。新贷的借款人崔某客观上有将新贷偿还旧贷的行为，某银行工作人员与崔某主观上也有借新还旧的共同意思表示和意思联络，因此新旧贷款借款人的变化并不影响本案系“以新贷偿还旧贷”事实。本案“以贷还贷”的借贷主体并未要求同一性，考虑对不知情的保证人的权益保护。

本案从“以贷还贷”的共同意思表示的关键要素出发，认定新、旧贷虽为不同借款人，但只要金融机构与借款人有“以贷还贷”的共同意思表示，“以贷还贷”即成立，理论和实践中不能对主体资格过于苛刻，应透过现象看本质，以维护担保人利益。金融机构或借款人没有告知担保人“以贷还贷”的事实，导致担保人作出错误的意思表示，则担保合同无效，免除担保人的担保责任。本案有助于规范金融机构的信息披露义务，规范金融机构的放贷行为，促进金融机构健康发展。

拓展思考

保证是以第三人的信用担保债的履行的一种制度，保证合同作为从合同，以主合同的有效成立而成立。

《担保制度解释》第十六条规定：“主合同当事人协议以新贷偿还旧贷，债权人请求旧贷的担保人承担担保责任的，人民法院不予支持；债权人请求新贷的担保人承担担保责任的，按照下列情形处理：（一）新贷与旧贷的担保人相同的，人民法院应予支持；（二）新贷与旧贷的担保人不同，或者旧贷无担保新贷有担保的，人民法院不予支持，但是债权人有证据证明新贷的担保人提供担保时对以新贷偿还旧贷的事实知道或者应当知道的除外。主合同当事人协议以新贷偿还旧贷，旧贷的物的担保人在登记尚未注销的情形下同意继续为新贷提供担保，在订立新的贷款合同前又以该担保财产为其他债权人设立担保物权，其他债权人主张其担保物权顺位优先于新贷债权人的，人民法院不予支持。”

司法实践中，“以贷还贷”中双方未告知保证人真实情况，则视为保证人不知情。

本案中，某银行分支机构在赵某某已没有能力偿还前期贷款的情况下，以购货为名与赵某某之妻崔某签订借款合同，用新的贷款偿还前期贷款，且没有证据证明保证人平某、赵某、阴某对该笔贷款系借新还旧知情，故平某、赵某、阴某不应承担保证责任。

（编者：张永红）

八、登记质押期限已过，是否影响质权的效力

典型案例：上诉人 A 公司与被上诉人 B 公司、刘某金融借款合同纠纷

基本案情

（一）案件事实

一审法院认定事实：2018 年 6 月 12 日，B 公司与某银行兰州分行签订编号为：×××（融资）字×××号《融资额度协议》，约定某银行兰州分行自 2018 年 6 月 12 日起至 2019 年 6 月 8 日向 B 公司提供可循环使用、可撤销承诺的融资额度人民币 900 万元整。为担保《融资额度协议》项下债务的履行，同日，刘某与某银行兰州分行签订编号为 ZB480720180000××××的《最高额保证合同》，约定为上述《融资额度协议》项下某银行兰州分行与 B 公司自 2018 年 6 月 12 日至 2019 年 6 月 8 日期间办理各类融资业务所发生的债权以主债权最高额不超过 900 万元为限承担保证责任。

2018 年 6 月 12 日，某银行兰州分行与 B 公司签订编号为 4807201828××××的《流动资金借款合同》，约定 B 公司（借款人）向某银行兰州分行借款 900 万元，借款期限自 2018 年 6 月 12 日至 2019 年 5 月 30 日，合同期内利息为7. 177 5%，逾期罚息利率按计收罚息适用的贷款执行利率加收 50%执行，即年利率10. 766 25%计算；借款人不能按时支付利息（包括正常利息、逾期罚息、挪用罚息），自逾期之日起，按约定的逾期罚息利率按实际天数计收复利。同日，某银行兰州分行与 B 公司签订编号为 YZ480720182801×××的《应收账款质押合同》，B 公司以其与某项目部签订的《材料采购合同》（CL–2018–ST26–CL15）中的应收款项（2 061万元）作为质押物为上述贷款提供担保，并于 2018 年 6 月 12 日在中国人民银行征信中心完成登记，登记期限两年，登记到期日为 2020 年 6 月 11 日。上述合同签订后，某银行兰州分行依约履行了出

借款项的义务。

2019 年 5 月 30 日，因 B 公司未履行还款义务，某银行兰州分行与 B 公司签订《贷款展期协议书》，将上述借款展期至 2020 年 5 月 14 日，展期内年利率为7.177 5%，其他主合同条款未发生改变。刘某也在《贷款展期协议书》上签字，同意继续为上述借款承担保证责任。

2020 年 9 月 8 日，A 公司与某银行兰州分行签订《不良资产批量转让协议》，协议约定，某银行兰州分行将本案编号为 4807201828××××的《流动资金借款合同》项下对 B 公司享有的全部债权及对应其他全部权利依法转让给了 A 公司。双方于 2020 年 9 月 29 日在甘肃经济日报发布了债权转让暨债务催收联合公告。截至 2020 年 7 月 30 日，B 公司欠付的借款本金为 900 万元，利息362 121.75元。

A 公司向一审法院提出诉讼请求：1. 依法判令 B 公司向 A 公司偿还借款本息 10 440 083.93元（其中借款本金 900 万元，截止至 2021 年 7 月 31 日的债权利息 1 440 083.93元），并承担自 2021 年 8 月 1 日起至借款本息还清之日止的逾期利息、罚息；2. 依法判令 A 公司对 B 公司与某银行兰州分行签订的《应收账款质押合同》约定的应收账款优先受偿；3. 依法判令刘某对 B 公司的上述债务承担连带清偿责任；4. 依法判令 A 公司为实现债权而支出的费用（包括但不限于诉讼费、保全费、律师费等）由 B 公司、刘某承担。

二审查明，编号为 YZ480720182801×××的《应收账款质押合同》载明：本合同项下的担保范围除了本合同所述之主债权，还及于由此产生的利息（本合同所指利息包括利息、罚息和复利）、违约金、损害赔偿金、手续费及其他为签订或履行本合同而发生的费用，以及质权人实现担保权利和债权所产生的费用（包括但不限于诉讼费、律师费、差旅费等）。

登记证明编号为 0463013800055425××××《中国人民银行征信中心动产权属统一登记-初始登记》载明：登记时间 2018 年 6 月 12 日，登记到期日 2020 年 6 月 11 日，出质人 B 公司，质权人某银行兰州分行，质押合同号码 YZ480720182801×××。

A 公司上诉请求：1. 依法撤销甘肃省××中级人民法院（2021）甘××××民初××7 号民事判决书第三项判令，并依法改判支持 A 公司一审中关于“对 B 公司与某银行兰州分行签订的《应收账款质押合同》约定的应收账款优先受偿”的诉讼请求或将本案发回重审；2. 本案一、二审诉讼费用由 B 公司、刘某承担。

（二）审判结果

甘肃省××中级人民法院作出（2021）甘××××民初××7 号民事判决：1. 被

告 B 公司于判决生效之日起十五日内偿还原告 A 公司借款本金 900 万元，支付截至 2020 年 7 月 30 日的利息362 121.75元，并承担自 2020 年 7 月 31 日起至债务清偿之日止按《流动资金借款合同》约定的利息；2. 被告刘某对判决第一项确定的被告 B 公司所负债务承担连带清偿责任；3. 驳回原告 A 公司的其他诉讼请求。

一审判决后，A 公司不服上诉。甘肃省高级人民法院于 2022 年 6 月 28 日作出终审民事判决：1. 维持甘肃省××中级人民法院（2021）甘××××民初××7 号民事判决第一项、第二项；2. 撤销甘肃省××中级人民法院（2021）甘××××民初××7 号民事判决第三项；3. A 公司对 B 公司质押的登记证明编号为 0463013800055425××××《中国人民银行征信中心动产权属统一登记-初始登记》项下的应收账款，在甘肃省××中级人民法院（2021）甘××××民初××7 号民事判决第一项确定的给付义务范围内享有优先受偿权；4. 驳回 A 公司的其他诉讼请求。

（三）裁判理由

法院生效判决认为：《最高人民法院关于适用〈中华人民共和国民法典〉时间效力的若干规定》（本书以下简称《〈民法典〉时间效力规定》）第一条规定："民法典施行前的法律事实引起的民事纠纷案件，适用当时的法律、司法解释的规定，但是法律、司法解释另有规定的除外。"本案系民法典施行前的法律事实所引起的民事纠纷，应适用民法典施行前、民事行为发生时的法律规定及司法解释。根据当事人的诉辩主张及庭审情况，本案二审的争议焦点为：A 公司对案涉《应收账款质押合同》约定的应收账款是否享有优先受偿权。

根据《物权法》第五条规定："物权的种类和内容，由法律规定。"据此，物权的种类与内容，物权的设立与消灭等只能由法律而设定，除法律之外的行政法规、部门规章均不能设定物权。应收账款质权属于物权法范畴内权利质权，为法定的物权类型之一，就本案而言，A 公司对 B 公司所享有的应收账款质权应按照《物权法》等相关法律的规定进行处理。《应收账款质押登记办法》属于部门规章，不能规定作为物权的应收账款质权的消灭时间，故其关于应收账款质权消灭期限的规定不具有物权法上的效力，不能依据该办法判定应收账款质权是否消灭。《应收账款质押登记办法》所规定登记时间仅是登记机关一种行政管理行为，根据《担保法解释》第十二条规定："当事人约定的或者登记部门要求登记的担保期间，对担保物权的存续不具有法律约束力。"案涉应收账款的质押登记效力不受登记机关登记期限的约束，A 公司虽然未办理质押登记的展期，但登记期限届满并不当然导致应收账款质权的消灭。2019 年 5 月 30 日，

B公司与原债权人某银行兰州分行签订《贷款展期协议书》后，将案涉贷款合同的贷款到期日展期到2020年5月14日，且应收账款质押的登记时间为2018年6月12日，登记到期日为2020年6月11日，A公司受让案涉债权后于2021年8月30日向人民法院提出诉讼符合相关法律规定，一审法院认为B公司应收账款质权超过登记期限而未予支持属于适用法律错误，本院予以纠正。

综上所述，A公司的上诉请求成立。

案例评析

（一）裁判要旨

物权法定原则系民法原则之一，是指物权的种类与内容，物权的设立与消灭等只能由法律而设定，禁止当事人创设与物权法定内容相悖的物权。质押登记时间仅是登记机关一种行政管理行为，登记时间的经过不属于法律规定物权消灭的情形，质权并不因质押登记期限届满而消灭。

（二）典型意义

物权法定原则系民法原则之一，是指物权的种类与内容，物权的设立与消灭等只能由法律设定，除法律之外的行政法规、部门规章均不能设定物权。在法律上体现在《物权法》第五条，该条规定："物权的种类和内容，由法律规定。"我国《物权法》中所规定的物权种类三大类：所有权、用益物权和担保物权。所有权是构成物权的基础，所有权制度是《物权法》的灵魂。担保物权和用益物权由所有权派生而来。

质押属于担保的一种，是指债务人或第三人将动产或权利交由债权人占有，作为债务履行担保的行为。动产质权取得的前提条件是质押合同的成立并依法交付质押财产时设立，权利质权自权利凭证交付质权人时设立；没有权利凭证的，质权自办理出质登记时设立。以应收账款出质的，质权自办理出质登记时设立。质权的消灭，《民法典》第三百九十三条规定："有下列情形之一的，担保物权消灭：（一）主债权消灭；（二）担保物权实现；（三）债权人放弃担保物权；（四）法律规定担保物权消灭的其他情形。"

本案中，A公司对案涉《应收账款质押合同》约定的应收账款是否享有优先受偿权，关键争议点在于登记的质押期限的法律效力。根据物权法定原则及《物权法》第五条、《民法典》第三百九十三条的规定，应收账款质权属于物权法范畴内权利质权，为法定的物权类型之一，其设立、变更、消灭应由法律予以规定。《应收账款质押登记办法》属于部门规章，位阶低于法律，其关于应收账款质权消灭期限的规定不具有物权法上的效力，不能依据该办法判定应收账款质权是否消灭。况且，根据《担保法解释》第十二条关于“当事人约定的或者登记部门要求登记的担保期间，对担保物权的存续不具有法律约束力”的规定，质权的登记时间仅是登记机关一种行政管理行为，案涉应收账款的质押登记效力不受登记机关登记期限的约束。因此，A公司对B公司所享有的应收账款质权应按照《物权法》《民法典》等法律规定和司法解释进行判定，A公司虽然未办理质押登记的展期，但登记期限届满并不当然导致应收账款质权的消灭，因为登记的担保期限对质权不具有法律约束力，所以质权并不因质押期间届满而消灭。故本案中主合同有效，质押合同及质权亦不存在无效或失效之情形，质押权人有权主张质权的优先效力。

物权法定，禁止当事人创设与物权法定内容相悖的物权，也即当事人不得逾越法律规定的物权内容的界限，改变法律明文规定的物权内容，否则因违反法律规定而不具有法律约束力。

拓展思考

抵押合同的内容与抵押登记记载内容不一致，二者以谁为审核依据？公示公信原则，是《物权法》的基本原则之一。由公示和公信两项内容共同组成的原则。公示指物权的发生和变动必须按照法定方式进行，使第三人能够从外部加以识别。公信指依法进行的物权公示具有社会公信力，即使公示有误，因相信其公示效力而与公示的物权名义人进行交易行为的第三人的利益，仍受法律保护。

另外，根据《担保制度解释》第四十七条规定：“不动产登记簿就抵押财产、被担保的债权范围等所作的记载与抵押合同约定不一致的，人民法院应当根据登记簿的记载确定抵押财产、被担保的债权范围等事项。”

因此，抵押合同的内容与抵押登记记载内容不一致（但是否包含抵押登记期间，有待继续讨论），应以抵押登记记载的内容为准则，既维护交易安全，保护善意受让人的利益，又维护现有的占有秩序。

（编者：张永红）

九、非金融机构受让金融债权后能否向债务人收取罚息及复利

典型案例：B 公司与 A 公司等金融借款合同纠纷案

基本案情

（一）案件事实

2017 年 9 月 21 日，A 公司与贵阳农商行某支行签订《借款合同》，合同约定：甲方向乙方借款23 500万元。贷款利率为年利率 10.8%，利率为固定利率。甲方未按约定用途使用贷款的，罚息利率为本合同载明贷款利率基础上加收 50%；甲方在本合同项下的贷款逾期的，罚息利率为本合同载明的贷款利率基础上加收 100%。合同签订后，贵阳农商行某支行依约发放贷款。2019 年 6 月 25 日，B 公司（乙方）与贵阳农商行（甲方）签订《债权转让协议》，约定由甲方将对 A 公司的债权及附属权益转让给乙方，甲方转让给乙方的债权包括《借款合同》项下的前述主债权截止基准日的本金及尚未支付的相应利息，以及《抵押/质押/保证合同》项下前述主债权的一切从权利（如有）及其他权益均在转让范围内；2019 年 6 月 26 日 B 公司提起诉讼，要求 A 公司给付尚欠借款本金、利息、罚息及复利。

（二）审判结果

××省高级人民法院于 2020 年 5 月 29 日作出（2018）×民初×6 号民事判决：1. A 公司在本判决生效之日起十日内向 B 公司偿付借款本金23 500万元及相应利息、罚息、复利（截至 2018 年 6 月 21 日，尚欠利息 1 283.1 万元，复利282 488.2元；2018 年 6 月 22 日至 2018 年 10 月 8 日的利息，以23 500万元为基数，按年利率 10.8%计算；2018 年 10 月 9 日至借款本金清之日止的罚息，以23 500万元为基数，按年利率 16.2%计算；2018 年 6 月 22 日至 2018 年 10 月 8 日的复利，以 1 283.1 万元为基数，按年利率 10.8%计算；2018 年 10 月 9 日至利息还清之日的复利，以20 303 999.99元为基数，按年利率 16.2%计算），并支付律师代理费二十万元；2. B 公司在本判决债权范围内，对 A 公司所有的用于抵押的铝土矿采矿权在折价、拍卖、变卖或其他处分行为所得价款享有第二顺位优先受偿权。

一审法院依法作出判决后，A 公司对尚欠复利的数额有异议，认为计算错误，上诉至二审法院。

最高人民法院作出（2021）最高法民终×10号民事判决，判令：1. 变更××省高级人民法院（2018）×民初×6号民事判决第一项为：贵州A矿业有限公司在本判决生效之日起十日内向贵州B氧化铝有限公司偿付借款本金23 500万元及相应利息、罚息、复利（截至2018年6月20日，尚欠利息1 283.1万元，复利188 325.47元；2018年6月21日至2018年10月8日的利息，以23 500万元为基数，按年利率10.8%计算；2018年10月9日起至借款本金清偿之日止的罚息，以23 500万元为基数，按年利率16.2%计算；2018年6月21日至2018年10月8日的复利，以1 283.1万元为基数，按年利率10.8%计算；2018年10月9日起至利息清偿之日的复利，以20 303 999.99元为基数，按年利率16.2%计算）；2. 维持××省高级人民法院（2018）×民初×6号的其余民事判决。

（三）裁判理由

法院生效判决认为，《借款合同》《债权转让协议》系各方当事人的真实意思表示，不违反法律、行政法规等强制性规定，应为合法有效。关于截至2018年6月20日的复利计算方法和具体金额的问题，根据《借款合同》约定，A公司应当于2017年12月30日偿还第一期借款本金500万元。因A公司未按期偿还贷款，故应当于2017年12月31日起以年利率16.2%计算利息和复利。但B公司在一审中主张宣告案涉借款到期的时间为贵阳农商行某支行提起诉讼之日，并请求起诉之前的利息和复利按年利率10.8%计算，起诉之后的利息和复利按年利率16.2%计算，故原审判决认定按照16.2%计算得出截至2018年6月20日的复利为282 488.2元确属不当，应当按照年利率10.8%计算截至2018年6月20日的复利，应为188 325.47元。

而关于案涉债权转让后即2019年6月27日起应否计收复利的问题，《人民币利率管理规定》系中国人民银行针对金融机构就利率所作的专门规定，旨在有效发挥利率杠杆对国民经济的调节作用，维护正常的金融秩序，计收罚息和复利并非金融机构的专属权利。罚息和复利实质上均属逾期违约金，与其他违约金在法律性质上并无本质区别。根据《债权转让协议》的约定，贵阳农商行某支行将其在《借款合同》《抵押/质押/保证合同》项下的所有权利均转让给B公司，从《债权转让协议》约定的合同对价来看，贵阳农商行某支行转让的并非不良贷款，且《借款合同》约定的罚息和复利总计并未超过年利率24%。故A公司提出的2019年6月27日起不再计收复利的上诉请求，缺乏法律和事实依据，本院不予支持。

案例评析

（一）裁判要旨

《人民币利率管理规定》系中国人民银行针对金融机构就利率所作的专门规定，旨在有效发挥利率杠杆对国民经济的调节作用，维护正常的金融秩序，计收罚息和复利并非金融机构的专属权利。罚息和复利实质上均属逾期违约金，与其他违约金在法律性质上并无本质区别。目前法律法规及相关司法解释尚未明确禁止非金融机构市场主体在受让金融债权后不得向债务人主张收取罚息及复利。

（二）典型意义

复利，是指在计算利息时，某一计息周期的利息是由本金加上先前周期所积累利息总额来计算的计息方式，也即通常所说的“利生利”“利滚利”，不仅本金产生利息，利息也产生利息。一般常与复利相提并论的评估方式是“单利”，指的是获利不滚入本金，每次都以原有的本金计算利息。采用复利的方式来投资，最后的报酬将是每期报酬率加上本金后，不断相乘的结果，因此借款人与出借人在一定期间内约定计算复利次数越多，借款的实际利率就越高。

根据《民法典》第六百七十六条的规定，借款人未按照约定的期限返还借款的，应当按照约定或者国家有关规定支付逾期利息。所以，借款合同双方有权约定逾期利息，法律并没有禁止非金融机构债权人收取逾期利息。根据《最高人民法院关于审理涉及金融资产管理公司收购、管理、处置国有银行不良贷款形成的资产的案件适用法律若干问题的规定》第七条，债务人逾期归还贷款，原借款合同约定的利息计算方法不违反法律法规规定的，该约定有效。没有约定或约定不明的，依照中国人民银行发布的《人民币利率管理规定》计算利息和复息。基于“法无禁止皆可为”的基本理念，可知：债务人与金融机构在借款合同中约定了利息计算方法且不违反法律法规规定的，金融机构将该资产转让给其他公司后，约定依然有效，受让债权的公司仍可以凭借原借款合同向债务人主张受让债权后所产生的利息和复利。

拓展思考

关于罚息能否计收复利，目前有两种观点。否定说认为：根据《人民币利率管理规定》第二十条的规定，对贷款期内不能按期支付的利息按贷款合同利率按季或按月计收复利，贷款逾期后改按罚息利率计收复利。可见贷款期内不能按期支付的利息可以计收复利，尚没有罚息可以计收复利的规定。而肯定说认为：根据《中国人民银行关于人民币贷款利率有关问题的通知》第三条第二款的规定，对逾期或未按合同约定用途使用借款的贷款，从逾期或未按合同约定用途使用贷款之日起，按罚息利率计收利息，直至清偿本息为止。对不能按时支付的利息，按罚息利率计收复利。可见计收复利的利息应当包含期内欠付利息及罚息。基于私法自治原则，如果当事人双方对罚息计收复利进行了明确约定，且该约定不违反法律、行政法规的强制性规定，在不超过金融借贷利率的司法保护上限的情况下，应允许当事人约定贷款的结息方式，尊重当事人的意思自治。

（编者：郭超群　梁子旋）

十、仅融资无融物的融资租赁合同的法律性质及效力认定

典型案例：安徽B融资租赁有限公司与A医疗器械有限公司、盖州市C医院有限公司等融资租赁合同纠纷案

目 基本案情

（一）案件事实

2017年9月18日，原告安徽B融资租赁有限公司（甲方，以下简称“B公司”）与被告盖州市C医院有限公司（乙方，以下简称“C公司”）签订《融资租赁合同》和《转让协议》，约定甲方应乙方的要求，以出租给乙方为目的，以4 000万元价格受让乙方自有资产（即“租赁物”，详见《资产清单》），甲方拥有租赁物的所有权，乙方有权继续占有租赁物。《资产清单》载明了合同约定的租赁物。A医疗器械有限公司（以下简称“A公司”）和郭某某等分别与B公司签订了《保证合同》，约定A公司和郭某某等为《融资租赁合同》项下的所有债务提供连带保证责任担保。同日，C公司出具《租赁物签收单》和《租赁物接收证明》，接收的租赁物与《资产清单》一致。合同签订后，B公司陆续向C公司转账共4 000万元并办妥租赁物交接手续。2017年11月14日，B公司就案涉《融资租赁合同》中《资产清单》载明的部分租赁物及合同之外的租赁物办理了《动产权属统一初始登记》。后C公司一直未能及时足额支付相应租金，多次逾期，各保证人也未能履行相应保证责任。B公司诉至法院要求C公司按照《融资租赁合同》约定支付全部未付租金、名义货价、违约金和逾期利息，A公司和郭

某某等保证人对C公司未付租金、逾期利息及违约金等承担连带清偿责任。一审法院审理中发现，B公司不仅不持有案涉租赁物购买发票原件，而且也不持有发票复印件，B公司在中国人民银行征信中心登记的拟租赁资产与案涉《融资租赁合同》载明的租赁物并不一一对应，且B公司在一审法院正在审理的另案中提供的《资产清单》显示。在本案租赁物所有权已经属于B公司的情况下，B公司再次重复出资从C公司处购买，显然不合常理。B公司和C公司双方之间并不存在“融物”关系，仅存在“借钱还钱”的企业间借贷关系。经法院释明，B公司明确本案法律关系为借款合同法律关系，并将主诉讼请求变更为要求C公司立即支付全部剩余借款本金及相应利息（2018年9月25日前按照年息13%计算，2018年9月26日起按年息24%计算至款清之日），A公司和郭某某等保证人对C公司的借款继续承担连带保证责任。A公司和郭某某共同辩称：1.《融资租赁合同》应属无效；2. A公司、郭某某不承担《保证合同》项下的保证责任；3. 即便本案构成名为租赁、实为借贷，B公司主张的相关诉讼请求仍缺乏事实和法律依据。本案借款利息应当按照全国银行间同业拆借中心公布的LPR利率计算。

（二）审判结果

安徽省××中级人民法院于2020年3月26日作出民事判决：1. C公司偿还B公司尚欠借款本金及利息（《支付表》约定的租赁期内的借款合同利息，按年利率13%的标准计算，之后的逾期利息以尚欠本金为基数，按照日利率万分之五计算至借款实际清偿完毕之日止）；2. C公司支付B公司律师费和诉讼保全保险费；3. A公司和郭某某等对前两项债务承担连带清偿责任；4. A公司和郭某某等承担保证责任后，有权向C公司追偿；5. 驳回B公司的其他诉讼请求。

一审宣判后，A公司和郭某某不服，提起上诉。

××省高级人民法院于2020年7月16日作出终审民事判决，判决驳回上诉，维持原判。

（三）裁判理由

法院生效判决认为，1. B公司与C公司之间名为融资租赁实为借贷法律关系，在无其他法定无效事由的前提下，《融资租赁合同》性质的变更不会导致案涉主合同及担保合同无效。《最高人民法院关于审理融资租赁合同纠纷案件适用法律问题的解释》第一条规定：“人民法院应根据合同法第二百三十七条规定，结合标的物的性质、价值、租金的构成以及当事人的合同权利义务，对是否构成融资租赁法律关系作出认定。对名为融资租赁合同，但实际上不构成融资租赁法律关系的，人民法院应按照其实际构成的法律关系处理。"《中华人民共和国合同法》（本书以下简称《合同法》，2021 年 1 月 1 日废止）第二百三十七条规定"融资租赁合同是出租人根据承租人对出卖人、租赁物的选择，向出卖人购买租赁物，提供给承租人使用，承租人支付租金的合同"。从以上法律规定可以看出，融资租赁合同具有融资与融物相结合的特点，包含两个交易行为，一是出卖人和出租人之间的买卖合同关系，一是承租人和出租人之间的租赁合同关系，两个合同互相结合，构成融资租赁合同关系。就本案而言，从表面看，案涉《融资租赁合同》系售后回租融资租赁合同关系，C 公司是出卖人和承租人，但实际上，该合同中融物的事实难以认定。案涉《融资租赁合同》形式上有售后回租融资租赁合同相关条款的约定，但实际上并不存在融物的事实，双方实际上仅是"借钱还钱"的借贷融资关系，故 B 公司和 C 公司之间应为企业间借贷关系。在 B 公司和 C 公司之间的借贷关系合法有效且 A 公司和郭某某未能提交证据证明案涉《融资租赁合同》和《保证合同》存在法定无效事由的情况下，A 公司和郭某某提出 B 公司存在以虚构租赁物方式订立融资租赁合同掩盖非法目的导致《融资租赁合同》和《保证合同》无效的辩解理由，缺乏法律依据，不予采纳。且无论 B 公司与 C 公司之间系融资租赁法律关系还是借贷法律关系，依据《最高人民法院关于审理融资租赁合同纠纷案件适用法律问题的解释》第一条规定，人民法院仍应按照实际构成的法律关系处理，均不会导致案涉《融资租赁合同》无效。2. 郭某某和 A 公司仍应承担《保证合同》项下的保证责任。为确保案涉《融资租赁合同》的履行，A 公司与郭某某等人分别与 B 公司签订《保证合同》，均自愿为前述《融资租赁合同》项下承租人对 B 公司所负全部债务提供连带保证责任，故 A 公司和郭某某等应在《保证合同》约定的保证范围内对 C 公司的上述债务承担连带清偿责任，A 公司和郭某某辩称不承担《保证合同》项下的保证责任无事实和法律依据，不予支持。A 公司和郭某某承担保证责任后，有权向债务人 B 公司追偿。

案例评析

（一）裁判要旨

根据《民法典》第七百三十五条的规定，融资租赁合同是出租人根据承租人对出卖人、租赁物的选择，向出卖人购买租赁物，提供给承租人使用，承租人支付租金的合同。融资租赁合同是融资与融物相结合的一种信用形式，包含两个交易行为，一是出卖人和出租人之间的买卖合同关系，一是承租人和出租人之间的租赁合同关系。在"融物"特点不具备时，当事人主张的融资租赁法律关系存在以虚构租赁物方式订立合同无效的风险。根据《最高人民法院关于审理融资租赁合同纠纷案件适用法律问题的解释》第一条的规定，结合标的物的性质、价值、租金的构成以及当事人的合同权利和义务，对是否构成融资租赁法律关系作出认定。对名为融资租赁合同，但实际不构成融资租赁法律关系的，人民法院应按照其实际构成的法律关系处理。人民法院对当事人所举《融资租赁合同》，应具体审查合同是否具备融资租赁特征，对仅有融资而无融物的，应认定为借贷而非融资租赁合同法律关系。

（二）典型意义

本案属于名为融资租赁实为借贷法律关系的合同性质与效力的认定，融资租赁模式作为当前金融市场的一种重要融资方式，随着我国经济的快速发展而蓬勃发展。但在实践中，融资租赁公司在售后回租融资租赁业务开展过程中存在许多不规范问题，存在融资租赁业务模式的各种变形，法院根据融资租赁司法解释的有关规定，对名为融资租赁实为其他关系的处理规定，对当事人之间的"融资租赁"关系予以否定。本案，在当事人变更诉讼请求的前提下，法院生效判决最终依据有关借款合同的规定，参照适用双方在《融资租赁合同》中的权责约定，对彼此的借贷权利义务作出新的处理。对于融资租赁公司规范开展融资租赁经营行为具有较强的指导意义，有利于融资租赁行业规模保持高速增长态势，净化融资租赁市场秩序。

拓展思考

关于主合同法律性质的变化是否影响担保合同的效力。担保合同的根本目的在于担保债权的实现，担保合同具有效力从属性的特点，即主债权债务合同无效，担保合同自当无效，从而才能最大限度实现担保物权保障债权的功能。本案当事人融资租赁公司与承租人之间以虚假的融资租赁意思表示真正的借贷行为，融资租赁由于非当事人真实意思表示因而不发生效力，但隐藏的借贷行为系双方当事人的真实意思表示，内容合法且不存在借贷关系无效的情形，属于有效的民事法律行为。本案中，对该借贷行为的从合同《保证合同》而言，在主合同有效的情况下，该《保证合同》亦不存在法定无效情形。故本案融资租赁合同实际为借贷法律关系的事实，并未影响保证人作出担保的意思表示，因此保证人仍应按照《保证合同》的约定对借贷关系项下承租人的还款义务承担保证责任，保证人承担保证责任的范围不应超过主债务人所负债务。

（编者：郭超群　梁子旋）

十一、案外人执行异议之诉的审理标准

典型案例：刘某与某银行案外人执行异议之诉纠纷案

基本案情

（一）案件事实

河南省××建筑工程有限公司（以下简称“××公司”）向A公司提供借款，双方存在债权债务关系，之后A公司多次通过以房抵债的形式进行还款。2017年9月8日，A公司开具收到××公司××号房屋购房款1 083 929元的收据。因××公司欠刘某保证金未能偿还，××公司经协商将涉案房产抵偿给刘某。2017年9月8日，A公司与刘某签订《商品房买卖合同》一份，约定：“刘某以总价1 083 929元购买房产，用途为住宅，该商品房号为××，建筑面积为140.77平方米。并约定买受人于2017年9月8日付清全部认购款。”同日，A公司向刘某出具涉案房产购房款1 083 929元的收据一张。刘某提供其缴纳暖气、燃气费、有线电视费等票据证明其对涉案房屋的占有和居住。

2021年10月21日，××公司出具《情况说明》称：“因A公司未能按期偿还我公司的借款，我公司同意A公司以其开发的位于洛阳市西工区抵顶欠款，即A公司以抵账方式将上述房产出售给我公司，并已经实际履行。A公司应我公司要求直接将××号房屋变更至刘某名下，由A公司与刘某直接签订《商品房买卖合同》办理房屋交接手续，特此说明。”

2021年12月24日，洛阳市不动产登记中心出具的《个人房屋信息查询情况表》载明，刘某名下登记有坐落于河南省洛阳市老城区房屋一处，建筑面积111.33平方米。

另查明，2015年11月24日，A公司将该公司位于西工区等55套房的在建工程抵押给了某银行，并办理了在建工程抵押登记，证号为洛阳建市字第×××号（其中含55套房产，包括案涉房产）。2017年12月28日，A公司与某银行签订《人民币流动

资金借款合同》《最高额抵押合同（公司类）》，约定A公司提供22套房屋的在建工程为前述借款进行抵押担保，并于2018年2月28日办理了不动产登记证明，编号为豫（2017）洛阳市不动产证明第00000×××号（含22套房产）。2018年10月15日，一审法院查封包括案涉房产在内的多套房产。

在审理某银行与A公司等金融借款合同纠纷一案中，河南省××人民法院于2019年4月8日作出（2018）豫××民初××号民事判决：1. A公司于判决生效后十五日内偿还某银行借款本金4 145万元并支付利息（自2017年12月29日至2018年12月28日按利率7.83%计算利息，自2018年12月29日至本息全部清偿之日按年利率11.745%计算利息）；2. A公司于判决生效后十五日内偿还某银行借款本金9 999 999.46元并支付利息（自2017年12月29日至本息全部清偿之日按年利率11.745%计算）；3. 李某、李某某、B公司对A公司的上述第一项债务承担连带清偿责任；其承担清偿责任后，有权向A公司追偿；4. 李某、李某某对A公司的上述第二项债务承担连带清偿责任；其承担清偿责任后，有权向A公司追偿；5. 某银行在上述第一项范围内对某A公司向其抵押的豫（2017）洛阳市不动产证明市第00000×××号项下的在建工程拍卖、变卖所得价款享有优先受偿权；6. 某银行在上述第二项范围内对A公司向其抵押的不动产证明号为洛房建市字第×××号项下的在建工程拍卖、变卖所得价款享有优先受偿权。该判决发生法律效力后，因被执行人李某某、李某、A公司、B公司未履行生效法律文书所确定的义务，申请执行人某银行于2021年1月21日向一审法院申请执行，执行案号为（2021）豫××执×8号。

在执行过程中，刘某提出书面异议，请求解除对案涉房产的查封和执行。一审法院受理后，经审查于2021年5月10日作出（2021）豫××执异××号执行裁定：驳回案外人刘某的异议请求。刘某不服该执行裁定书，向该院提起本案案外人执行异议之诉。

刘某向河南省××中级人民法院起诉请求：1. 停止对河南省洛阳市西工区房屋（以下简称“涉案房屋”）的强制执行；2. 确认涉案房屋归刘某所有；3. 本案诉讼费用由某银行承担。

刘某上诉请求：1. 依法撤销河南省××中级人民法院（2021）豫××民初××2号民事判决，改判支持刘某的一审诉讼请求；2. 依法判决本案一审、二审诉讼费由某银行承担。

二审法院查明：2015年8月14日，案涉楼房办理了商品房预售许可证。本院对一审查明的事实予以确认。

（二）审判结果

河南省××中级人民法院作出（2021）豫××民初××2 号民事判决：驳回原告刘某的诉讼请求。

一审判决后，刘某不服上诉。河南省高级人民法院于 2022 年 3 月 22 日作出终审民事判决：驳回上诉，维持原判。

（三）裁判理由

法院生效判决认为：本案的争议焦点为刘某对案涉房产是否享有足以排除强制执行的民事权益。对此本院评判如下：

根据《民诉法解释》第三百一十一条的规定，对申请执行人提起执行异议之诉的，案外人应当就其对执行标的享有足以排除强制执行的民事权益承担举证证明责任。因此，刘某应当就其对案涉房产享有足以排除强制执行的民事权益承担举证证明责任。判断刘某对案涉房产是否享有足以排除强制执行的民事权益，需要审查刘某是否享有实体权利，更要审查刘某享有的权利能否排除执行。本案的基本事实是，刘某主张的案涉房产设定有抵押权，故应适用《最高人民法院关于人民法院办理执行异议和复议案件若干问题的规定》（本书以下简称《执行异议复议规定》）第二十七条、第二十九条的规定，只有符合第二十九条的规定，才能排除执行。原审已经查明，刘某名下登记有洛阳市老城区的一套房产用于居住，该房产建筑面积为 111.33 平方米，继而认定其不属于商品房消费者，并无不当。即便按照刘某主张其家庭成员人数较多，案涉房屋也系生活之需，但刘某仍不能基于消费者的身份排除执行。原因是：刘某主张其购房款项的支付是其与××、××公司三方之间的债权债务折抵的方式支付，但其并未提供相应证据证实，因此，其不能证实支付了案涉购房款，不符合上述司法解释第二十九条规定的情形，不能排除抵押权人的执行。即使刘某主张适用《执行异议复议规定》第二十八条的规定，基于以上分析，其所提供的证据不能证实其支付了案涉房款，且亦未提交证据证实其积极行使过户登记的行为，不能证实其符合《执行异议复议的规定》第二十八条规定的四个条件。另外，刘某主张其情形符合《执行异议复议规定》第二十六条第一款第三项的规定，即金钱债权执行中，案外人依据执行标的被查封、扣押、冻结前作出的另案生效法律文书提出排除执行异议，人民法院应当按照下列情形，分别处理：……（三）该法律文书系案外人受让执行标的的拍卖、变卖成交裁定或者以物抵债裁定且其权利能够排除执行的，应予支持。经查，涉及本案以物抵债生效法律文书是河南省××人民法院（2018）豫××××民初××16号民事判决，该判决中确认的以房抵债受偿主体是××公司，并非刘某。因此，刘某的情形亦不符合上述司法解释的规定。故刘某对案涉房产不享有足以排除强制执行的民事权益。

综上所述，刘某的上诉请求不能成立，应予驳回。

案例评析

（一）裁判要旨

案外人是否享有足以排除强制执行的民事权益应当采用实体审理标准，应根据《执行异议复议规定》第二十八条、第二十九条规定来进行审查，即就案外人对执行标的物是否享有权利、享有什么样的权利进行判断，并据此来认定是否足以排除强制执行，并以此排除打着“生存权”至上的幌子而掩盖其他目的的行为，切实保护申请执行人的权利。

（二）典型意义

案外人对执行标的是否享有足以排除强制执行的民事权益是人民法院审理执行异议之诉案件的焦点问题。何谓足以排除的民事权益？通常而言，一是物权（所有权、用益物权、担保物权）。所有权拥有排除其他权利的绝对性权利，案外人对执行标的享有所有权当然不得执行，一般物权在除法律无特殊规定时，亦不得执行；二是特定的债权（因法律规定而排除执行）。债权为相对权，究其本质为向特定人行使的给付请求权，并不具有对物的排他性的支配权利，但法律赋予符合法定条件的买受人对不动产享有物权期待权用以排除执行，《执行异议复议规定》第二十八条、第二十九条规定的物权期待权。《最高人民法院关于建设工程价款优先受偿权问题的批复》第一款规定建设工程承包人的优先受偿权。

本案中刘某主张因房屋买卖而享有物权期待权，以此来排除某银行抵押权的实现。法院认为，刘某虽然与某A公司在法院查封案涉房产前签订了《商品房买卖合同》，刘某主张系通过以案涉房屋抵债的方式交付了购房款，但其并未提供相应证据证实，因此，其不能证实支付了案涉购房款，不符合《执行异议复议规定》第二十八条规定的情形，而且根据查明事实，刘某另有在洛阳市老城区的一套房产用于居住，该房产建筑面积为111.33平方米，本案刘某名下有其他用于居住的房产，故刘某的情况不符合

《执行异议复议规定》第二十九条规定的商品房消费者的情形，并不具有优先于抵押权的生存权至上的价值基础，不能对抗申请执行人某银行的抵押权。因此，刘某对案涉房产未能取得物权期待权，不享有足以排除执行的民事权益，故刘某要求停止对案涉房屋的强制执行的诉讼请求，不予支持。

《执行异议复议规定》第二十七条规定，申请执行人对执行标的依法享有对抗案外人的担保物权等优先受偿权，人民法院对案外人提出的排除执行异议不予支持，但法律、司法解释另有规定的除外。该规定确定了享有担保物权的申请执行人的优先受偿地位，同时基于对一些特定权益优先保护的必要，通过但书规定予以排除。《执行异议复议规定》第二十八条规定物权期待权的认定标准，第二十九条规定体现了对商品房消费者物权期待权的优先保护，该条对于商品房买受人物权期待权的保护是对消费者生存权优先保护的进一步细化。另外，《执行异议复议规定》第二十九条本身也属于第二十七条规定的除外规定，但此种情况是为保护商品房消费者生存权而作出的例外规定。

本案涉及生存权和抵押权的优先保护问题。涉及“居者有其屋”的民生大事，其法律位阶应在抵押权之上。本案从物权期待权及消费者生存权出发，依据《执行异议复议规定》第二十八条、第二十九条审核后，确定刘某不属于可以排除执行的《执行异议复议规定》第二十七条但书之情形，遂驳回起诉。虽然生存权系人们赖以生存的基本权利，但亦不能任由当事人以此为由来侵害他人合法权益。本案旨在为司法实践中审理类似打着“生存权”至上的幌子而掩盖其他目的的行为，提供些许参考。

拓展思考

案外人是否享有足以排除强制执行的民事权益应当采用实体审理标准，还是形式审理标准？司法实践中尚有一定的争议。

根据《执行异议复议规定》第二十八条、第二十九条规定内容来看，并不以形式审查为判断依据，其注重的是实体性权利的审查，并据此来排除申请人的执行。因此，在特定情形下，为维护公平正义，应查明执行标的的实际权利归属情况，对执行异议之诉应当采用实体审查标准，即就案外人对执行标的物是否享有权利、享有什么样的权利进行判断，并据此来认定是否足以排除强制执行，不能简单地根据权利外观和程序性法律仅进行“形式审查”。

本案中，判断刘某对案涉房产是否享有足以排除强制执行的民事权益，需要审查刘某是否享有实体权利以及刘某享有的权利能否排除执行。本案根据《执行异议复议规定》第二十八条、第二十九条规定的内容进行实体审查后，确定刘某对涉诉房产不享有实体上的权利，亦不享有对实体权利的期待权，刘某享有的仅是普通债权，因此不能排除申请人的强制执行。

（编者：张永红）

十二、仅有银行转账凭证的民间借贷案件中举证证明责任的分配

典型案例：廖某与童某民间借贷纠纷案

基本案情

（一）案件事实

1. 双方当事人无争议的事实。（1）原告廖某与被告童某系朋友关系。2015 年 4 月 24 日，原告廖某通过银行转账将20 000元汇入被告童某银行卡；（2）2015 年 6 月 7 日，原告廖某通过银行转账将5 000元汇入被告童某银行卡；（3）2015 年 7 月 30 日，原告廖某通过银行转账将15 000元汇入被告童某银行卡；（4）2015 年 9 月 25 日，原告廖某通过银行转账将8 000元汇入被告童某银行卡；（5）2015 年 10 月 11 日，原告廖某通过银行转账将10 000元汇入被告童某银行卡；（6）2015 年 10 月 25 日，原告廖某通过银行转账将5 000元汇入被告童某银行卡；（7）2015 年 11 月 10 日，原告廖某通过银行转账将10 000元汇入被告童某银行卡；（8）2015 年 11 月 17 日，原告廖某通过银行转账将10 000元汇入被告童某银行卡；（9）2016 年 1 月 10 日，原告廖某通过银行转账将10 000元汇入被告童某银行卡；（10）被告童某向原告廖某出具了原告廖某向其转账的银行流水凭证；综上，原告廖某通过银行转账的方式转给被告童某共计93 000元。

2. 双方当事人有争议的事实。（1）原告与被告之间的银行转账交易共计93 000元是属于借款还是工程款。原告认为，被告从 2015 年 4 月 24 日起至 2016 年 1 月 10 日止，共计 9 次以工程施工缺钱为由，借原告人民币共计玖万叁仟元整（93 000. 00元），该款项属于借款，被告应予返还，并提交如下证据予以证实：中国建设银行流水凭证、微信截图照片。被告认为，原告仅依据银行转账流水和微信记录，而微信记录未谈及借款的事宜，难以证明原、被告之间存在借贷关系，于法无据，应当由原告承担举证不能的法律后果。原、被告之间只存在建设工程（劳务）施工合同关系，A 公司将 B 公司凯 13 无线配套储备一期工程建设施工（馈线、耦合器、天线、合路器等无源器

件）分包给原告，原告又将其中一部分发包给被告，故该笔93 000元属于工程款，并提交如下证据予以证实：《B公司凯13无线配套储备一期工程室分施工项目施工劳务合同书》及证人许某、张某的证言。一审法院认为，虽然原告廖某与被告童某未有书面的借款依据，但原告提供了由被告向其出具的中国建设银行流水凭证，根据《最高人民法院关于审理民间借贷案件适用法律若干问题的规定》（本书以下简称《民间借贷司法解释》）第十七条的规定，原告仅依据金融机构的转账凭证提起民间借贷诉讼，被告抗辩转账系偿还双方之前借款或其他债务，被告应当对其主张提供证据证明。被告提交的《B公司凯13无线配套储备一期工程室分施工项目施工劳务合同书》，其合同双方为原告廖某与C公司，被告未提供原、被告之间的劳务合同证明双方存在劳务关系及原告需向被告支付款项的证据，且证人许某、张某的证言不足以证明该款项为工程款，被告应当承担举证不能的法律后果，故应当认定该93 000元为借款。（2）被告是否应当退还原告的剩余材料。原告认为，原告给被告提供了材料，而被告未将剩余材料返还给原告，被告应当退还原告的剩余材料，并提交了以下证据予以证实：微信截图照片。被告认为，是否应予退还原告的剩余材料不属于本案的审理范围，请求驳回原告的诉讼请求。一审法院认为，本案系民间借贷纠纷，被告是否应当退还原告的剩余材料不属于本案的审理范围，且原告提交的微信截图照片无法证明其主张，于法无据，对于原告要求被告返还剩余材料的诉讼请求，一审法院不予支持。二审审理期间，双方当事人未提交新的证据。二审法院确认原审认定该93 000元为借款以外的其他案件事实。

（二）审判结果

湖南省××人民法院于2018年11月16日作出民事判决：1. 由被告童某在本判决生效之日起三日内偿还原告廖某借款93 000元；2. 驳回原告廖某的其他诉讼请求。

一审判决后，童某向湖南省娄底市中级人民法院提起上诉。湖南省××中级人民法院于2019年3月29日作出终审民事判决：撤销一审判决，改判驳回原审原告廖某的全部诉讼请求。

（三）裁判理由

法院生效裁判认为：根据《民间借贷司法解释》第十七条的规定，原告仅依据金融机构的转账凭证提起民间借贷诉讼，被告抗辩转账系偿还双方之前借款或其他债务，被告应当对其主张提供证据证明。被告提供相应证据证明其主张后，原告仍应就借贷关系的成立承担举证证明责任。本案二审中廖某认可其与童某之间存在劳务施工合同关系，且其在一审起诉时亦主张要求童某返还剩余材料，上诉人童某在一审申请出庭作证的证人许某、张某亦证实廖某与童某之间存在劳务施工业务往来。故被上诉人廖某应就其于起诉时所主张的借款关系的存在进一步提供证据证明。但被上诉人廖某所提交的证据不足以证明其主张，依法应承担举证不能的法律后果。上诉人童某的该上诉理由成立，本院予以支持。

案例评析

（一）裁判要旨

原告主张与被告存在民间借贷关系，其提供的证据仅为银行转账凭证，被告抗辩原告的转账系偿还双方之前的借款或其他债务时，被告对该主张既要作出具体的合理解释，还需要提出一定的证据加以证明。被告就其抗辩主张所承担的是反证责任，而不是本证责任。被告对自己抗辩主张所提供的证据应达到“合理可能”的证明标准，而非高度盖然性标准。此时，举证责任即再次转移至原告。原告仍需对双方存在借款关系承担举证责任。

（二）典型意义

近年来，随着我国经济社会的快速发展，民间借贷日益成为正规金融之外的重要补充。但因其游离于国家金融监管体系边缘，亦存在较大风险和隐患。最高人民法院虽然通过制定《民间借贷司法解释》对民间借贷纠纷的审理标准和法律适用进行了规制，但因借贷多数发生在熟人之间，借贷形式具有简单性、随意性、隐秘性、交易法律手续不完备等特点，“事实认定难”是此类案件最大的难题。[①] 而在民间借贷纠纷中，有一种颇为常见却很难处理的情况，即原告仅以金融机构的转账凭证为据提起民间借贷诉讼，被告以转账系偿还双方之前借款或其他债务为由否认借贷关系的存在，事实认定可谓难上加难。《民间借贷司法解释》第十六条，针对此类情形对当事人的举证责任加以规定。但对“转账凭证”可以达至的证明内容、被告提交相应证据应达到何种程度、什么情形下举证责任转移至原告等并未进行具体规定，实践中对此仍存在不同认知。本案例对于原告仅能提供金融机构转账凭证证明款项支付事实，而不能提供借款合同或借据、收据、欠条等债权凭证的情况下举证责任的分配，对此类案件的审理

① 王林清、陈永强：《民间借贷的事实审查与举证责任分配之法理》，《政治与法律》2013 年第 12 期。

具有参考意义。

1. 仅以转账凭证起诉的民间借贷案件的核心问题在于举证责任的分配原则

人民法院在审理借款合同纠纷中，要查明如下案件事实：一是双方存在借贷合意；二是借贷行为已实际发生；三是履行期限已届满；四是借款人尚未偿还借款。实践中较容易出现争议的是前两个问题即借贷合意的审查和借款事实是否发生的判断。有学者总结，在《民间借贷司法解释》出台前，司法实践中对于“原告仅依据金融机构的转账凭证提起民间借贷诉讼”的案件存在四种不同的处理方式：第一种处理意见认为原告提交的转账凭证只能证明实际给付了款项，无法证明双方存在借贷关系，在被告否认双方存在借贷关系的情况下，原告应进一步提供证据证明；第二种处理意见认为原告提供转账凭证已完成初步的举证责任，被告辩称双方是其他法律关系，应由被告就其新主张负证明责任；第三种处理意见认为应释明原告变更诉讼请求和理由，变借贷纠纷为请求返还不当得利；第四种处理意见认为应根据公平原则和诚实信用原则，在原告仅依据转账凭证提起诉讼，最终事实真伪不明需要分配证明责任时，完全由法官的自由裁量权主导，所以证明责任分配规则并不唯一，应就具体案件而定。[①] 上述四种处理方式的共同点在于认为“借贷合意”和“款项交付”二者都是民间借贷关系成立的要件。但在对举证证明责任分配方式的选择上存在不同。故对此类原告仅依据转账凭证提起民间借贷诉讼的案件，关键问题是查清双方是否有借贷合意，核心问题在于举证责任的分配原则。

2. 《民间借贷司法解释》第十六条所确立的举证责任分配原则

针对原告仅依据金融机构的转账凭证作为证明借贷关系的案件如何认定借贷关系存在与否，在《民间借贷司法解释》制订过程中，意见曾发生过重大变化。最终定稿的《民间借贷司法解释》第十六条结合我国民间借贷普遍存在的很多人法律意识淡薄，借贷多发生在熟人之间碍于情面往往不签订借款合同而直接转账的情形，将证明是否有借贷合意的举证责任在原告和被告之间进行适当分配，即在原告提交金融机构的转账凭证的情况下，出借人对双方之间借贷关系的存在完成了初步举证责任，此时应进一步结合被告的抗辩情况，对方之间是否存在借贷关系进行分析和认定。

3. 被告举证的依据及应达到的证明程度

《民间借贷司法解释》第十六条虽然肯定了被告应承担举证责任的观点，但对被告提供相应证据满足什么要求，人民法院才能作出被告“证明其主张”的认定、被告抗

① 刘学在、李祖业：《论仅有转账凭证之借贷事实的证明责任分配》，《烟台大学学报（哲学社会科学版）》，2017 年第 2 期。

辩系偿还双方之前借款或其他债务是否构成一个新的主张、承担的是本证责任还是反证责任等问题，该条并未给出明确规定。在原告提交金融机构的转账凭证的情况下，原告已完成双方存在借贷关系的初步举证责任，对被告举证责任依据及应达到的证明程度作如下分析：一是被告抗辩原告的转账系偿还双方之前借款或其他债务，相当于被告提出一个新的主张，故其承担的不仅仅是抗辩的具体化义务，还负有提交证据予以证明的责任；二是被告承担的是反证责任而不是本证责任。《民诉法解释》第一百零八条规定："对负有举证证明责任的当事人提供的证据，人民法院经审查并结合相关事实，确信待证事实的存在具有高度可能性的，应当认定该事实存在。对一方当事人为反驳负有举证证明责任的当事人所主张事实而提供的证据，人民法院经审查并结合相关事实，认为待证事实真伪不明的，应当认定该事实不存在。法律对于待证事实所应达到的证明标准另有规定的，从其规定。"这是关于本证和反证的规定。在此类民间借贷案件中，原告提供的金融机构的转账凭证仅仅作为借贷合意和款项交付的初步证据，被告就其抗辩主张所要证明的对象是针对转账凭证所形成的推定力，故被告就其抗辩主张所承担的是反证责任，而不是本证责任。三是被告对自己抗辩主张所提供的证据应达到"合理可能"的证明标准，而非高度盖然性标准。如前所述，被告所承担的责任为反证责任，反证责任只需要达到动摇本证确信程度即可。故被告为反驳原告所主张的有借贷合意这个事实提供的证据，无需具有高度可能性，只需让法官认为待证事实真伪不明即可。

本案中，原告廖某仅提供了其向被告童某转款93 000元的转账凭证，并未提供其他证据证明双方就借贷合意达成一致的意思表示，但考虑到双方是熟人借贷，其提供的上述证据能够证明款项实际发生，可以作为双方存在借贷合意的初步证据予以认定，此时应重点审查被告的抗辩事由及所举证据的证明力。被告童某在本案中的抗辩事由为，原、被告之间只存在建设工程（劳务）施工合同关系，A 公司将 B 公司凯 13 无线配套储备一期工程建设施工（馈线、耦合器、天线、合路器等无源器件）分包给原告，原告又将其中一部分发包给被告，故该笔93 000元属于劳务工程款，并提交了原告廖某与 A 签订的《B 公司凯 13 无线配套储备一期工程室分施工项目施工劳务合同书》，在一审申请了证人许某、张某出庭作证。二审廖某认可其与童某之间存在劳务施工合同关系，且其在一审起诉时亦主张要求童某返还剩余材料。因被告的主张构成反证，进而不必苛求被告提交充分的证据以直接证明双方存在其他借贷关系或者其他法律关系，但被告对款项系其他原因的解释合情合理，应提交必要的证据证明其所称情境、场合是真实存在的。就本案而言，被告对"他因"作出合理解释，所提交双方存在劳务施工合同关系的证据，原告亦认可双方之间存在劳务施工合同关系，能够让法官相信劳务工程款发生的情境是可能存在的，从而使待证事实处于真伪不明状态。此时，原告应对双方存在借贷合意进一步提交证据予以证明。在原告未能进一步提交证据的情况下，最终认定双方借贷合意事实并不存在，故二审改判驳回原告的诉讼请求。

拓展思考

"原告仅依据金融机构的转账凭证提起民间借贷诉讼"，被告并未抗辩"系偿还双方之前借款或其他债务"，而是作出否认借贷关系和实际收取款项的抗辩，认为其不属于《民间借贷司法解释》第十七条的直接调整范围，也不能类推适用。应先由被告对其主张举证证明，如果通过上述的举证证明过程，能够锁定款项已由被告实际收取，即属于《民间借贷司法解释》第十七条所调整的情形。反之，不能证明款项已由被告实际收取的话，即被告通过举证证明达到动摇金融机构的转账凭证所具有的款项实际交付的推定力时，按照客观证明责任规则，此时属于待证事实真伪不明的状态，原告应承担不利后果。

（编者：李　琛）

十三、预抵押登记的法律效力

典型案例：预抵押权利人执行分配方案异议之诉案

基本案情

（一）案件事实

2014年8月26日，借款人陈某因购买案外人湖南某房地产开发有限公司开发的位于浏阳市集里街道办事处×××房屋的需要，向某银行申请借款人民币310.5万元，借款期限为120个月，借款人陈某以上述购买的房屋为贷款提供抵押担保。因购买的是期房，双方于2014年9月29日到浏阳市房屋权属管理中心办理了预抵押权登记手续。同时，借款人陈某购买的坐落于浏阳市集里街道办事处的房产，因开发商湖南某房地产开发有限公司未向登记部门申请办理首次房屋登记，导致陈某无法申请办理不动产权登记，至今不具备办理不动产登记证明（原称房屋他项权证）条件。

2014年1月1日，上述借款人陈某向案外人徐某借款人民币280万元，借款期限3

个月。后因借款人陈某未按时偿付上述债务，债权人徐某向法院提起了诉讼，湖南省××人民法院据此作出（2015）某民初字第×××10 号民事判决书。文书生效后，湖南省××人民法院依法采取执行强制措施，拍卖了案涉抵押物，并做出《执行分配方案》：……某银行房屋预告抵押登记不能取得抵押权，预告登记并未使银行获得现实的抵押权，银行不能对该预售商品房行使抵押权，即某银行债权系普通债权，且某银行无据以参与分配的生效法律文书，故不参与本次分配。

（二）审判结果

执行异议之诉一审：某银行对执行分配方案不服提起执行异议之诉，2017 年 4 月 28 日，湖南省××人民法院作出（2016）湘××××民初××38 号民事判决，驳回了某银行的执行异议之诉的全部诉讼请求。

执行异议之诉二审：建设银行对执行异议之诉一审不服提出上诉，2017 年 10 月 15 日，湖南省××中级人民法院作出（2017）湘××民终××94 号民事判决，判决撤销了湖南省××人民法院的一审判决且停止对案涉房屋分配方案的执行。

执行异议之诉申请再审：原审被告对二审结果不服申请再审向湖南省高级人民法院申请，2018 年 5 月 8 日，湖南省高级人民法院作出（2017）湘××民申××48 号民事裁定，裁定指令湖南省××中级人民法院再审本案。

执行异议之诉再审：2018 年 8 月 16 日，湖南省××中级人民法院作出（2018）湘××民再××7 号民事判决，维持湖南省××中级人民法院（2017）湘××民终××94 号民事判决书。

执行异议之诉检察监督：原审被告针对再审判决提出抗诉，2019 年 2 月 21 日，湖南省××人民检察院作出长检民（行）监（2018）43010000×××号不支持监督申请决定，驳回监督申请。

（三）裁判理由

本案的争议焦点是：某银行对涉案房屋是否具有排他性请求权，能否对抗其他债权人的分配方案。

再审法院认为：预告登记制度旨在保障将来物权的实现，其本质特征是使被登记的请求权具有物权效力，对后来发生的与该请求权内容相同的不动产物权的处分行为，具有对抗效力。预告登记权利人享有当不动产物权登记条件成就时对系争不动产办理物权登记的请求权，并可排他性地对抗他人针对不动产的处分。故预告登记属于债权保全措施，并具有排除他人处分标的物的物权效力。虽然抵押预告登记并非正式抵押登记，抵押权未设立，债权人主张对抵押物行使优先受偿权不具备行使条件。但作为债权保全措施，具有排除他人处分标的物的物权效力。本院二审在预告登记至今未失效，且某银行对未正式办理抵押登记没有过错的情况下，依据《物权法》第二十条的规定，认定某银行对涉案房屋享有的排他性请求权，可以对抗关于其他债权人的分配方案并无不当。

案例评析

（一）裁判要旨

该案历经执行异议之诉一审、二审、再审及检察监督，穷尽了法律赋予的权利救济途径，明确了预告登记制度作为一种债权保全措施，具有排除他人处分标的物的物权效力，对于维护正常的不动产交易程序，具有极其深远的意义。特别是对于金融机构而言，在办理住房按揭贷款过程中，针对已经办理了预告抵押登记的贷款，虽然不能取得现实的抵押权，但在预抵押未失效的情况下，未经预告登记的权利人同意，处分该不动产的，不发生物权效力，银行的信贷债权还是可以得到有效的保护。

（二）典型意义

预告登记与预抵押登记源于《物权法》的规定，共同构成不动产登记中的重要内容。将债权请求权进行登记，使其具有对抗第三人的效力，使妨害其不动产物权登记请求权所为的处分无效，以保障将来本登记的实现。这种登记是不动产登记的特殊类型，旨在全面保护不动产物权变动的当事人合法权益。

创设预告登记制度是我国不动产市场发展的客观需要，通过立法规定不动产预告登记制度可以为购房者提供获得所购房屋的法律预期，保护了不动产交易的安全，也很好地解决了现实经济生活中商品房预售中的很多问题，更好地推动了房地产业的发展和我国经济的发展。

拓展思考

已办理预告登记的商品房，商品房所有权属于开发商，但在司法实践中，对预告登记的商品房可以采取预查封措施。预查封的法理基础，在于预售商品房已经办理预告登记（且实务中存在房屋已交付甚至买受人已实际入住的情形），买受人对预售房屋享有民事利益，这种利益体现在：一是限制开发商处分该房屋，制约开发商把已出售的房屋再次出售或者进行抵押，二是保障买受人将来取得物权，即只要买受人按照合同约定履行，则其可以期待在未来取得房屋的所有权并办理正式登记。

（说明：本案在2021年新颁布的《最高人民法院关于适用〈中华人民共和国民法典〉有关担保制度的解释》实施之前判决，在此之前法律没有赋予预告抵押登记的抵押物具有优先受偿权。）

（编者：历平春　卿　勇）

十四、《最高人民法院关于适用〈中华人民共和国民法典〉有关担保制度的解释》第五十二条适用规则

典型案例：某银行与毛某、王某、某房产公司金融借款合同纠纷案

基本案情

（一）案件事实

2013年4月18日，被告毛某向原告某银行出具《共同还款责任承诺书》，表明其系被告王某的配偶，认可被告王某在原告方所借款项460 000元系夫妻共同借款，并承诺以所购房屋（娄底市某小区4栋×××号）提供抵押担保。

2013年5月13日，原告某银行与被告王某、毛某就被告王某、毛某购买的位于娄底市某小区4栋×××号房屋办理了抵押预告登记，登记证号（略）。

2013年5月22日，被告王某、毛某、某公司与原告某银行签订《个人购房担保借款合同》，合同主要内容为：1. 借款金额为人民币460 000元；2. 借款用途为购买房产，所购房产位于娄底市某小区4栋×××号；3. 借款期限为120个月；4. 借款利率为浮动利率，执行年利率6.55%，逾期利率9.825%，自中国人民银行同期同档次人民币贷款基准利率调整后的次年1月1日起调整，对应付未付利息，贷款人依据中国人民银行规定计收复利；5. 合同还款方式为等额本息还款法，还款周期为壹个月；6. 本合同项下借款采用阶段性保证、抵押担保方式，由被告某公司提供向原告提供阶段性保证直至“借款人取得房地产权属证书，并办妥以贷款人为抵押权人的抵押登记手续”条件成就，由抵押人提供抵押物担保。担保范围包括本合同项下借款本金、利息、罚息、复利、违约金、损害赔偿金等；7. 发生下列情形之一的“……借款人未按约足额偿还

借款本息”，贷款人有权停止发放借款、提前收回已发放借款，有权提前行使担保权，有权宣布借款人与贷款人签订的其他借款合同项下借款立即到期或采取其他资产保全措施。合同还对其他事项进行了约定。合同落款处，被告王某在“借款人”“抵押人”处签字捺印，被告毛某在“抵押人”处签字捺印，被告某公司在“保证人”处加盖公章。

合同签订后，原告方按约向被告王某、毛某发放了贷款。借款后，被告王某、毛某自 2020 年 2 月 22 日起便存在逾期还款情形。截至 2021 年 6 月 23 日，被告王某、毛某尚欠原告贷款本金178 147.18元，利息（含罚息、复利等）13 064.38元。

另查明，2015 年 2 月 10 日，被告某公司已完成涉诉楼栋（娄底市某小区 4 栋×××号）建筑物所有权首次登记，登记证号（略）。被告某公司已通知被告王某、毛某提交相应的办理不动产权属证书的相关材料，但被告王某、毛某至今未提供，亦未能办理不动产权属证书。案涉楼栋已有其他业主办理了不动产权属证书。

某银行请求判令：1. 立即解除合同编号为430201201300×××××的《个人购房担保借款合同》；2. 被告王某、毛某共同偿还原告某银行借款本金178 147.18元（截至 2021 年 6 月 29 日）及至清偿之日止的全部利息（含罚息、复利等）；3. 被告某公司对被告王某、毛某的债务承担连带保证担保责任；4. 原告某银行对被告王某、毛某提供的抵押物享有优先受偿权；5. 被告王某、毛某承担本案全部诉讼费及其他费用。

（二）审判结果

湖南省××人民法院于 2021 年 11 月 29 日作出（2021）湘××××民初××56 号民事判决：1. 解除原告某银行与被告王某、毛某、某公司签订的《个人购房担保借款合同》；2. 被告王某、毛某于本判决生效之日起十日内共同偿还原告某银行借款本金178 147.18元、截至 2021 年 6 月 23 日的利息（含罚息、复利等）13 064.38元，以及自 2021 年 6 月 24 日起按《个人购房担保借款合同》约定计算至借款实际清偿之日止的利息（含罚息、复利等）；3. 如被告王某、毛某未按期足额履行上述第二项确定的给付义务，则原告某银行对被告王某、毛某购买的位于娄底市某小区 4 栋×××号房屋，折价或者以拍卖、变卖所得价款在上述第二项债权范围内享有优先受偿权；4. 驳回某银行的其他诉讼请求。

一审判决后，当事人服判息诉。

（三）裁判理由

法院生效判决认为：原告与被告王某、毛某、某公司签订的《个人购房担保借款合同》、被告毛某出具的《共同还款责任承诺书》，均系各方当事人真实意思表示，内容未违反法律、行政法规的强制性规定，合法有效，各方当事人均应当按照合同约定全面履行自己的义务。原告已按约支付贷款给被告王某、毛某，现被告王某、毛某作为共同借款人未按合同约定还本付息，已构成违约，被告王某、毛某应承担偿还借款本金、按合同支付利息和逾期利息的民事责任。故原告要求被告王某、毛某共同偿还借款本金及利息的诉讼请求成立，本院予以支持。被告王某、毛某以自己的行为表明不履行主要债务，符合法定解除合同的条件，故本院对原告要求解除《个人购房担保借款合同》的诉讼请求予以支持。

关于原告诉求对被告王某、毛某提供的抵押物享有优先受偿权的主张是否成立的问题。首先，关于法律的适用。本案纠纷虽是基于《民法典》施行前的法律事实引起，但在《民法典》实施前的法律及司法解释并未规定预告登记权利人对抵押预告登记的房屋享有优先受偿权，《民法典》实施后，《担保制度解释》第五十二条对此进行了明确规定，“经审查已经办理建筑物所有权首次登记，且不存在预告登记失效等情形的，人民法院应予支持，并应当认定抵押权自预告登记之日起设立”。根据《最高人民法院关于适用〈中华人民共和国民法典〉时间效力的若干规定》（本书以下简称《民法典时间效力的若干规定》）第三条的规定，本案应适用《民法典》及其司法解释的相关规定。其次，关于事实的认定。经审查，本案被告王某、毛某就该笔借款以其所购房产作为抵押，虽办理的是抵押预告登记，但案涉某小区 4 栋已完成建筑物所有权首次登记并且抵押人具备办理不动产权证登记的客观条件，由于被告王某、毛某本人未履行自己的义务，导致不动产权证无法办理，进而影响正式抵押登记的设立。鉴于案涉房产未能办理正式登记并非由抵押权人的原因造成，案涉某小区 4 栋已完成建筑物首次登记，且本案亦不存在预告登记失效情形，故本院依据法律规定认定案涉房屋抵押权自预告登记之日起设立，原告对该房屋享有优先受偿权。

关于被告某公司是否承担保证责任的问题。原、被告签订的《个人购房担保借款合同》约定被告某公司担保期限至“借款人取得房地产权属证书，并办妥以贷款人为抵押权人的抵押登记手续”即抵押权设立之时。被告某公司辩称，虽然双方签订的合同约定了担保期限，但法律已明文规定，抵押预告登记只要符合法定条件，抵押权即可设立。某公司已向法庭提供充分的证据证明案涉房屋抵押权已成立，应当免除某公司担保责任。本院认为，根据目的解释可知，案涉的担保条款其最终目的是确保抵押权的设立，抵押权人的优先受偿权得以实现。根据上文分析，案涉房屋的抵押权自预告登记之日起已经成立，原告对抵押物享有优先受偿权，该法律适用结果与《个人购房担保借款合同》约定的担保条款目的一致，合同目的已经实现，故本院认定某公司的阶段性担保已完成，不再承担连带保证责任，原告诉请某公司承担连带担保责任，本院不予支持。

案例评析

（一）裁判要旨

2021年新实施的《担保制度解释》第五十二条规定预告抵押登记符合法定情形即可认定优先受偿，突破了此前的“否认优先受偿”之说，确定预告抵押在符合法律规定的条件时可以“优先受偿”。具体而言，对于《担保制度解释》实施前发生的金融借款，借款人以所购房屋提供抵押担保并办理了抵押预告登记，在具备办理不动产权证登记的客观条件下，因借款人的原因导致不动产权证未办理，进而影响正式抵押权的设立，法院在查明涉诉楼栋已办理首次登记，且预告登记不存在失效情形时，应根据该新的规定认定抵押权自预告登记之日起设立，抵押权人可就抵押物优先受偿，开发商的担保责任免除。

（二）典型意义

本案虽案件事实清楚、权利义务明确，但随着2021年《民法典》的施行，有关的担保制度也发生了重大变化。结合本案事实，本案争议的问题是：案涉发生在《民法典》施行之前的房屋预抵押能否适用及如何适用《担保制度解释》第五十二条之规定。

首先，能否适用现行法律的问题。《民法典时间效力的若干规定》第三条规定：“民法典施行前的法律事实引起的民事纠纷案件，当时的法律、司法解释没有规定而民法典有规定的，可以适用民法典的规定，但是明显减损当事人合法权益、增加当事人法定义务或者背离当事人合理预期的除外。”本案纠纷虽是基于《民法典》施行前的法律事实引起，但在《民法典》实施前的法律及司法解释并未规定预告登记权利人对抵押预告登记的房屋享有优先受偿权，《民法典》实施后，《担保制度解释》第五十二条才对此进行了明确规定：“经审查已经办理建筑物所有权首次登记，且不存在预告登记已经失效情形的，法院应认定抵押权自预告登记之日起设立。”本案中亦不存在明显减损当事人合法权益、增加当事人法定义务或者背离当事人合理预期的情形，因而，根据《民法典时间效力的若干规定》第三条之规定，本案应适用《民法典》及其司法解释的相关规定。

其次，关于《担保制度解释》第五十二条适用审查规则。1. 案涉房屋已经办理预告抵押登记；2. 案涉房屋所在楼栋已完成建筑物所有权首次登记，即整栋楼的产权已经登记在开发商的名下；3. 案涉房屋在诉前已具备办理不动产权属登记的客观条件；4. 抵押人因自身原因未履行法律规定办理不动产权属登记应履行的义务，导致不动产权属证书无法办理；5. 不存在预告登记失效情形。符合这些规则，则应依据法律规定认定案涉房屋抵押权自预告登记之日起设立，抵押权人对房屋享有优先受偿权。

考究房地产公司为购房人按揭买房向债权人提供阶段性担保的初衷，旨在保障债权人的债权在购房者无法清偿债务且无法就抵押物优先受偿时能够实现。根据新的法律规定，建筑物所有权已办理首次登记（大产权证）或者抵押人直接办理了建筑物所有权首次登记，且预告抵押登记不存在失效等情形的，显然债权人能够就抵押物优先受偿，此时如若按合同约定仍对债权人要求房地产开发企业承担连带清偿责任的主张予以支持，则会出现对债权人利益过度的保护，同时也可能会因购房者违约，怠于履行提供办证资料及交纳相应税费的义务，导致无法办理抵押登记，最终债权人对抵押物无法享有优先受偿权的后果由房地产开发企业承担，有违“权利义务对等原则”，亦不利于营造良好的营商环境和社会诚信氛围树立，并且会造成房地产开发企业在向债权人承担连带清偿责任后向债务人追偿的情况，增加司法诉累。为此，法院在权衡本案各方当事人合法利益的情况下，秉持公平公正的原则，依法认定预告抵押登记具有优先受偿权，对原告主张物的优先受偿予以支持，免除了被告房地产公司连带保证责任。该举措切实保障了当事人的合法权益，维护了司法公正，使得社会经济健康有序地运行。

拓展思考

《担保制度解释》第五十二条适用后，房地产开发商是否应当继续承担担保责任？也就是说，根据原、被告签订的《个人购房担保借款合同》约定，被告某公司应承担阶段性担保至“借款人取得房地产权属证书，并办妥以贷款人为抵押权人的抵押登记手续”。但本案中，借款人并未取得房地产权属证书，更未办理抵押登记手续，而是依据法律规定即符合相关条件下预告抵押登记的法定优先受偿，是否可以阻却被告某公司的担保责任？法院认为，首先，虽然双方签订的合同约定了保证期限，但法律已明文规定，抵押预告登记只要符合法定条件，抵押权即可设立。根据上文分析，某公司已向法庭提供充分的证据证明案涉房屋的抵押权已经符合法定的设立条件，案涉房屋抵押权已成立。其次，根据法律解释中的“目的解释”可知，案涉合同担保条款的约定，其最终目的是确保抵押权的设立，使抵押权人的优先受偿权得以实现。因而，被告某公司约定的阶段性担保的条件已经成就，其责任自成就之日起即可免除。本案中，案涉房屋的抵押权因符合法律规定，应自预告登记之日起已经成立，原告对抵押物享有先受偿权，该法律适用结果与《个人购房担保借款合同》约定的担保条款目的一致，合同目的已经实现，故应认定某公司的阶段性担保已完成，不再承担连带保证责任。

（编者：周　威　张永红）

第二章　保险法专题

一、涉平台骑手商业保险类纠纷

典型案例：李某与某保险公司人身保险合同纠纷案

基本案情

（一）案件事实

上海某公司以李某为被保险人在某保险公司投保“×××加盟商骑手意外险”，承保险种包括第三者责任险（保险限额为200 000元）等险种；保单特别约定部分载明：个人责任是指承保配送员在配送服务过程中因过失导致第三者人身伤亡或第三者财产的直接损失，配送过程中驾驶使用的交通工具仅限承保自行车、电瓶车、燃气助动车、有效行驶证的摩托车（且配送员需持有摩托车有效驾驶证）导致第三者人身伤亡或第三者财产的直接损失。保险责任为被保险人因过失导致第三者人身伤亡或财产损害的直接损失，由被保险人承担的赔偿责任，保险人按照合同约定负责赔偿。某日李某驾驶摩托车与案外人相撞，造成二人受伤的交通事故，经认定李某负主要责任。天津市××人民法院于2018年7月19日作出（2018）津××××民初××72号民事判决书，法院生效判决认定，事故发生时李某正在派发外卖，其所属配送团队属于某管理公司，某管理公司应对案外人承担赔偿责任，遂判令某管理公司赔偿案外人经济损失。某管理公司赔偿后从李某工资中扣除了赔偿款。李某向某保险公司申请理赔，某保险公司认为生效判决未让李某承担赔偿责任，且事故发生时李某所驾驶的车辆定性为机动车，若李某没有有效驾驶证及行驶证，保险公司不承担赔偿责任而不同意赔偿。李某诉至法院请求判令：1. 判令某保险公司在保险限额内赔付62 059.74元；2. 诉讼费用由某保险公司承担。

（二）审判结果

天津市××法院于2020年12月25日作出（2020）津××××民初××84号民事判决：1. 被告某保险公司于本判决生效后十日内支付原告李某已赔偿的医药费151.5元、营养费1 890元、住院伙食补助770元、误工费9 647.34元、护理费4 823.67元、交通费210元、伤残赔偿金和被扶养人生活费39 987.36元、精神损害抚慰金3 500元、鉴定费1 050元，共计62 029.87元；2. 驳回原告李某其他诉讼请求。

（三）裁判理由

法院生效判决认为，涉案保险合同合法有效。案涉保险“×××加盟商骑手意外险”设立初衷是为保障骑手在配送过程中的自身和他人安全。保险公司对诉争免责条款作出机械解释限制了被保险人的权利，减轻了保险人的责任，与涉案保险合同设立的初衷明显不符。首先，虽然生效判决认定某管理公司为赔偿责任人，但其在向受害人赔偿后又向实际侵权人李某进行了追偿，故李某为实际赔偿人。该损失属于保险范围。其次，“机动车”应按照普通人的理解和认识力进行判断。本案中保险公司不能据此作为“有效行驶证的摩托车”的解释。对该免责条款存在不同理解，应作出不利于格式条款提供者即保险公司一方的解释。李某有权向保险公司主张损失，判令某保险公司承担保险责任。

案例评析

（一）裁判要旨

保险合同具有其专业性和复杂性，因此保单中会存在大量技术性用语，对于未受过专业训练的投保人（骑手）来说，保险条款的阅读难度较大，因此要求保险公司已为其充分提示和展示了其保险条款及保单。此外格式条款又称为标准条款，是指当事人为了重复使用而预先拟定、并在订立合同时未与对方协商的条款。保险合同通常都是格式合同，对于保险条款中的格式条款要予以一定限制，如不得减轻保险公司自身责任的免责事由和除外责任条款，这对维护公平、保护弱者具有必要性。

（二）典型意义

近年来，我国传统服务行业快速数字化，网络餐饮外卖市场发展迅猛。随着外卖业务量的提升，道路交通事故的发生概率增加，加之作为用工单位的各外卖平台公司以配送效率作为奖惩机制的重要指标，从而导致外卖途中事故频发。目前多数企业通过购买商业保险为骑手提供保障，分散企业风险。然在各审判中发现，保险公司通常未能充分履行说明义务，并未充分提示投保人阅读保险条款和解释说明免责条款，骑手或区域代理商在未阅读保险合同条款的情况下即可投保成功并形成保单，造成后期双方产生纠纷后对保险公司是否履行说明义务的认定各执一词。其次由于格式合同、格式条款更为快捷、简便，方便交易，有利于降低交易成本，提高生产经营效率。保险合同通常采取格式合同形式，易作出不利于被保险人的约定，加之保险公司未能充分履行说明义务，以及技术性用语下保险条款阅读难度大，容易造成对保险条款在理解上产生歧义，保险公司通常会作出有利于自身的机械解释，从而免除自身赔付责任。而这明显有悖各方缔约初衷。因此保险公司在为该类涉平台骑手设置格式型保险条款时，尽量使用通俗化语言，降低保险合同阅读难度。在审判活动中，人民法院应立足保险合同目的，依法审查保险条款约定，切实保障外卖骑手、用工单位合法权益，使这一数字化服务平台，在促进国内经济大循环中发挥出积极作用。

拓展思考

关于互联网下保险合同订立的规则。在互联网保险兴起的背景之下，涉外卖平台骑手的商业保险合同大多通过互联网签订，保险公司采用电子格式条款，作为投保人的骑手或区域代理商通过在网络上点击浏览保险合同，在网络上签订保险合同。这种网签模式一定程度上提高了交易效率，但也存在保险公司是否充分履行格式条款说明义务的认定问题。首先，保险公司的条款说明义务是充分必要的，通过网络签订保险合同时，保险公司应在网页设计中充分展示其拟定的保险格式条款，从而履行说明义务，且主动提示保险人提供的格式条款及免责条款，才可认为保险公司充分履行说明义务，充分保障投保人的权利。其次，保险公司与平台方应当对投保过程予以记录，实现可回溯管理，在互联网场景下，保险公司难以充分举证自己是否实际履行说明义务，仅以网页上提供在线浏览和下载的形式履行说明义务，可能仍需保险公司在诉讼中承担不利后果。因此以数据形式留存有利于法院在纠纷产生后能审查保险公司是否实际履行其说明义务，一定程度上保障保险公司合法权益，进而实现社会实质正义。

（编者：郭超群　梁子旋）

二、保险合同纠纷相关法律分析

典型案例：罗某与某保险公司保险合同纠纷案

基本案情

（一）案件事实

罗父（罗某父亲）于2015年12月23日为罗某向保险公司投保了《宝宝安康两全保险》的主险和《附加宝宝安康重大疾病保险》的附加险，基本保险金额为149 854元，保单号190011508229××××；2017年2月4日罗父为罗某向保险公司投保《少儿超能宝两全保险》的主险和《附加少儿超能宝重大疾病保险》的附加险，基本保险金额为200 000元，保单号190081701336××××；2018年2月6日，罗母（罗某母亲）为罗某向保险公司投保《少儿超能宝两全保险（2.0版）》的主险和《附加少儿超能宝重大疾病保险（2.0版）》的附加险，基本保险金额为300 000元，保单号190081800946××××；2018年3月31日罗母为罗某向保险公司投保《金佑人生终身寿险（分红型）B款（2017版）》的主险和《附加金佑人生终身寿险（分红型）B款（2017版）》的附加险，基本保险金额20 000元，保单号190081803114××××，上述保单基本保险金额共计669 854元。

2020年1月，原告罗某因突发头痛，在当地医院经CT检查提示“脑干占位”，同年1月6日前往省儿童医院住院治疗，1月10日出院，出院诊断为：右侧椎动脉颅内段动脉瘤；其他诊断：脑室扩张。2020年1月11日原告转上海交通大学医学院附属仁济医院住院治疗，该院于2020年1月16日为原告在全麻下行颅内动脉瘤栓塞术，1月23日治愈出院，出院诊断为：右侧椎动脉动脉瘤。

2020年3月18日，罗父与保险公司达成赔偿协议，协议确定：被保险人于2020年3月5日提出的关于重大疾病的索赔申请，经保险公司核实，被保险人病历显示被保险人此次椎动脉血管畸形致动脉瘤出险，属于先天性畸形，是保险条款责任免除范围，拟对此次出险不予赔付。鉴于被保险人目前状况，经双方充分协商，保险人向被保险人一次性支付人民币47 252元，本次索赔处理即告完毕，本保险合同190081701336××××、190081800946××××、190081803114××××等保单全部终止，保险人与投保人、被保险人无其他争议，此案了结，保险合同特约承保今后无效。后罗某向法院提起诉讼，请求保险公司依据四份保险合同约定给付原告罗某重大疾病保险金669 854元。

（二）审判结果

湖南省××人民法院作出判决：驳回原告罗某的全部诉讼请求。

（三）裁判理由

一审法院认为，本案争议焦点为原告罗某所患疾病是否属于保险合同约定的重大疾病。就该争议焦点，法院认为：原被告之间签订的保险合同系双方真实意思表示，不违反法律、行政法规强制性规定，合法有效，双方均应按照合同约定行使权利、履行义务。原告所患椎动脉颅内段动脉瘤属于脑血管性疾病，在保险合同中明确“不在保障范围内”，保险人已就责任免除情形履行了提示和说明义务，不论该疾病是否属于先天性畸形，原告要求被告赔付的证据、理由不足，因此对原告要求被告给付保险金669 854元的诉讼请求，本院不予支持。被告自愿与原告达成的理赔协议，属于当事人对自己民事权利的自主处分，本院不作评述。

案例评析

（一）裁判要旨

原被告之间签订的保险合同系双方真实意思表示，不违反法律、行政法规强制性规定，合法有效，双方均应按照合同约定行使权利、履行义务。被告与原告的父亲（原告法定代理人）签订了协议书，双方确认了原告所患疾病属于先天性畸形，属于条款责任免除范围。原告在保险公司投保的保险合同已协议终止，协议达成的理赔款已经支付给原告方，原告无权再次要求支付理赔款。

（二）典型意义

在保险私法领域，重大疾病保险承保范围与保险说明提示义务的履行一直是理论界与实务中争议较多的两大问题。对于重大疾病这一定义，实践中一般依据世界卫生组织《疾病和有关健康问题的国际统计分类（ICD-10）》的标准，保险人一般通过提交投保人签字确认和手抄确认等书面证据证明其已履行说明提示义务。但各级法院可能对此有不同的理解和适用。保险公司在遇到此类纠纷，为尽可能减少不必要的损失，应在保险合同缔约期间更加注意相关证据的收集，例如在解释说明时进行录音录像，及时电话回访确认等。

拓展思考

（一）保险公司与被保险人约定保险合同关系终止的协议是否有效?

保险合同终止协议其本质也是合同，那么既然是合同，其成立生效只要满足合同的生效要件，便发生法律效力，合同生效的要件有以下几个：签订主体合格；合同双方意思表示真实；合同形式必须合法；合同内容必须合法，不违反法律法规强制性规定和违反公序良俗。具备以上生效要件的，合同便合法生效。需要注意的是，在终止协议依法生效的同时，原合同的权利义务归于消灭。本案涉及的合同终止协议符合上述生效要件，故合法有效。

（二）如何看待保险合同中规定的重大疾病?

从合同条款来看，保险合同的承保范围主要由两个因素来决定：定义条款与除外责任条款。我国健康保险承保范围通常通过明确规定保险合同中的疾病名称、疾病定义、除外责任和术语释义来进行规范。其中最重要的组成部分就是定义，保险合同提供的保障也取决于定义。实务中，重大疾病的定义往往争议较多。保险合同一般采用列明方式在合同条款中明确列举属于健康保险承保范围内的重大疾病。为进一步保障消费者权益，合同中关于“恶性肿瘤”这一定义引入世界卫生组织《疾病和有关健康问题的国际统计分类（ICD-10）》，使用更加客观权威的医学标准，定义清晰明了。原告在省儿童医院的病历资料显示其患病症为Q28.103，是右侧椎动脉畸形，属于先天性疾病。

实务中，“重大”一词容易被人忽视。从字面上不难理解，重大疾病应是对生命威胁最重、治疗费用高昂的疾病。如何判断重大这一标准，日本保险判例参考“住院”这一客观事实要素，亦可以作为我们斟酌参考的一种方式。本案中，原告共住院16天便治愈出院，此标准下，若认定为重大疾病，不免有些牵强。宏观来看，重疾的定义也应当符合公平性原则和重要性原则。例如，随着医疗水平上升，部分甲状腺癌预后良好，2020年重疾定义修订便将部分预后较好的甲状腺癌定义为轻度疾病。本案中，原告在上海交通大学医学院附属仁济医院的出院小结显示其共住院12天，治疗结果为治愈，与前述的重要性原则不符，从定义上看不属于重大疾病。

（编者：卿　勇　姜时杰）

三、意外事故中侵权人及保险公司责任的认定

典型案例：周某与吕某、某保险公司等人机动车交通事故责任纠纷一案

基本案情

（一）案件事实

2021年8月23日21时许，周某在某液压生态项目第一期工地行走时，遇吕某驾驶陈某运营的车牌号为湘K××××××的15号车运输混凝土行驶至该区域时，轮胎碾压石头飞溅至周某的面部，造成周某受伤的事故。事故发生后，周某在娄底市第一人民医院诊治，住院26天，共花费医疗费6 332元。

2021年10月18日，周某所受伤害经A司法鉴定中心鉴定为：1. 周某本次所受损伤致残程度评定为十级伤残；2. 建议周某误工期120日，一人护理30日，营养期75日；3. 已用医疗费用凭医疗发票审核认定。周某为此花费鉴定费用1 500元。2022年6月6日，因周某鉴定标准错误向本院申请重新鉴定，故本院委托B司法鉴定中心重新鉴定，鉴定意见为：周某因外伤致颜面部等处受损，未构成伤残等级。后续诊疗项目所需费用评估建议为：……根据目前情况，周某需要择期进行23烤瓷牙修复治疗等，治疗费用预计需要人民币2 000元，建议每10年更换一次，以上建议供参考，最终以实际发生为准。……周某为此花费鉴定费用1 490元。

吕某驾驶的湘K××××××混凝土搅拌运输车在某保险公司投保了机动车交通事故责任强制保险（以下简称“交强险”）（事故发生在保险期限内）及100万元特种车商业第三者责任险（以下简称“商业三者险”）（事故发生在保险期限内）。

另查明，陈某在庭审中称某混凝土公司已向周某支付5 000元，且已在陈某与某混凝土公司的运费结算中扣除，故该5 000元应为陈某垫付。

还查明，吕某受陈某雇用，陈某与某混凝土公司签署了《混凝土承运合同》，某液压公司系某液压生态项目（一期）工程的建设单位，某工程公司系某液压生态项目（一期）工程的施工单位。

周某请求法院判令：1. 所有被告赔偿原告各项损失合计73 806. 59元；2. 某保险公司在交强险、商业三者险保额范围内对上述金额承担赔偿责任；3. 被告吕某、陈某、某液压公司、某工程公司以及某保险公司承担本案全部诉讼费用，包括但不限于诉讼费、财产保全费。

（二）审判结果

湖南省××人民法院于2022年8月15日作出（2022）湘××××民初××89号民事判决：1. 某保险公司在交强险范围内向周某赔偿损失44 556. 69元；2. 陈某向周某赔偿鉴定费1 050元，抵扣其已垫付的5 000元后，周某应返还陈某3 950元；3. 某液压公司向周某赔偿损失鉴定费225元；4. 某工程公司向周某赔偿损失鉴定费225元；5. 驳回周某的其他诉讼请求。

一审判决后，周某、陈某、某液压公司、某工程公司、某保险公司等当事人均服从判决，本案当事人均自动履行完毕。

（三）裁判理由

法院生效判决认为：公民的生命健康权受国家法律保护，侵害公民身体造成伤害的，应承担民事赔偿责任。根据《最高人民法院关于审理道路交通事故损害赔偿案件适用法律若干问题的解释》（本书以下简称《道路交通事故损害赔偿解释》）第二十五条之规定，机动车在道路以外的地方通行时引发的损害赔偿案件，可以参照适用本解释的规定。本案中，因某液压公司系道路管理方，对道路安全具有管理义务，某工程公司系厂区工程建设方路面石头散落，增加了事故发生的风险。因此，本院认定某液压公司、某工程公司各承担15%的责任，被告吕某承担70%的责任。因涉诉湘K×××××混凝土搅拌运输车投保有交强险和商业险，故某保险公司应当首先在交强险限额内承担赔偿责任，然后按责任比例在商业险限额内承担赔偿责任，不足部分应由其他被告按责任比例承担赔偿责任，吕某为陈某雇佣的司机，具有驾驶资质，不应承担赔偿责任，该赔偿责任由其雇主陈某承担。

关于周某合理损失的计算。本院对周某的合理损失核定如下：1. 医疗费6 332元；2. 伙食补助费2 600元（100元/天×26天）；3. 误工费约20 877. 69元（63 503元/年÷365天×120天）；4. 护理费约5 977元［72 723元/年（周某主张）÷365天×30天］；5. 营养费2 250元（30元/天×75天）；6. 交通费520元（20元/天×26天）；7. 鉴定费1 500元（周某主张）；8. 后续治疗费酌情认定为6 000元（2 000元/次×3次）。上述费用合计46 056. 69元。

综上所述，周某的各项合理经济损失共计46 056. 69元。某保险公司应当在交强险限额内承担赔偿责任，在交强险范围内承担44 556. 69元，陈某应承担鉴定费1 050元，某液压公司、某工程公司各承担225元。

案例评析

（一）裁判要旨

无意思联络的数人侵权系数个行为人的行为累积在一起，产生他人受损的同一后果。根据各行为人的过错程度即依照过错责任归责原则确定各行为人应当承担的责任。在交通事故中，保险公司根据侵权行为人的过错程度并依据保险合同的约定承担赔付责任，不足部分由侵权行为人承担。

（二）典型意义

《民法典》规定有意思联络的共同侵权承担连带责任，无意思联络的数人侵权承担按份责任。《民法典》第一千一百六十八条规定："二人以上共同实施侵权行为，造成他人损害的，应当承担连带责任。"该条是对有意思联络共同侵权的规定。《民法典》第一千一百七十二条规定："二人以上分别实施侵权行为造成同一损害，能够确定责任大小的，各自承担相应的责任；难以确定责任大小的，平均承担责任。"该条是对无意思联络数人侵权的规定。

随着经济社会快速发展，道路上车水马龙，"连环撞车""飞来横祸"时有发生，如何认定各行为人的行为在交通事故中的作用大小及责任分配，事关当事人的切身利益、事关公平正义。

此类案件的关键在于厘清无意思联络数人侵权的构成要件及责任承担的形式。第一，数个行为人之间对于损害后果的产生事先没有意思联络，不形成通谋。第二，数个行为人分别实施了侵权行为。数个行为人的行为各自独立，即各个行为人是基于各自的过错实施了侵权行为。第三，数个行为人的行为造成了同一损害。即同一损害事实系数个行为人各自的行为相结合才能造成损害后果的发生。第四，归责原则：过错责任原则，各行为人承担按份责任。即根据各行为人对于结果发生的过错程度、作用大小及原因力等因素确定其责任大小及应当承担责任的多少。

本案中，因某液压公司系道路管理方，对道路安全具有管理义务，某工程公司系厂区工程建设方，路面石头散落，增加了事故发生的风险，两者的行为是造成此次事故发生的间接因素，吕某在车辆行驶过程中未注意路面状况及面对相向而来的行人时未减速慢行是造成此次事故发生的直接原因。三者对于损害事实的发生，事前没有意思联络和通谋，系各自的侵权行为相结合而造成周某面部受伤的这一损害后果。符合上文无意思联络的数人侵权的特征和要件，各行为人应承担按份责任，故根据各行为人各自的过错程度、作用大小及原因力等因素，综合认定某液压公司、某工程公司各承担15%的责任，吕某承担70%的责任，因周某在道路边沿正常行走，本身不存在过失，因此周某不承担本次事故的责任。因湘K×××××混凝土搅拌运输车投保有交强险和商业险，故某保险公司应当首先在交强险限额内承担赔偿责任，然后按责任比例在商业险限额内承担赔偿责任，不足部分应由其他被告按责任比例承担赔偿责任。

拓展思考

该案是一起非接触性交通事故引发的损害责任纠纷案件，且无交警部门作出的交通事故认定书，因而对其是否属于交通事故存在较大的争议。

（一）车辆无接触发生交通事故的法律分析

首先，道路交通事故的“交通事故”如何认定。“交通事故”，是指车辆在道路上行驶因驾驶人员的过错或者意外造成的人身伤亡或者财产损失的事件。道路交通事故的构成要件有三个：一是事故发生在法律规定的道路上；二是事故的发生与车辆有关；三是驾驶人员的过错或者意外造成人身伤亡或者财产损失。其次，道路交通事故的“道路”和“车辆”的认定。根据《中华人民共和国道路交通安全法》（本书以下简称《道路交通安全法》）第一百一十九条的规定，“道路”是指公路、城市道路和虽在单位管辖范围但允许社会机动车通行的地方，包括广场、公共停车场等用于公众通行的场所。“车辆”是指机动车和非机动车。再次，公安机关交通管理部门出具的交通事故认定书的性质。根据《道路交通安全法》的相关规定，公安机关交通管理部门作出的交通事故认定书是一种具有法律效力的技术文书，属于证据分类中的书面证据。交通事故认定书作为证据使用，当事人当然可以就交通事故认定书的真实性、合法性和关联性提出疑问，法院应依证据规则审查其三性及证明力，并综合全案证据来认定案件事实。

本案中，保险车辆本身尽管没有和受害者发生直接接触，公安机关交通管理部门也没有对事故作出交通事故认定，但事故发生时仅有保险车辆经过，且庭审中驾驶员陈述明显感觉车轮有压异物感。事故发生后，当事人及时向交警及片区警察报警，由于交警认为不属于道路交通，故未作出交通事故认定书，片区警察对相关人员走访询问，其内容可以证实在事故发生时，道路上来往的车辆仅有吕某所驾驶的车辆，周某的损害系飞来之石击中面部，导致其面部受伤，道路上没有其他可造成碎石飞溅的因素。根据路面状况和证人证言，依据证据的高度盖然性原则，可以推导出周某的损伤系保险车辆的行为直接所致，路面的管理人和使用人是导致损伤的间接原因。虽然道路系厂区内道路，但事故发生时，该道路系允许社会车辆进入的开放性道路，本起事故发生符合车辆在道路上行驶，由于驾驶人员等人的行为导致他人人身受损的交通事故的特征，因此属于《道路交通安全法》规定的“交通事故”，法院应以自己审理认定的事实作为定案根据并进行裁判。

（二）车辆无接触发生交通事故的责任划分

《民法典》第一千一百六十五条规定：“行为人因过错侵害他人民事权益造成损害的，应当承担侵权责任。依照法律规定推定行为人有过错，其不能证明自己没有过错的，应当承担侵权责任。”该条确定侵权损害赔偿的归责原则为过错责任原则及其特殊形式的过错推定原则。《道路交通安全法》第七十六条规定：“机动车发生交通事故造成人身伤亡、财产损失的，由保险公司在机动车第三者责任强制保险责任限额范围内予以赔偿；不足的部分，按照下列规定承担赔偿责任：（一）机动车之间发生交通事故的，由有过错的一方承担赔偿责任；双方都有过错的，按照各自过错的比例分担责任。（二）机动车与非机动车驾驶人、行人之间发生交通事故，非机动车驾驶人、行人没有过错的，由机动车一方承担赔偿责任；有证据证明非机动车驾驶人、行人有过错的，根据过错程度适当减轻机动车一方的赔偿责任；机动车一方没有过错的，承担不超过百分之十的赔偿责任。交通事故的损失是由非机动车驾驶人、行人故意碰撞机动车造成的，机动车一方不承担赔偿责任。”该条确定侵权损害赔偿的归责原则为过错责任原则、无过错原则。

在道路交通事故中，应根据事故双方系机动车与机动车之间、机动车与行人之间等不同的当事人区别应用不同的归责原则，以更为符合“分配正义”的“不幸损害分配”规则。

本案属于机动车与行人发生的交通事故，外部关系的归责原则应适用过错原则的特殊形式即过错推定原则，由侵权方提供证据证明其本身不存在过错，或者受害方具有过错，但侵权方未能向法庭提交证据加以证明，因此，推定侵权方具有过错，应承担事故的全部责任。鉴于本案侵权主体的特殊性，内部关系的责任划分，依据一般侵权理论按过错责任的一般形式进行归责，根据各自的过错承担与其过错相当的责任。故此，法院根据过错责任原则的一般形式和其特殊形式过错推定原则进行责任划分，判决吕某应负事故的主要责任，某液压公司、某工程公司应承担事故的次要责任，各承担15%的赔偿比例。因涉案车辆在保险公司投保，且事故发生在保险期内，故保险公司应在保险责任限额范围对保险车辆造成的损害进行赔偿，不足部分由吕某承担。因吕某系陈某雇佣的司机，根据《民法典》第一千一百九十二条“个人之间形成劳务关系，提供劳务一方因劳务造成他人损害的，由接受劳务一方承担侵权责任。接受劳务一方承担侵权责任后，可以向有故意或者重大过失的提供劳务一方追偿。提供劳务一方因劳务受到损害的，根据双方各自的过错承担相应的责任。提供劳务期间，因第三人的行为造成提供劳务一方损害的，提供劳务一方有权请求第三人承担侵权责任，也有权请求接受劳务一方给予补偿。接受劳务一方补偿后，可以向第三人追偿”之规定，不足部分由陈某赔付。

（编者：张永红）

四、近因原则在保险法中的适用

典型案例：上诉人某保险支公司与被上诉人李某、向某机动车交通事故责任纠纷案

基本案情

（一）案件事实

2019年2月8日，曹某驾驶的鄂C普通货车行至十白高速路段时，发生交通事故，其报警后，将车辆移至路边停放，并招手示意，警示过往车辆。李某驾驶的鄂C小型客车、童某驾驶的陕A小型轿车先后经过该路段，均减速慢行，因路面结冰，童某采取措施不当，与李某驾驶的车辆发生碰撞，交通事故导致两车受损，无人员伤亡。事故发生后，李某、童某将车辆停至路边，李某和车上人员汪某等人下车查看车辆受损情况，童某也下车查看车辆受损情况，此时向某驾驶失控的鄂C小型客车2来到现场，将站在应急车道的李某和汪某撞伤，并与鄂C小型客车和陕A小型轿车发生碰撞，造成李某和汪某二人受伤、三车受损的交通事故。该事故经交警部门认定：向某承担全部责任，李某、汪某、童某不承担责任。

李某受伤后，被立即送往人民医院治疗，经诊断：左侧距骨骨折，创伤性闭合性硬膜外血肿，左膝关节创伤性关节病。李某住院共花医药费48 940.42元（其中某保险支公司垫付10 000元，向某垫付5 000元）。出院医嘱：避免下地负重2个月，一年半后取出内固定装置，预计费用10 000元至12 000元。

2019年5月27日，李某在A司法鉴定中心鉴定：李某左踝关节复合损伤，伤残程度评定为十级伤残；李某为此次鉴定花鉴定费800元。

另查明：1. 向某所驾驶的车辆鄂C小型客车2在某保险支公司投保交强险和商业险，商业险保额为100万元，有不计免赔。某保险支公司已支付李某10 000元医药费。2. 李某从事熟食加工、销售，其因此次交通事故导致误工。3. 李某自2013年12月起在十堰市郧阳区城关镇某社区居住至今。李某和其妻于2008年1月22日共同生育一子李某某。

二审补充查明，涉案道路交通事故认定书中载明："……向某在到达现场前已发现前方车辆事故，随即向某采取措施紧急避让事故车辆，因采取措施不当造成车辆失控……其行为违反了《道路交通安全法》第二十二条第一款'机动车驾驶人应当遵守道路交通安全法律、法规的规定，按照操作规范安全驾驶、文明驾驶'之规定，承担该事故全部责任。"

原告李某请求判令：1. 向某、某保险支公司赔偿原告医疗费33 940.42元、后续治疗费12 000元、住院伙食补助费1 050元、营养费630元、护理费8 751.82元、误工费13 827.3元、残疾赔偿金68 910元、被扶养人生活费9 598.4元、交通费300元、精神损害抚慰金5 000元、鉴定费800元，共计154 807.94元；2. 某保险支公司在承保责任范围内承担赔偿责任；3. 案件受理费由向某、某保险支公司承担。

（二）审判结果

湖北省××人民法院于2020年3月4日作出（2019）鄂××××民初××50号民事判决：1. 某保险支公司于判决生效之日起十日内，在交强险限额及商业三者险范围赔付148 862.9元（158 862.9元减去垫付10 000元），该款项由李某领取146 357.9元，向某领取2 505元（5 000元减去鉴定费800元、诉讼费1 695元）；2. 驳回李某的其他诉讼请求。

一审判决后，某保险支公司不服，提起上诉。湖北省××中级人民法院于2020年7月10日作出终审民事判决：驳回上诉，维持原判。

（三）裁判理由

法院生效判决认为：根据《道路交通安全法》第七十六条关于"机动车发生交通事故造成人身伤亡、财产损失的，由保险公司在机动车第三者责任强制保险责任限额范围内予以赔偿"，以及《机动车交通事故责任强制保险条例（2016年修订）》（本书以下简称《交强险保险条例》）第二十三条"机动车交通事故责任强制保险在全国范围内实行统一的责任限额。责任限额分为死亡伤残赔偿限额、医疗费用赔偿限额、财产损失赔偿限额以及被保险人在道路交通事故中无责任的赔偿限额”、《机动车交通事故责任强制保险条款》第八条“被保险人无责任时，无责任死亡伤残赔偿限额为11 000元；无责任医疗费用赔偿限额为1 000元；无责任财产损失赔偿限额为 100 元”的规定，我国交强险发挥的是对受害人的损害填补和分担被保险人损失的功能，确立的是目前交强险的理赔实务遵循责任限额内保险赔付与侵权过错责任脱钩的原则。但根据《中华人民共和国保险法》（本书以下简称《保险法》）第二十二条关于“保险事故发生后，按照保险合同请求保险人赔偿或者给付保险金时，投保人、被保险人或者受益人应当向保险人提供其所能提供的与确认保险事故的性质、原因、损失程度等有关的证明和资料”的规定，保险人承保危险的发生与保险标的的损害之间必须具有保险法上的因果关系。本案中，因向某驾驶机动车遇情况采取措施不当，未确保安全通行，造成李某受伤，违反了《道路交通安全法》第二十二条第一款规定，向某因此承担此次事故的全部责任。鄂 C 小型客车和陕 A 小型轿车车辆对李某因本案交通事故所受损害未发挥任何作用，二者明显不具有保险法上的因果关系，故不能判令鄂 C 小型客车和陕 A 小型轿车车辆的交强险承保公司在无责限额范围内对李某的损失承担赔偿责任，一审法院对本案交强险的处理方式并无不当，本院予以确认。某保险支公司关于应由鄂 C 小型客车或者陕 A 小型轿车车辆的交强险承保公司在交强险无责限额范围内承担赔偿责任的上诉主张，无事实和法律依据，该主张本院依法不予采纳。

案例评析

（一）裁判要旨

因果关系是人们对客观事物之间的客观联系的认识，具有客观性。民法上的因果关系是指当事人的违法行为与损害结果之间存在因果关系，是追究当事人民事责任的要件之一。近因原则作为保险法上认定因果关系的基本规则，是指发生保险事故的原因必须对保险事故的发生起主要的、决定性作用，是造成保险事故结果直接、有效的法律原因。

（二）典型意义

保险法的基本原则有：最大诚信原则、保险利益原则、损失赔偿原则、近因原则等。近因原则作为保险法上认定因果关系的基本规则，其植根于民法的因果关系理论。

近因原则是指发生保险事故的原因必须对保险事故的发生起主要的、决定性作用，是造成保险事故结果直接、有效的法律原因。当发生保险事故时，以近因是否属于保险责任作为是否承担赔偿责任的依据。

本案中，李某驾驶的鄂C小型客车与童某驾驶的陕A小型轿车，童某采取措施不当，与李某驾驶的车辆发生碰撞，导致交通事故。事故发生后，李某、童某将车辆停至路边，李某和汪某、童某等人下车查看车辆受损情况时，向某驾驶失控的鄂C小型客车2，将站在应急车道的李某和汪某撞伤，并与鄂C小型客车和陕A小型轿车发生碰撞，造成李某和汪某二人受伤、三车受损的交通事故。向某驾车失控的行为是导致李某受伤、车辆受损的直接原因和决定性因素，李某、童某等人因前起交通事故发生后，在应急车道进行处理，其行为不存在过错，不是本次事故的发生的直接原因。根据近因原则，向某的行为是造成保险事故结果直接、有效的法律原因。向某的行为未超出保险合同的风险范围，属于承保风险，保险公司应承担保险责任。李某和童某的行为，不是本次事故发生的近因，根据保险法的基本原则和保险合同约定，则两者的保险人不承担保险赔偿责任。

当今社会是一个具有较高风险的社会，社会公众为减少风险造成的损失，对保险的需求也日益增长。交通事故的发生率及意外风险逐年上升，但任何保险险种都不可能对社会生活中存在的全部风险提供全面保障，因此，在保险理赔案件中，根据保险法近因原则来判断损害结果是否属于保险理赔的范围，有利于厘清多因一果的赔偿关系和赔偿主体，促进理赔事项快速高效、公平公正地解决。

拓展思考

侵权责任是指民事主体因实施侵权行为而应承担的民事法律后果。《民法典》第一千一百六十五条规定："行为人因过错侵害他人民事权益造成损害的，应当承担侵权责任。依照法律规定推定行为人有过错，其不能证明自己没有过错的，应当承担侵权责任。"一般侵权责任必须同时具备以下四个要件：1. 行为的违法性。其是指行为人实施的行为违反了法律的禁止性规定或强制性规定。2. 损害事实的存在。既包括对公共财产和私人财产的损害，又包括对非财产性权利的损害，如人身损害、名誉损失等。3. 因果关系。不法行为与损害事实之间存在因果关系，即引起损害事实的发生是因为行为人实施的不法行为，如果损害事实并非行为人的不法行为所引起，则不构成侵权。4. 行为人主观上具有过错。过错是侵权行为构成要件中的主观因素，如果行为人主观上有过错，不管是故意还是过失，是一般过失还是重大过失都应承担赔偿责任，反之，则不构成侵权法律关系。

交通事故造成受害人人身或财产损害，属于侵权行为的一种，构成要件需要符合一般侵权所确定的四要件，在行为人主观过错上，一般表现为过失。在交通事故案件中，需要注意的问题是：案件当中存在两种法律关系，一是侵权法律关系，二是保险合同法律关系。虽然法律关系不同，但均需要考虑因果关系的认定。侵权法律关系中的因果关系根据民法的一般理论进行认定，保险合同法律关系中的因果关系则根据保险法的近因原则进行认定。

（说明：本案在2020年9月2日中国银保监会颁布的《关于实施车险综合改革的指导意见》实施之前判决，该意见指出2020年9月19日前，发生的交通事故“交强险”赔付限额为122 000元，此后“交强险”赔付限额为200 000元）。

（编者：张永红）

五、已超过法定退休年龄人员主张人身损害赔偿的误工费问题

典型案例：胡某与刘某、张某、某保险公司机动车交通事故责任纠纷案

基本案情

（一）案件事实

2022年1月29日19时12分许，被告刘某驾驶登记在张某名下车牌号为湘A×××××小型轿车沿娄底市娄星区蛇形山镇×007线由北往南行驶至蛇形山镇万乾村地段时，轿车车头将前方同向靠路边步行的行人胡某撞倒在地，造成车辆受损、原告胡某受伤的道路交通事故。2022年2月7日，娄底市公安局交通警察支队直属一大队作出《道路交通事故认定书》，认定如下：被告刘某负本次事故的全部责任，原告胡某不负事故责任。原告胡某受伤后，在娄底市中心医院住院治疗81天，医疗费暂未结算。

2022年9月5日，A司法鉴定所出具《司法鉴定意见书》娄底某司鉴所（2022）临鉴字第×××号，鉴定意见为：1. 原告胡某构成十级伤残；2. 后续治疗费8 000元内使用（取内固定）；3. 误工期为120日，护理期为90日，营养期为90日。原告胡某花费鉴定费2 300元。

原告胡某起诉至本院后，保险公司向本院申请对原告胡某的伤残、后续治疗费、误工、护理、营养期进行重新鉴定，本院依法委托B司法鉴定所进行鉴定。2022年11月24

日，该所出具《司法鉴定意见书》娄底某司鉴所2（2022）鉴字第×××号，鉴定意见为：1. 原告胡某构成十级伤残；2. 后续治疗费7 000元内使用（取内固定）；3. 误工期为120日，护理期为90日，营养期为90日。原告胡某花费鉴定相关费用121.7元。

另查明，1. 被告刘某与张某系夫妻关系；2. 涉案车湘A×××××小型轿车在被告某保险公司投保了交强险和商业三者责任险100万元，事故发生在保险有效期限内；3. 被告某保险公司为本次交通事故已垫付18 000元，被告刘某已垫付部分款项；4. 原告胡某事故发生前一直在家从事农业生产。

原告胡某请求判令：1. 被告刘某、张某赔偿原告胡某医疗费、误工费、伤残赔偿金等各项损失共计181 107.03元；2. 被告某保险公司在交强险及商业三者险责任内承担赔偿，不足部分由被告刘某、张某承担；3. 本案的诉讼费由被告承担。庭审中，原告胡某明确在本案中不主张已产生的医疗费用。

（二）审判结果

湖南省××人民法院于2022年12月15日作出（2022）湘××××民初××53号民事判决：1. 原告胡某的合理经济损失130 524.7元，由被告某保险公司赔偿原告胡某128 103元；由被告刘某赔偿原告胡某2 421.7元；上述款项由赔偿义务人于本判决生效后十日内直接打入本院账户内；2. 驳回原告胡某的其他诉讼请求。

一审判决后，当事人服从判决，未上诉。

（三）裁判理由

法院生效判决认为：娄底市公安局交通警察支队直属一大队作出的《道路交通事故认定书》认定事实清楚、适用法律准确、责任划分适当，本院对该事故认定书予以采信；根据事故责任划分，被告刘某承担本次事故全部责任。现涉案车辆在被告某保险公司投保了交强险和商业第三者责任险，被告刘某的责任由被告某保险公司在交强险及商业第三者责任险责任限额范围内予以赔偿，不足部分由被告刘某承担赔偿责任。经本院审查，原告胡某的合理损失有：

序号	项目	标准	时间	伤残系数	金额（元）
1	后续医药费				7 000
2	住院伙食补助费	100（元/天）	81天		8 100
3	营养费	50（元/天）	90天		4 500

续表

序号	项目	标准	时间	伤残系数	金额（元）
4	护理费	217.6（元/天）	90天		19 584
5	误工费	2 500（元/月）	4个月		10 000
6	残疾赔偿金	44 866（元/年）	15年	10%	67 299
7	精神抚慰金				10 000
8	交通费	20（元/天）	81天		1 620
9	鉴定费				2 421.7
	总计				130 524.7

原告的损失共计为130 524.7元，被告刘某的赔偿款项应由被告某保险公司在交强险及商业三者险限额内赔付128 103元，另由被告刘某承担鉴定费2 421.7元。

被告某保险公司辩称原告胡某已超过法定退休年龄，不应支持误工费。本院认为原告胡某虽然超过法定退休年龄但仍具有劳动能力，事故发生前一直从事农业生产，系通过劳动获得报酬的农村老年人，故其因事故导致误工的收入减少应依法获得赔偿。被告某保险公司辩称不承担诉讼费、鉴定费的理由，符合保险合同约定，本院予以支持。因原告胡某在本案中未主张已产生的医疗费用，被告刘某垫付的医疗费用等在本案中暂不一并处理，待当事人结算医疗费用后，可另行主张。

案例评析

（一）裁判要旨

在侵权纠纷案件中，已逾法定退休年龄的老年人受到损害，事故发生前，受害老人具备劳动能力且从事相应的劳动，受害期间收入相应减少，根据损益填补原则，误工损失应当纳入保险理赔的范围。

（二）典型意义

《民法典》第一千一百七十九条规定："侵害他人造成人身损害的，应当赔偿医疗费、护理费、交通费、营养费、住院伙食补助费等为治疗和康复支出的合理费用，以及因误工减少的收入。造成残疾的，还应当赔偿辅助器具费和残疾赔偿金；造成死亡的，还应当赔偿丧葬费和死亡赔偿金。"《最高人民法院关于审理人身损害赔偿案件适用法律若干问题的解释》第七条规定："误工费根据受害人的误工时间和收入状况确定。误工时间根据受害人接受治疗的医疗机构出具的证明确定。受害人因伤致残持续误工的，误工时间可以计算至定残日前一天。受害人有固定收入的，误工费按照实际减少的收入计算。受害人无固定收入的，按照其最近三年的平均收入计算；受害人不能举证证明其最近三年的平均收入状况的，可以参照受诉法院所在地相同或者相近行业上一年度职工的平均工资计算。"司法实践中，在侵权纠纷案件中，对于已逾法定退休年龄的老年受害人是否存在误工费问题一直存在争议。有观点认为，已逾法定退休年龄的老年受害人，因其已不符合《中华人民共和国劳动法》规定的劳动主体，不存在误工费问题，不应当支持误工费。有观点认为，已逾法定退休年龄的老年受害人，是否支持误工费不能一概而论，具体以受害老年人是否具有劳动能力作为评判依据，而且《中共中央 国务院关于加强新时代老龄工作的意见》明确要求促进老年人社会参与，鼓励老年人继续发挥作用。

本案中，依据在案证据及已查明的事实，受害人胡某于事故发生前在家务农。保险公司认为胡某已到退休年龄，对胡某主张的误工费收入不予认可，但未提交证据证明胡某已丧失劳动能力。虽然胡某已逾60周岁，但仍具有通过劳动获得报酬的能力，且其能证明事故发生前的收入状态，故胡某因本次事故导致的误工减少的收入应依法获得赔偿。结合受害人受伤、治疗情况及医嘱、劳动能力、收入状态等案件相关事实，依法支持其因交通事故导致的误工费的赔偿请求并认定相应的赔偿金额，从而维护老年人合法权益，保护老年人社会参与的积极性。

本案从维护老年人合法权益的角度出发，对于超过法定退休年龄的受害人，在其未丧失劳动能力且因劳动而获得报酬的情况下，根据相关情况适当支持误工费，在司法实践中具有代表性和示范性。对于维护老年人就业权益，充分发挥低龄老年人作用，推动实现老有所为、老有所养、老有所乐具有一定的指导意义。

拓展思考

退休是指根据国家有关规定，劳动者因年老或因工、因病致残，完全丧失劳动能力（或部分丧失劳动能力）而退出工作岗位。然而，对于广大农民群体没有规定退休一说，农民群体只要有劳动能力一般而言会一直劳作。

政府有关方面不断释放出延龄退休的政策意向。2021年3月12日，在公布的"十四五"规划和2035年远景目标纲要明确提出，按照"小步调整、弹性实施、分类推进、统筹兼顾"等原则，逐步延迟法定退休年龄。

根据法律规定、现实生活以及政府延龄退休的政策意向，可知劳动者能否劳作，主要以是否丧失劳动能力为评判依据。本案中，胡某系农民，日常工作是在家种地，在发生交通事故前，一直从事农业生产，并未丧失劳动能力，因交通事故受伤，对其农业生产产生影响，减少其正常的收入水平，故因事故导致误工的收入减少应依法获得相应赔偿。

（编者：张永红）

六、表见代理在保险法上的认定

典型案例：张某与某支公司合同纠纷案

基本案情

（一）案件事实

张某提交抚顺银行历史交易明细清单一份，证明张某于2016年2月12日在抚顺银行（管某账户）支取现金59 600元；张某提交《投递保全业务受理单》一份，证明2016年2月12日，其妻子管某告知张某到某支公司找该公司工作人员范某（案外人）办理保险理财业务，张某将上述取出的现金及家中留存现金共计100 000元现金给付某支公司，由范某为张某办理保险合同，约定半年到期支付103 000元。张某提交上述证据，主张与某支公司保险合同成立，该保险合同到期后，某支公司未向张某支付保险本息。张某的妻子管某申请证人李某出庭作证，用以证明张某的妻子管某系通过李某介绍到某支公司找到范某办理保险理财业务。张某于2018年5月28日就本案纠纷提起民事诉讼，一审法院于2019年4月12日作出（2019）辽××××民初××6号民事判决书，认为“原告诉讼请求因证据不足，不应予以支持。原告可待证据充分后另行告诉或通过其他途径主张权利”，驳回张某的诉讼请求。某支公司提交一审法院（2019）辽××××民初××6号民事判决书、辽宁省××中级人民法院（2021）辽××民申××4号民事裁定书，用于证明本案已经一审及再审，辽宁省××中级人民法院认为“当事人对自己提出的诉讼请求所依据的事实或者反驳对方诉讼请求所依据的事实有责任提供证据加以证明，原审经开庭审理，所作判决结果，并无不当。现再审申请人的再审申请依据不足，其再审申请不符合《中华人民共和国民事诉讼法》第二百条规定的情形，不予支持”，驳回张某的再审申请。对此张某表示，因证人李某人在国外，本次提起诉讼前张某的妻子管某才联系到证人李某，且张某的妻子管某发现新的银行凭证。某支公司提交保险单、保险回执、个人保险投保单、银行账户授权书、电话回访录音，用于证明2014年2月24日、2014年3月3日，张某的妻子在某支公司处购买多份保险，其中张某作为被保险人，知晓投保流程，保费缴纳均通过银行扣款方式，范某与张某交易为现金交付，不符合交易习惯，对此张某未提出异议，不符合常理。对此张某的妻子管某表示其签署了投保人名字，其余内容不是张某填写，具体流程张某不清楚。张某的妻子管某表示，其通过李某到某支公司找到某支公司工作人员范某投保保险理财，交易方式与李某一样，且其购买的保险不同，某支公司提交的保险材料并非理财存款型保险，而是疾病保险，且某支公司提交的保单发生在张某的妻子管某通过李某到某支公司购买保险理财之后。另经辽宁省××中级人民法院（2020）辽××民终××05号民事判决查明，案外人范某2006年至2010年间在某支公司从事营销员工作，是该公司保险代理人，2011年转为正式职工，从事组训工作，2011年8月31日解除与某支公司的劳动关系。2016年2月26日范某因涉嫌合同诈骗罪被某机关立案侦查，现未抓捕归案。某支公司原名“生命人寿保险股份有限公司某中心支公司”，2014年底更名并刻制新公章，之前的公章未备案。辽宁省××中级人民法院审理的（2019）辽××民终××08号民事案件中查证了某支公司员工李某某出具的证言，范某离职后仍出入某支公司办公场所接触客户。

张某请求法院判令：1. 某支公司支付期满保险本金100 000元；2. 某支公司支付返利（以100 000元为基数，按照中国人民银行半年期存款利率1.3%自2016年2月13日计至实际给付之日止，暂算至2021年11月18日）；3. 某支公司承担本案诉讼费。

（二）审判结果

辽宁省××人民法院于2022年6月29日作出（2022）辽××××民初××21号民事判决：1. 某支公司于判决生效之日起三十日内给付张某本金100 000元及利息（从2016年2月13日起至全部付清之日止，按照中国人民银行同期一年定期存款利率计算）；2. 驳回张某的其他诉讼请求。

一审判决后，某支公司不服，提起上诉。辽宁省××中级人民法院于2022年9月2日作出（2022）辽××民终××89号民事判决：驳回上诉，维持原判。

（三）裁判理由

法院生效判决认为：一、本案是否违反了“一事不再理”原则；二、范某销售案涉保险理财产品的行为能否认定为表见代理；三、一审法院认定张某通过范某购买案涉理财产品100 000元是否正确。

焦点一，张某虽曾就案涉保险合同在2018年提起过诉讼，一审法院作出（2019）辽××××民初××6号民事判决书，判决驳回了张某的诉讼请求，但该判决载明未予支持张某诉讼请求的理由是证据不足，并告知“张某可待证据充分后另行告诉或通过其他途径主张权利”。本案中，张某向一审法院提交了证人证言及账户历史交易明细清单，其基于新的证据所能证明的事实向法院重新起诉，主张案涉保险金及返利，不构成重复起诉，一审法院受理本案不违反“一事不再理”原则。

焦点二，范某曾为某支公司员工，双方当事人对此事实均无异议。虽然范某在实施案涉合同行为时已与某支公司解除了劳动关系，但范某仍以某支公司工作人员名义向管某销售该产品，张某称其是在某支公司办公场所交付款项购买案涉理财产品，范某亦向其提供了加盖公章的《投递保全业务受理单》。张某作为保险产品的购买者有足够理由相信范某是代表某支公司销售保险理财产品，很难对投保单上加盖公章的真实性产生合理怀疑。虽然范某因涉嫌合同诈骗被某机关立案侦查，至今仍无法找到其下落，但某支公司在工作管理方面出现的漏洞和瑕疵致范某在离职后仍以某支公司的名义与张某实施合同行为及收取费用，故一审认定范某的行为构成表见代理具有事实和法律依据，本院予以维持。

焦点三，据张某提交的账户历史交易明细清单记载，2016年2月12日管某的银行账户取款59 600元，与《投递保全业务受理单》载明的受理日期一致，张某关于部分资金来源于夫妻二人收取的生孩子礼金的陈述亦与其女儿出生时间相互印证，故张某主张购买理财产品100 000元具有事实依据，一审法院认定张某通过范某购买案涉理财产品100 000元并无不当，本院予以维持。

案例评析

（一）裁判要旨

表见代理系委托代理制度衍生出的其他情形，本案保险公司业务人员在解除劳动关系后与善意投保人签订保险合同，善意投保人有理由相信该业务人员有代理权限，则不能免除保险公司的保险理赔责任。

（二）典型意义

《民法典》第一百七十二条对表见代理制度进行了规定：“行为人没有代理权、超越代理权或者代理权终止后，仍然实施代理行为，相对人有理由相信行为人有代理权的，代理行为有效。”根据该条规定，通常来说，表见代理成立有以下三个构成要件：一是行为人无代理权；二是具有使相对人相信行为人具有代理权的事实或理由；三是相对人出于善意且无过失。本案实际上是表见代理制度在保险法上的具体适用。首先，范某在签订涉诉保险合同前系某支公司的业务员，但签订合同时已经解除劳动关系，本人已无权代理保险公司的业务；其次，范某仍以某支公司工作人员名义向管某销售该产品，范某亦向其提供了加盖公章的《投递保全业务受理单》；再次，在某支公司办公场所交付款项购买案涉理财产品，且由范某与张某签订《投递保全业务受理单》，张某作为保险产品的普通购买者已尽到了充分的注意义务，有足够理由相信范某是代表某支公司销售保险理财产品，不知情的善意投保人很难对投保单上加盖公章的真实性产生合理怀疑。综上所述，张某作为善意且无过失的投保人，某支公司应当承担相应的责任。

保险，是指投保人根据合同约定，向保险人支付保险费，保险人对于合同约定的可能发生的事故因其发生所造成的财产损失承担赔偿保险金责任，或者当被保险人死亡、伤残、疾病或者达到合同约定的年龄、期限等条件时承担给付保险金责任的商业保险行为。投保人的目的在于出现投保事故时，降低或转移风险，或储蓄理财，起到未雨绸缪的作用。表见代理制度在保险合同中的应用，既有利于保护善意且无过失的投保人保险利益，同时又促进保险公司补漏洞，加强自身的管理，从而更好地发挥社会保险的保障作用。

拓展思考

本案是否违反了“一事不再理”原则？“一事不再理”也称“禁止重复起诉”原则，《民诉法解释》第二百四十七条规定：“当事人就已经提起诉讼的事项在诉讼过程中或者裁判生效后再次起诉，同时符合下列条件的，构成重复起诉：（一）后诉与前诉的当事人相同；（二）后诉与前诉的诉讼标的相同；（三）后诉与前诉的诉讼请求相同，或者后诉的诉讼请求实质上否定前诉裁判结果。当事人重复起诉的，裁定不予受理；已经受理的，裁定驳回起诉，但法律、司法解释另有规定的除外。”当事人的起诉是否违反“一事不再理”原则，根据上述法律规定，应从当事人是否相同、诉讼标的是否相同、诉讼请求是否相同或后诉的诉讼请求实质上是否否定前诉裁判结果等方面综合考量。第二百四十八条规定：“裁判发生法律效力后，发生新的事实，当事人再次提起诉讼的，人民法院应当依法受理。”

本案中，张某曾就案涉保险合同在2018年提起过诉讼，法院作出（2019）辽××

××民初××6号民事判决书，理由是证据不足，判决驳回了张某的诉讼请求，并告知张某“可待证据充分后另行告诉或通过其他途径主张权利”。

因证据不足驳回诉讼请求后，出现新证据能否重新向法院起诉？司法实践中有不同的声音，一种意见认为：因证据不足驳回诉讼请求后，如果出现新证据则能够重新向法院起诉；另一种意见认为：因证据不足驳回诉讼请求后，如果出现新证据，只能申请再审，不能再次起诉。

本案采用的是第一种意见。张某就（2019）辽××××民初××6号民事判决书提出过再审，再审认为再审申请依据不足，再审申请不符合原《中华人民共和国民事诉讼法》规定的情形，驳回张某的再审申请。张某遂向法院重新起诉，并向法院提交了证人证言及账户历史交易明细清单，根据《民诉法解释》第二百四十八条，其基于新的证据所能证明的事实向法院重新起诉，主张案涉保险金及返利，不构成重复起诉，法院认为受理本案不违反“一事不再理”原则。

（编者：张永红）

七、汽车经销商“搭售”保险行为的效力认定

典型案例：肖某与某保险公司、某汽车销售公司保险合同纠纷案

基本案情

（一）案件事实

2015年7月6日，原告肖某在被告某汽车销售公司购买了歌诗图小型汽车一辆，于当日向某汽车销售公司付清了全部购车款并缴纳了保险费8 138.71元。2015年7月7日，原告肖某驾驶该汽车于娄底市娄星区大屋小区地段发生交通事故，致案外人戴某受伤，经本院调解，原告赔付戴某158 000元。2015年7月8日，被告某保险公司向原告肖某出具保险发票及交强险和商业险保单，保险期限自2015年7月8日至2016年7月8日止。被告某保险公司与被告某汽车销售公司之间存在《推荐修理厂合作协议书》，合同约定“谁推荐承保，推荐谁修理”的原则，即被告某汽车销售公司向被告某保险公司推荐投保客户，被告某保险公司优先推荐至某汽车销售公司修理。另约定，被告某汽车销售公司有权要求被告某保险公司派驻专门保险投保的人员、提供相关的投保单证、宣传材料，协助办理保险手续；有权主动向客户宣传、推荐某保险公司的

保险产品，指导、协助客户填写投保单并由客户签字或盖章确认，负责收集提供投保车辆的各项资料及信息……还约定，年推荐保费规模及份额目标：年度目标份额50%、年推荐保费规模商业险300万元，配件报价根据乙方为甲方年代理保费的规模、份额确定为按照光盘价的95%执行……该协议约定于2015年1月1日生效。

另查明，被告某汽车销售公司提供的《2015年7月、8月、9月人保公司保险返利明细表（新车）》载明了肖某购买新车一台及商业险返利1 092.5元、《人保返利款收款收据》显示2015年11月9日收到人保返利款44 049元。

原告肖某请求判令：1. 被告某保险公司给付保险金158 000元；2. 被告某汽车销售公司对上述款项承担连带责任；3. 本案诉讼费由两被告承担。

（二）审判结果

湖南省××人民法院于2017年5月22日作出（2016）湘××××民初××34号民事判决：1. 被告某保险公司应于本判决生效之日起十日内向原告肖某赔付158 000元；2. 驳回原告肖某的其他诉讼请求。

（三）裁判理由

法院生效判决认为：被告某保险公司与被告某汽车销售公司签订的《推荐修理厂合作协议书》合同关系事实清楚，本院予以确认。关于本案赔偿责任承担的问题。本案中，虽然被告某保险公司认为《推荐修理厂合作协议书》不存在委托代售保险的关系，但本院根据已查明的《推荐修理厂合作协议书》内容并结合被告某汽车销售公司提供的《2015年7月、8月、9月人保公司保险返利明细表（新车）》《人保返利收款收据》可以认定，被告某保险公司与被告某汽车销售公司存在委托代售保险之实，其后果应由委托人承担。因此，自2015年7月6日，原告肖某向被告某汽车销售公司缴纳保险费之时起，原告肖某与被告某保险公司的保险关系成立（交强险及商业险），被告某保险公司应承担赔付原告于2015年7月7日，发生交通事故致案外人戴某受伤所造成的损失158 000元。

案例评析

（一）裁判要旨

汽车销售过程中，经销商“搭售”保险产品，车辆购置方自愿接受，且符合民事法律行为有效要件，应认定双方签订的保险合同有效，保险公司与经销商之间的法律关系依据其内部约定另行进行认定。

（二）典型意义

搭售行为是指经营者在销售商品时，违背购买者的意愿搭售商品或者附加其他不合理的条件的行为。通常是在购买者购买其必需品时搭售购买者不愿要或者不需要的商品；或者向购买者提出附加的不合理的条件，主要是增加购买者的附加义务。《民法典》第一百四十三条规定："具备下列条件的民事法律行为有效：（一）行为人具有相应的民事行为能力；（二）意思表示真实；（三）不违反法律、行政法规的强制性规定，不违背公序良俗。"

本案中，某汽车销售公司在销售汽车时向肖某推荐的保险是法律规定必须购置的交强险和自愿购买但能转移风险的商业三者险。根据通常情况及常人理解，购置两种险种防范风险于未然，有利于被保险人，其合理性不言而喻。经审查，某汽车销售公司在推荐保险时，并未采取其他强制销售行为，肖某系在推荐后自愿购置两种险种。因此，本案的"搭售"行为未违背购买者的意愿，亦不属于附加不需要的商品和不合理的条件，并符合《民法典》规定的民事法律行为生效的各要件，故某汽车销售公司与肖某签订的保险合同行为合法有效，即保险合同有效。

某保险公司与某汽车销售公司签订的《推荐修理厂合作协议书》，明确约定"谁推荐承保，推荐谁修理"的原则，即某汽车销售公司向某保险公司推荐投保客户，被告某保险公司优先推荐至某汽车销售公司修理。两者存在利益上的合作关系，合同虽未明确约定委托与被委托事项，但本质上某保险公司许可某汽车销售公司销售本公司保险，从事后某保险公司向肖某出具保险发票及交强险和商业险保单的事实更加对此予以补强。综上，涉诉保险合同主体系肖某与某保险公司，合同不违反法律法规规定，该合同合法有效，肖某在购买保险后发生交通事故，某保险公司应当按照合同约定的义务对肖某的损失进行理赔。

日常经济往来中"搭售"行为常有发生，平等主体间的经济交往应建立在平等、自愿的基础之上，违背自愿原则的"搭售"行为，当事人可以拒绝购买，并向相关部门进行举报或维权。

拓展思考

保险公司已收取保费，保险合同是否成立和生效？《最高人民法院关于适用〈中华人民共和国保险法〉若干问题的解释（二）》第四条规定："保险人接受了投保人提交的投保单并收取了保险费，尚未作出是否承保的意思表示，发生保险事故，被保险人或者受益人请求保险人按照保险合同承担赔偿或者给付保险金责任，符合承保条件的，人民法院应予支持；不符合承保条件的，保险人不承担保险责任，但应当退还已经收取的保险费。保险人主张不符合承保条件的，应承担举证责任。"根据本条规定，保险公司收取保费后，保险公司作出承保意思表示之前发生保险事故的，应当以是否符合承保条件这一实质要件来判断保险公司是否应当承担保险理赔责任。是否符合承保条件，本条规定的是举证责任分配的例外情形，即举证责任倒置，由保险公司承担举证义务。因为保险公司在保险条款的制定及承保条件的设置具有较强的专业性，一般投保人对其中专业性的问题难以知悉，更难以举证，故法律将专业性较强的承保条件的举证责任分配给保险公司，以平衡当事人在诉讼过程中的权利和义务。保险公司在收取保费后，尚未作出是否承保的意思表示，发生保险事故，保险公司亦未能举证证明投保人不符合承保条件的，则保险合同在保险公司收取保费时就发生效力，被保险人或者受益人请求保险人按照保险合同承担赔偿或者给付保险金责任，保险公司应当予以理赔。

（编者：张永红）

八、法定任意解除权的行使规则

典型案例：某科技公司与某保险公司财产保险合同纠纷案

基本案情

（一）案件事实

1. 原告某科技公司以第三人A公司为被保险人，就云A×××××车辆向被告某保险公司投保机动车商业保险。被告某保险公司于2020年9月18日签发单号2995301033620××××的机动车商业保险电子保单，明确就相应车辆承保第三者责任保险、机动车损失保险等险种，保险期间自2020年9月30日13时0分起至2021年10月1日0时0分止，保险费合计11 354.51元。相应保险以"特别约定"方式载明："本保单投保人为某科技公司，无需其他权益方同意，投保人有权向保险公司申请批退减批手续，退减的保费原路退回投保人付款账户，未经投保人同意不得变更保单内容。"

上述电子保单载明“制单：唐某，经办：王某”。原告已向被告交付保险费。《安诚财产保险股份有限公司机动车商业保险条款（2009 款）》通用条款，“第十六条：保险责任开始前，投保人要求解除合同的，保险人退还保险费，并按照《中华人民共和国保险法》的有关规定扣除手续费，手续费为保险费的 3%；第十七条：保险责任开始后，投保人要求解除合同的，或者保险人按照《中华人民共和国保险法》的有关规定解除合同的，保险人按照日费率收取自保险责任开始之日起至合同解除之日止期间的保险费，其余部分退还给投保人；第十八条：投保人要求解除本保险合同的，本合同自保险人收到投保人申请之日起解除。保险人解除本保险合同的，将提前 15 天通知投保人，解除保险合同的通知送达投保人 15 天后，本合同自动解除”。

2. 2020 年 12 月 28 日，原告将列 44 个保单号的《保险合同解除通知》通过顺丰速运（单号：SF1106428728×××，收件人：王某，收件地址：云南省昆明市××大厦）发出，相应快递单官网查询记录为于 2020 年 12 月 29 日 10：06 签收。2021 年 1 月 13 日，原告将列 67 个保单号《保险合同解除通知》通过顺丰速运发出（单号：SF1100817601×××，收件人：王某，收件地址：云南省昆明市××大厦），相应快递单官网查询记录为于 2021 年 1 月 14 日 16：56 签收。

3. 受原告委托的第三方工作人员（微信昵称“乐意保”）与被告工作人员唐某曾进行如下微信联系：2020 年 12 月 25 日，“乐意保”发送“您把退保需要的材料一次性发我一份”,唐某回复“好，稍等”;“乐意保”发送“材料准备好之后邮寄到哪里”，唐某回复“昆明市××某大厦，王某，1590671××××”;2020 年 12 月 30 日，“乐意保”发送单号 SF1106428728×××顺丰运单跟踪信息截图给唐某，唐某向其推送“王某”微信名片；2021 年 1 月 15 日，“乐意保”发送 67 辆车的信息及单号 SF1100817601×××顺丰运单跟踪信息截图给唐某，并说明“李某、袁某 1 月 10 日还款这期的 67 台车同样需要退保。退保通知已经发到您公司签收”，唐某回复“你找经办”。2020 年 12 月 30 日至 2021 年 1 月 18 日期间，上述受原告委托的第三方工作人员，与被告工作人员王某通过微信联系退保事宜。该人员将其向唐某发送的顺丰速运跟踪信息截图向王某进行再次发送。该过程中，王某多次表示要求补充提交退保资料。

4. 本案被告签发保单号 2995301033620××××列载于上述 2021 年 1 月 13 日所发出《保险合同解除通知》中。2021 年 4 月 25 日，涉案被保险车辆发生保险事故。

原告请求判令：1. 确认保险单号为 2995301033620××××的机动车商业保险合同于 2021 年 1 月 15 日解除；2. 被告向原告退还保险费8 057.04元；3. 被告向原告赔偿自 2021 年 1 月 16 日起至实际退还保险费之日以应退还保险费8 057.04元为基数按一年

期贷款市场报价利率计算的资金占用期间利息损失。

（二）审判结果

云南省××人民法院于2022年6月18日作出（2021）云××××民初××17号民事判决：1. 原告某科技公司行使合同解除权有效，被告某保险公司承保的单号2995301033620××××的机动车商业保险合同于2021年1月14日解除；2. 由被告某保险公司于本判决生效之日起五日内退还原告某科技公司保险费8 057.04元，并就相应保险费按全国银行间同业拆借中心公布的一年期贷款市场报价利率计付原告自2021年1月16日起至实际退还款项之日止的资金占用损失。

一审判决后，当事人服判息诉。

（三）裁判理由

法院生效判决认为：被告就机动车商业保险事项向原告签发保险单，双方间成立保险合同关系。就本案原告作为投保人要求确认保险合同于保险期间解除并要求被告退还保险费的争议，本院归纳争议焦点如下：一、原告行使解除权主张是否成立并生效；二、原告要求被告退还保险费并计付资金占用损失诉请是否有依据。

关于争议焦点一。《保险法》第十五条："除本法另有规定或者保险合同另有约定外，保险合同成立后，投保人可以解除合同，保险人不得解除合同。"本案诉争保险合同为财产保险合同，保险合同对投保人的合同解除权行使未作例外约定，相应保险条款亦载明"投保人要求解除保险合同的，本合同自保险人收到投保人申请之日解除"。依上述规定，原告作为投保人享有保险合同任意解除权，被告作为保险人对此亦不持异议，唯抗辩其未收到原告的解除合同通知。对此，如前述事实认定，原告于2021年1月13日通过顺丰速运发出包含本案诉争保险合同对应保单号在内的《保险合同解除通知》，结合快递单查询记录及原告所委托第三方工作人员与被告工作人员微信联系记录，可认定相应合同解除通知已于2021年1月14日送达被告。被告抗辩其未收到相应工作人员的告知及未收到原告通知，与可查明事实不符，本院不予采纳。基于相应合同解除通知已到达，并依《民法典》第五百六十五条第一款"当事人一方依法主张解除合同的，应当通知对方。合同自通知到达对方时解除；通知载明债务人在一定期限内不履行债务则合同自动解除，债务人在该期限内未履行债务的，合同自通知载明的期限届满时解除。对方对解除合同有异议的，任何一方当事人均可以请求人民法院或者仲裁机构确认解除行为的效力"之规定，本院确认本案争议的单号2995301033620×

×××的机动车商业保险合同于2021年1月14日解除。庭审中原告确认或陈述系其基于向案外人提供融资而进行案涉保险投保，相应投保目的不影响保险合同的成立及保险责任的承担，亦不影响原告行使保险合同解除权，隶属原告与案外人间关系。被告就原告有关解除合同目的所进行的解除合同效力抗辩于法无据，本院不予采纳。

关于争议焦点二。根据《保险法》第十四条“保险合同成立后，投保人按照约定交付保险费，保险人按照约定的时间开始承担保险责任”；第五十四条“保险责任开始前，投保人要求解除合同的，应当按照合同约定向保险人支付手续费，保险人应当退还保险费。保险责任开始后，投保人要求解除合同的，保险人应当将已收取的保险费，按照合同约定扣除自保险责任开始之日起至合同解除之日止应收的部分后，退还投保人”之规定，以及案涉保险合同对应的保险条款第十七条约定——“保险责任开始后，投保人要求解除合同的，或者保险人按照《保险法》的有关规定解除合同的，保险人按照日费率收取自保险责任开始之日起至合同解除之日止期间的保险费，其余部分退还给投保人”。

案涉“保险责任开始”应指保险期间起始时间（2020年9月30日13时0分）。保险合同解除时间为2021年1月14日，在扣除应收取的保险费3 297.47元（11 354.51元/365天×106天=3 297.47元）之后，被告应退还原告剩余保险费8 057.04元。原告诉请要求被告退还保险费8 057.04元有相应事实及法律依据，本院予以支持。此外，被告未依约退还原告保险费，已构成迟延违约，客观上会给原告造成资金占用损失，原告诉请要求被告就相应退还保险费按全国银行间同业拆借中心公布的一年期贷款市场报价利率计付自2021年1月16日起至实际退还款项之日止的资金占用损失有相应依据，本院予以支持。保险合同为射幸合同，合同约定的权利义务具有或然性，即保险人责任以不确定的危险之发生作为条件。且作为涉他性合同，保险合同当事人为投保人和保险人，被保险人为保险合同关系人。保险合同解除情形下，应根据保险合同约定处理合同解除后果。同时，保险费通常由保险人的风险成本、经营费用及合理利润构成，就财产保险合同而言，其中风险保费（或风险成本），是保险人按照保险期间预期可能发生的全部损失计算出的每一风险单位或被保险人应当分担的份额，保险费是保险合同约定的投保人应向保险人负担的对价，但不是保险人就特定风险承担责任的对价。故除非有明确约定，保险合同解除前保险人承担保险责任，不影响合同解除后保险人和投保人间权利义务的确定。而保险合同解除后，保险人仍做保险赔付的，应由其和被保险人另行处理，同样不影响保险合同当事人间合同解除后果的处理。基于此，被告就案涉保险事项在保险期间曾承担保险责任的抗辩，本院不予采纳。

案例评析

（一）裁判要旨

保险合同系投保人和保险人意思表示一致达成的合同。因保险人天然的地位优势，法律赋予投保人法定任意解除权，解除通知到达保险人处，即发生解除保险合同的效力。

（二）典型意义

保险合同成立后，在合同还没有履行完毕的情况下，当事一方基于法定或约定事由，或者是当事人双方经过协商同意，行使合同解除权，而使得保险合同关系归于消灭的法律行为，即保险合同的解除。保险合同解除包括法定解除、约定解除、协商解除。《保险法》第十五条规定："除本法另有规定或者保险合同另有约定外，保险合同成立后，投保人可以解除合同，保险人不得解除合同。"本条规定属于法定解除，法律赋予投保人随时解除合同的法定权利，即任意解除权。解除权是否有行使期限以及可以采取何种方式解除？《民法典》第五百六十四条规定："法律规定或者当事人约定解除权行使期限，期限届满当事人不行使的，该权利消灭。法律没有规定或者当事人没有约定解除权行使期限，自解除权人知道或者应当知道解除事由之日起一年内不行使，或者经对方催告后在合理期限内不行使的，该权利消灭。"第五百六十五条规定："当事人一方依法主张解除合同的，应当通知对方。合同自通知到达对方时解除；通知载明债务人在一定期限内不履行债务则合同自动解除，债务人在该期限内未履行债务的，合同自通知载明的期限届满时解除。对方对解除合同有异议的，任何一方当事人均可以请求人民法院或者仲裁机构确认解除行为的效力。当事人一方未通知对方，直接以提起诉讼或者申请仲裁的方式依法主张解除合同，人民法院或者仲裁机构确认该主张的，合同自起诉状副本或者仲裁申请书副本送达对方时解除。"

综上所述，保险合同是否解除，关键在于合同解除主体是否有解除权，是否将解除合同的意思表示送达给对方。本案诉争保险合同为财产保险合同，保险合同对投保人的合同解除权行使未作例外约定，相应保险条款亦载明"投保人要求解除保险合同的，本合同自保险人收到投保人申请之日解除"。依上述约定，原告作为投保人享有保险合同任意解除权，被告作为保险人抗辩其未收到原告的解除合同通知。原告于2021年1月13日通过顺丰速运发出包含本案诉争保险合同对应保单号在内的《保险合同解除通知》，已于2021年1月14日送达被告保险人。解除权是形成权，依单方意思表示，即可发生解除的法定效力。因此，本案原告作为投保人享有法定的任意解除权，原告已将解除通知送达给保险人，故本案保险合同在解除通知送达之日起即解除。法律赋予投保人法定解除权，旨在保护处于弱势地位的投保人，平衡其与保险人之间力量对比的差异性。

拓展思考

保险合同的解除会产生哪些法律后果?《保险法》第十四条规定："保险合同成立后，投保人按照约定交付保险费，保险人按照约定的时间开始承担保险责任。"第五十四条规定："保险责任开始前，投保人要求解除合同的，应当按照合同约定向保险人支付手续费，保险人应当退还保险费。保险责任开始后，投保人要求解除合同的，保险人应当将已收取的保险费，按照合同约定扣除自保险责任开始之日起至合同解除之日止应收的部分后，退还投保人。"本案中，案涉保险合同"保险责任开始"应指保险期间起始时间（2020年9月30日13时0分），根据上文保险合同自投保人解除通知到达保险人，则合同解除之论证，本案诉争保险合同于2021年1月14日解除。按照《保险法》的有关规定解除合同的，保险人按照日费率收取自保险责任开始之日起至合同解除之日止期间的保险费，其余部分退还给投保人之规定，在扣除投保人应收取的保险费之后，保险人应退还原告剩余保险费。

（编者：张永红）

九、保证保险合同性质的厘定及追偿范围的认定

典型案例：某财保公司与高某保证保险合同纠纷

基本案情

（一）案件事实

2018年8月4日，高某（借款人）与光大银行（贷款人）线上签订《个人贷款合同（无担保条款）》，约定贷款人同意向借款人发放个人保险消费贷款，贷款金额为8万元，贷款用途为旅游，贷款期限为12个月，自2018年8月4日至2019年8月4日，贷款年利率按照中国人民银行公布的同期基准利率4.35%上浮75%执行，本合同项下

执行贷款年利率为7.6125%。借款人未按合同约定期限归还贷款本金的，贷款人有权对逾期贷款计收罚息，罚息利率为本合同约定的贷款执行利率基础上上浮50%，罚息计算期间自逾期之日起至当期应付本息全部清偿之日止。借款人使用等额还款方式偿还贷款本息，本合同项下贷款按月共分12期对日偿还，具体还款金额及还款日期以贷款人提供的还款计划表为准。对日偿还贷款指将贷款发放日作为每期还款日，如还款当月无对应日则为当月末最后一天。借款人逾期第80天，根据保证保险相关规定，保险公司进行理赔，理赔成功后，借款人同意贷款人从其在光大银行的账户中扣款至保险公司指定理赔账户，用于偿还保险公司的理赔款，扣款金额不得超过理赔金额。下述任意事件均构成本合同项下的违约事件：……借款人未按时足额还款。贷款人一旦认为发生借款人的上述违约事件，即有权采取以下任何一项或多项措施：……宣布所有已贷出的贷款立即到期，并要求借款人立即偿还全部已贷出的贷款本金、利息和其他应付款项（包括但不限于诉讼费、保全费及律师费等）。

2018年9月11日，光大银行电子银行部出具《关于我行随心贷保险消费贷借款合同电子签名方式的说明》，内容为：我行与安心保险合作的随心贷保险消费贷业务通过我行认可的电子渠道申请，包括但不限于个人网银、手机银行、直销银行、微信银行、二维码等电子渠道。在提款时，我行电子渠道采取页面勾选加动态密码的电子签名方式确认借款合同，具体申请过程如下：1. 点击我要提款，客户通过人脸识别后进入提款页面；2. 客户填写提款金额、贷款期限，贷款用途、贷款投向、还款方式后，点击获取动态密码发送至客户预留手机号；3. 只有输入正确的动态密码并勾选“我已阅读并同意《个人借款保证保险投保协议》《互联网个人小额信用贷款合同》《授权委托书（代扣保费）》《授权委托书（理赔后相关费用扣取）》的全部内容”才可申请成功。

《个人借款保证保险投保协议》显示，甲方（投保人）为借款人，乙方（保险人）为某财保公司，双方约定，甲方作为投保人对其与被保险人达成的借款合同，按照本协议约定向乙方投保保证保险。被保险人为借款合同的债权人，乙方有权审核甲方的信用情况，决定是否接受投保。在保险期间内，甲方未能按照与被保险人签订的借款合同的约定履行还款义务，且拖欠任何一期欠款达到保险合同中约定理赔条件的，则甲方对乙方应偿还而未偿还的借款本金和相应的利息按照本协议第六条的约定承担赔偿责任。保险金额为乙方在本保险合同下应当承担的最高赔偿金额，本保险合同的保险金额为被保险人在借款期间内本金和利息的实际损失。本保险合同的保险金额在保险单上载明，如本条款与保险单约定不一致的，以保险单为准。适用的保险费率见投保页面，投保页面是本投保协议的有效组成部分。甲方向乙方申请投保保证保险，同意并授权乙方审核通过后，在借款发放至甲方指定账户时自动扣收相应保费。甲方应按照和被保险人签署的借款合同约定，积极向被保险人履行还款义务，如甲方未在约定时间内履行还款义务，乙方将根据保险合同约定就被保险人因此遭受的本金及利息损失负责向被保险人进行赔偿。乙方在赔偿后，即取得赔偿金额范围内的追偿权。甲方承诺向乙方全额返还乙方已经赔偿的保险金。

某财保公司提供的个人借款保证保险保险单显示投保人为高某，被保险人为和投保人签订借款合同的债权人，借款保证保险金额为88 170.75元，保险费金额为3 200元，缴纳方式为趸缴。保险期限自 2018 年 8 月 5 日 0 时起，至 2019 年 8 月 5 日 24 时为止，适用条款《某财保公司个人借款保证保险（C）条款（一年期）（2017 版）》。根据该条款，在保险期内，投保人在约定的还贷期限未履行《借款合同》约定的还贷义务，或《借款合同》到期之日投保人仍未履行还贷义务的，视为保险事故发生。对于投保人逾期未偿还的贷款本金和利息，保险人依照本保险合同的约定负责向被保险人赔偿《借款合同》下扣除被保险人实现担保权后投保人应偿还但未偿还的贷款本金与利息之和。发生保险责任范围内的损失，保险人自向被保险人赔偿保险金之日起，在赔偿金额范围内代位行使被保险人对投保人请求赔偿的权利，被保险人应当向保险人提供必要的文件和所知道的有关情况。

某财保公司出示的光大银行对私活期账户对账单显示，2018 年 8 月 4 日，光大银行向高某发放贷款 8 万元。同日，高某账户代扣随心贷保险费3 200元，余额76 800元转至高某名下其他账户。

根据光大银行互联网信贷管理系统截屏显示，高某自贷款发放后，存在多次逾期或不足额还款行为，其中第 1 期应于 2018 年 9 月 4 日偿还，实际逾期 1 天，第 2 期应于 2018 年 10 月 4 日偿还，当日实际偿还金额不足。截至 2018 年 12 月 23 日，高某尚欠贷款本金73 508.97元及相应利息、复息，合计75 220.7元。光大银行向某财保公司报案申请理赔，报损金额为75 220.7元。2018 年 12 月 23 日，某财保公司分两笔向光大银行汇入理赔款，总金额75 220.7元。

光大银行出具的《代偿债务与权益转让确认书》载明：投保人为高某的个人贷款保证保险保险单项下代偿款75 220.7元已于 2018 年 12 月 23 日收到。同意将对借款人（投保人）追偿的全部权益转让给某财保公司。

据某财保公司当庭陈述，2018 年 12 月 23 日向光大银行理赔后，曾于 2019 年 2 月 18 日收到过被告高某还款 500 元，本次起诉的诉讼请求第一项74 720.7元为理赔款75 220.7元扣减 500 元还款后的余额。

原告某财保公司请求判令：1. 被告高某支付原告理赔款74 720.7元；2. 被告高某支付原告利息损失，以74 720.7元为基数，按照《互联网个人小额信用贷款合同》附表第七项约定的罚息利率11.41875%/年标准计算，自2018年12月24日（理赔次日）起计算至实际支付之日止截止（暂计算至2020年9月22日）；3. 本案案件受理费2 041元、公告费等全部诉讼费用由被告承担。

（二）审判结果

北京市××人民法院于2021年10月19日作出（2021）京××××民初××65号民事判决：1. 被告高某于本判决生效之日起七日内给付原告某财保公司理赔款74 720.7元；2. 被告高某于本判决生效之日起七日内给付原告某财保公司利息损失以74 720.7元为基数，自2018年12月24日起至2019年8月19日，按中国人民银行公布的一年期贷款基准利率计算；自2019年8月20日起至实际付清之日止，按照全国银行间同业拆借中心公布的一年期贷款市场报价利率计算；3. 驳回原告某财保公司的其他诉讼请求。

一审判决生效后，当事人服判息诉。

（三）裁判理由

法院生效判决认为：根据某财保公司提供的光大银行电子银行部《关于我行随心贷保险消费贷借款合同电子签名方式的说明》《互联网个人小额信用贷款合同》及高某银行交易流水，高某与光大银行签订借款合同贷款8万元，银行向高某发放了该笔贷款。某财保公司提供的个人借款保证保险投保协议及保险单显示，某财保公司与高某签订个人借款保证保险投保协议，针对上述借款进行保证保险约定。上述两份合同均系当事人的真实意思表示，内容不违反法律、行政法规的强制性规定，均属合法有效，各方均应依约履行。

某财保公司出示的还款记录、代偿债务与权益转让确认书相互佐证，能够证明高某存在多次逾期还款行为，在高某逾期还款达到约定条件情况下，某财保公司依据保险合同向光大银行履行了赔付75 220.7元代偿款的义务，有权依约主张全部理赔代偿款。高某在某财保公司理赔后曾还款500元，某财保公司起诉时已将该笔款项扣除，其要求高某支付理赔款74 720.7元的诉讼请求于法有据，本院予以支持。

关于利息损失一项，某财保公司要求以代偿金额74 720.7元为基数，自2018年12月24日（即理赔次日起）按《互联网个人小额信用贷款合同》约定的罚息利率

11.41875%/年计算至实际支付之日止，该罚息利率系高某与光大银行签订的贷款合同约定，在高某发生逾期后，光大银行有权按照该标准计收罚息，计算期间自逾期之日起至应付本息全部清偿之日止。某财保公司向光大银行给付的保险理赔款中，已包含了对应日期的罚息，其理赔行为实际是代高某向光大银行履行了贷款合同项下的全部未付本息，光大银行按照合同约定无法继续计收罚息。某财保公司在向高某追偿时，要求按照罚息标准计算利息损失，本院不予支持，但考虑到某财保公司代高某偿还理赔款后，在高某按照《个人借款保证保险投保协议》约定向某财保公司全额返还已经赔偿的保险金前，产生资金占用期间的利息损失，本院酌情调整为按照中国人民银行公布的一年期贷款基准利率（2019 年 8 月 19 日之前）或一年期贷款市场报价利率（LPR）（2019 年 8 月 19 日之后）计算。

案例评析

（一）裁判要旨

一种法律行为由何种法律规范进行调整，关系到诉讼各方当事人的权利义务及举证责任的分配和风险承担，也是裁判的基础性问题。因此，对法律行为的定性至关重要。保证保险合同从其产生的法律依据及保险人签订的合同目的等角度分析，本质上应属于保险合同，应由保险法予以调整。

（二）典型意义

保证保险合同的性质是什么？对保证保险合同进行定性，关系到诉讼各方当事人的权利义务分配和风险承担，也是裁判的基础性问题。在理论和实践中，有人认为保证保险合同是保险合同，有人认为保证保险合同是属于担保合同的一种即保证合同。

保证保险合同是指由保险人为投保人的债务履行向权利人提供担保，当投保人违约而使权利人遭受损失时，权利人有权从保险人处获得赔偿的一种保险合同。

保证合同，是保证人和债权人达成明确的权利义务关系的协议，当债务人不履行到期债务或者发生当事人约定的情形时，由保证人承担一般保证责任或者连带保证责任，以保证债权人的债权得以实现。

保证保险合同与保证合同的异同：

1. 法律依据不同。从法律依据分析，保证保险合同依据的是《保险法》第九十五条规定，财产保险业务，包括财产损失保险、责任保险、信用保险、保证保险等保险业务。保证合同依据《民法典》第六百八十一条："保证合同是为保障债权的实现，保证人和债权人约定，当债务人不履行到期债务或者发生当事人约定的情形时，保证人履行债务或者承担责任的合同。"

2. 合同特征不同。从合同的特征角度分析，虽然两者都是主债权债务合同的从合同，但保证保险合同则为双务有偿合同，投保人支付保费即为典型之有偿对价，而保证合同为单务无偿合同。

3. 合同目的不同之处。从保险人和保证人的角度来分析，保险人签订保证保险合同的目的在于收取保险费用，保证人订立保证合同的目的有出于亲情、友情或者其他利益关系。

4. 合同目的相同之处。从投保人和保证人的角度分析，投保人购买保证保险或者保证人提供保证人，都是为达到尽快实现主合同载明的权益（获取借款或者其他目的）。

从被保险人和享有保证的债权人的角度分析，保证保险合同和保证合同，都是为了让被保险人或债权人的债权得以实现。

综上分析，保证保险合同和保证合同，两者虽然某些内容上有一定的重合，但两者区别明显，尤其所依据的法律基础明显不同，根据《保险法》第九十五条第二款的规定，保证保险属于财产保险业务，该规定从专门法、特别法的角度明确了保证保险的法律属性，而且《最高人民法院关于修改〈民事案件案由规定〉的决定》中，也将保证保险合同纠纷归为财产保险合同纠纷的子案由。因此，保证保险合同是保险合同，其应当适用《保险法》的相关规定来予以调整。

本案中，案涉案由即为保证保险合同，经分析符合保证保险合同的概念及相关特征，因此，本案在案件审理及法律适用过程中，以《保险法》为依据，对已经查明的事实进行法律上的评判，遂作出上述判决。该判决符合法律规定，体现了公平与公正，在司法实践中具有参考意义。

拓展思考

保险人在向金融机构代偿借款后，保险人根据保证保险合同向投保人追偿时，保险人请求范围如何确定？在保证保险合同诉讼中的请求一般包括以下两项：一是请求判令投保人支付保险人代偿的借款及相应的借款利息，二是请求判令投保人按照一定的标准承担违约产生的损失或利息。针对诉讼请求一，实践中没有争议，对于诉讼请求二的"违约产生损失或利息"争议较大，也即保险人损失的计算标准（或裁判标准）如何确定。

保险人依据保证保险合同在为投保人（借款人）向被保险人（出借人）承担履约保证责任后，依法依约取得的权益实为代偿后的追偿权，根据上文分析，保证保险合同系从属性合同，其追偿的范围，不宜超出原权利人（即主合同债权人）的权利范围。

在保险人没有证据证明其存在其他损失的情况下，因保险人为投保人代偿了债务，已支付相应的金钱，因此可参照民间借贷的相关规定，依法可以支持其资金占用费损失，标准可以按照一年期贷款市场报价利率计算。

本案中，因保险公司代高某向光大银行履行了贷款合同项下的全部未付本息，高某向光大银行的借贷合同因保险公司的代偿行为而履行完毕，光大银行按照合同约定无法继续计收罚息。而且，保险合同作为射幸合同，一般以经过测算确定的费率计算得出的保险费作为合同的对价，在投保人交纳保费后，发生保险事故时，要求投保人按主合同的约定承担违约责任，明显加重了投保人的义务，有违保险合同特质，因此，法院对保险人主张按主合同约定计收罚息不予支持，但考虑到某财保公司代高某偿还理赔款后，在高某按照《个人借款保证保险投保协议》约定向某财保公司全额返还已经赔偿的保险金前产生资金占用期间的利息损失，法院酌情调整为按照中国人民银行公布的一年期贷款基准利率或一年期贷款市场报价利率计算。

（编者：张永红）

十、保险合同中追偿权和代位求偿权的区分

典型案例：某保险公司与陈某、某汽车销售公司追偿权纠纷

基本案情

（一）案件事实

2017年1月15日14时15分许，被告陈某无证驾驶湘A电动汽车（登记车主为某汽车销售公司）由北往南从老街驶入涟滨西街时遇案外人陈某某持D证驾驶湘K摩托车搭乘案外人郭某沿涟滨西街由东往西行驶时发生碰撞，造成案外人陈某某、郭某两人受伤，两车受损的交通事故。经交警部门认定，被告陈某负事故全部责任。就此次机动车交通事故责任纠纷，本院作出（2017）湘××××民初××5号民事判决书，判令某保险公司即本案原告在交强险责任限额范围内先行赔付案外人陈某某、郭

某抢救费等合理损失15 455元，被告陈某在交强险范围外赔付案外人陈某某、郭某2 557.14元。

2017年9月7日，某保险公司即本案原告按（2017）湘××××民初××5号民事判决书规定将赔付款15 455元转入本院账户。

另查明，被告陈某在某保险公司购买了交强险，事故发生在保险期限内。

原告某保险公司请求判令：1. 被告向原告赔偿损失15 455元及利息（自起诉之日起按照同期全国银行间同业拆借中心公布的贷款市场报价利率计算至实际支付之日）；2. 被告承担本案的全部诉讼费。

（二）审判结果

湖南省××人民法院于2020年12月4日作出（2020）湘××××民初××99号民事判决：1. 被告陈某于本判决生效之日起十日内向原告某保险公司赔偿垫付的保险金15 455元及资金占用期间利息（自2020年10月22日起以15 455元为基数，按年利率3.85%计算至实际清偿保险金之日）；2. 驳回原告某保险公司的其他诉讼请求。

（三）裁判理由

法院生效判决认为：根据《交强险保险条例》第二十二条之规定，驾驶人未取得驾驶资格驾驶车辆发生交通事故，致使保险公司在机动车交通事故责任强制保险责任限额范围内垫付抢救费用的，保险公司有权向致害人追偿。本案中，案涉交通事故中被告陈某系无证驾驶，造成案外人人身损害，为侵权责任人，系造成保险事故责任人，原告作为承保的保险公司，在保险责任范围内先行垫付了15 455元，因此原告有权向作为侵权责任人的被告陈某追偿。原告要求被告陈某支付利息，本院认为，被告陈某长期未向原告清偿垫付款，占用了原告的资金，故原告要求被告自起诉之日起支付资金占用期间利息的请求，本院予以支持。原告要求被告某汽车销售公司承担偿还责任的诉求，本院核实相关证据后认为，被告某汽车销售公司虽系事故车辆湘A电动汽车的登记车主，但被告某汽车销售公司已将该车实际交付给被告陈某，因此被告某汽车销售公司不应当承担偿还责任。被告某汽车销售公司经本院合法传唤，未到庭参加本案的诉讼，系对自身诉讼权利的放弃，不影响本院根据查明的案件事实，依法作出裁判。

案例评析

（一）裁判要旨

在司法实践中，保险人向受害人赔偿后，产生不同的追偿关系即追偿权和代位求偿权。厘清追偿权和代位求偿权之间的差异可以避免适用法律错误，也有助于保险人追偿权益顺利实现。

（二）典型意义

随着社会经济的发展，人们在衣、食、住、行方面都得到极大的改善与提升，以前出行基本靠走的方式转变为小型轿车遍地跑的出行模式。为分散交通事故带来的经济损失，车主基本上都向保险公司购买保险，以防风险保平安。在司法实践中，常见的机动车保险为机动车交通事故责任强制保险和第三者商业责任险。

机动车交通事故责任强制保险，是指由保险公司对被保险机动车发生道路交通事故造成本车人员、被保险人以外的受害人的人身伤亡、财产损失，在责任限额内予以赔偿的强制性责任保险，是法律规定应当购买的交强险。

第三者商业责任险，是指被保险人或其允许的合法驾驶人员在使用被保险车辆过程中发生的意外事故，致使第三者遭受人身伤亡或财产直接损毁，依法应当由被保险人承担经济责任，保险公司负责赔偿。第三者责任险是非强制性的保险，由投保人自行决定是否购买，其可作为交强险的补充。

《交强险保险条例》第二十二条："有下列情形之一的，保险公司在机动车交通事故责任强制保险责任限额范围内垫付抢救费用，并有权向致害人追偿：（一）驾驶人未取得驾驶资格或者醉酒的；（二）被保险机动车被盗抢期间肇事的；（三）被保险人故意制造道路交通事故的。有前款所列情形之一，发生道路交通事故的，造成受害人的财产损失，保险公司不承担赔偿责任。"《道路交通事故损害赔偿解释》第十五条："有下列情形之一导致第三人人身损害，当事人请求保险公司在交强险责任限额范围内予以赔偿，人民法院应予支持：（一）驾驶人未取得驾驶资格或者未取得相应驾驶资格的；（二）醉酒、服用国家管制的精神药品或者麻醉药品后驾驶机动车发生交通事故的；（三）驾驶人故意制造交通事故的。保险公司在赔偿范围内向侵权人主张追偿权的，人民法院应予支持。追偿权的诉讼时效期间自保险公司实际赔偿之日起计算。"交通事故发生后，保险公司依据《交强险保险条例》第二十二条和《道路交通事故损害赔偿解释》第十五条的规定向受害人进行理赔后，可根据保险合同向侵权人（即投保人）追偿。或者，依据《保险法》第六十条的规定，因第三者对保险标的的损害而造成保险事故的，保险人自向被保险人赔偿保险金之日起，在赔偿金额范围内代位行使被保险人对第三者请求赔偿的权利，即保险公司向投保人或被保险人理赔后，可向侵权人代位求偿。

保险人理赔后在符合法律规定的情形下均可以追偿，由于不同的保险险种，追偿的法律依据有区别，那么应该依据何种法律的规定？本文认为在司法实践中对于保险追偿应进行区分，以便确定法律关系和法律适用标准。

根据上述法律规定可知，追偿权是基于购买交强险而产生，适用于交强险；追偿对象主要是投保或应当投保交强险的侵权人（或投保义务人），是交强险保险合同的一方当事人，系基于合同产生的追偿。代位求偿权本质属于债权的法定转移。即保险事故发生后，被保险人对第三者享有的损害赔偿请求权在保险人赔偿保险金后，当然地、直接地转移于保险人，适用于商业险；求偿对象是造成保险事故的第三者，并不是商业险保险合同的一方当事人，系基于法律规定产生的追偿。

本案中，案涉交通事故中被告陈某无证驾驶，造成案外人人身损害，为侵权责任人，系造成保险事故责任人，原告作为承保的保险公司，在保险责任范围内先行垫付了15 455元，有权向被告陈某追偿。保险公司向投保人被告陈某追偿属于基于保险合同的追偿，根据驾驶人未取得驾驶资格或者未取得相应驾驶资格的，保险公司在赔偿范围内向侵权人主张追偿权的，人民法院应予支持之规定，应属于追偿权而不是向合同之外的第三人追偿的代位求偿。故本案适用《交强险保险条例》第二十二条、《道路交通事故损害赔偿解释》第十五条之规定进行了判决。

在司法实践中厘清追偿权和代位求偿权其间差异有助于避免适用法律错误，也有助于保险人追偿权益顺利实现。

拓展思考

司法实践中也有将追偿权和代位求偿权等同的特殊情况。其观点论证如下：1. 追偿的概念，是指追偿权人在承担法定或者约定的义务（可称为本偿）以后，再依据法定或者约定向追偿权义务人求偿（可称为追偿）。2. 根据追偿对象内外关系可分为：对内追偿；对外追偿；混合追偿。对内追偿主要表现为被追偿对象与追偿权人具有合同关系或者在事实上存在一定的关联（即追偿权）。对外追偿主要针对第三者造成的侵权，追偿权人针对第三者进行追偿，在侵权行为发生前，两者不存在任何关系（即保险人的代位求偿）。混合追偿，即为对内和对外关系的合成体（既有合同的相对追偿关系，又存在对第三人的追偿关系)。如上海市高级人民法院《关于审理保险代位求偿权纠纷案件若干问题的解答（二）》第十六条规定，交强险保险人依据《交强险保险条例》第二十二条向致害人行使追偿权提起的诉讼，案由可以适用保险代位求偿权纠纷。

本案适用追偿权，主要依据是因为保险人和被追偿人存在的基础法律关系是交强险合同，被追偿人不是合同之外的第三人，遂作出上述判决。

（编者：张永红）

十一、交通事故中多个请求权的行使规则

典型案例：王某与周某、某保险公司财产保险合同纠纷

基本案情

（一）案件事实

一审查明：原告王某于2016年11月10日就保险车辆向被告某保险公司（人寿公司）投保机动车损失险、第三者责任险及不计免赔，保险期间自2016年12月7日至2017年12月6日，机动车损失险保险金额341 174元。《中国人寿财产保险股份有限公司家庭自用汽车损失保险条款》第四条载明：保险期间内，被保险人或其允许的合法驾驶人在使用被保险机动车过程中，因下列原因造成被保险机动车的损失，保险人依照本保险合同的约定负担赔偿：（一）碰撞、倾覆、坠落……第十八条载明：发生保险事故时，被保险人应当及时采取合理的、必要的施救和保护措施，防止或减少损失，并在保险事故后48小时内通知保险人。故意或因重大过失未及时通知，致使保险事故的性质、原因、损失程序等难以确定的，保险人对无法确定的部分不承担赔偿责任，但保险人通过其他途径已经及时知道或者应当知道保险事故发生的除外。

2017年4月16日，案外人周某驾驶浙C小型普通客车在闵行区S20外60K处与王某驾驶的保险车辆发生碰撞，造成保险车辆受损，交警部门认定周某负事故全部责任。因浙C小型普通客车在平安财产保险股份有限公司天津分公司（以下简称“平安财保”）投保交强险，原告王某遂将周某与平安财保一并诉至上海市××人民法院，要求平安财保在交强险范围内承担损失赔偿责任，不足部分由周某赔偿。上海市××人民法院于2018年1月19日作出（2017）沪××××民初××97号民事判决，认定保险车辆因前述交通事故导致的损失包括修理费316 673元、评估费5 660元，共计322 333

元，该款由平安财保在交强险范围内赔偿2 000元，由周某赔偿320 333元。案件受理费由周某负担3 067.5元。上述判决生效后，原告向上海市××人民法院申请强制执行，平安财保履行了判决义务，但周某未履行判决义务，且无财产可供执行，故上海市××人民法院裁定终结本次执行程序。

原告王某请求判令：被告某保险公司给付保险金人民币323 400.5元。

二审法院另查明，在（2017）沪××××民初××97 号案件审理过程中，王某提供了某交通物损评估中心出具的《物损评估意见书》，用以证明被保险车辆的损失金额。周某申请对车损重新进行鉴定，但未缴纳鉴定费，上海市××人民法院遂根据王某单方委托评估结论认定车损金额。二审审理中，某保险公司申请对涉案车辆重新评估，并申请由某资产评估有限公司作为重新评估的机构。王某不同意重新评估，但表示如果法院准许对涉案车辆重新评估，则同意由某资产评估有限公司作为重新评估的机构。上海市××法院委托某资产评估有限公司对系争车辆进行重新评估。2019 年 5 月 27 日，某资产评估有限公司出具《委托司法鉴定报告》〔沪达资评报字（2019）第 F×××号〕，其中“十、评估结论”载明：沪 GA××××车辆维修费用在评估基准日 2017 年 4 月 16 日的评估价值为人民币：222 900.00元（大写人民币：贰拾贰万贰仟玖佰元整），详见评估明细表。某保险公司向某资产评估有限公司垫付了重新评估费用 5 200元。某保险公司、王某均表示认可《委托司法鉴定报告》的评估结论及评估费用的金额，但认为应由对方承担。

《中国人寿财产保险股份有限公司家庭自用汽车损失保险条款》第二十四条载明：因保险事故损坏的被保险机动车，应当尽量修复。修理前被保险人应当会同保险人检验，协商确定修理项目、方式和费用。否则，保险人有权重新核定；无法重新核定的，保险人有权拒绝赔偿。

某保险公司上诉请求判令：撤销一审判决，改判驳回王某一审全部诉讼请求。

（二）审判结果

上海市××人民法院于 2019 年 1 月 24 日作出（2018）沪××××民初××23 号民事判决：被告某保险公司于本判决生效之日起十日内支付原告王某理赔款314 673元。

一审判决后，某保险公司不服，提起上诉。上海市××人民法院于 2019 年 6 月 21 日作出民事判决：1. 撤销上海市××人民法院（2018）沪××××民初××23 号民事判决；2. 上诉人某保险公司于本判决生效之日起十日内支付被上诉人王某保险理赔款 220 900元；3. 驳回上诉人某保险公司的其他上诉请求。

（三）裁判理由

法院生效判决认为：本案争议焦点是：1. 上诉人某保险公司应否承担保险责任；2. 被保险车辆的损失应当如何认定及车辆评估费应由谁承担。

关于第一个争议焦点，上诉人某保险公司与被上诉人王某之间保险合同关系成立并生效，双方均应恪守，现被保险机动车发生了保险范围内的事故，王某虽向侵权人主张赔偿，但损失未实际获得填补，因此某保险公司仍应按约承担保险责任。王某起诉要求侵权人承担侵权赔偿责任获生效判决支持，并不影响某保险公司在履行保险赔偿责任后依法获得保险代位求偿权，在支付保险理赔款的范围内取得王某依生效判决对侵权人享有的赔偿请求权。一审认定某保险公司应向王某支付保险理赔款于法不悖，予以确认。

关于第二个争议焦点，根据被上诉人王某与上诉人某保险公司签订的保险合同条款，保险事故发生后，王某应当及时向某保险公司报案，并且会同某保险公司检验，协商确定修理项目、方式和费用，否则，某保险公司有权重新核定。上述约定依法有效，对双方当事人均有约束力。交通事故侵权案件中的车损金额系王某单方委托的鉴定机构评估而来，作为王某向侵权人索赔的依据，在侵权人未提出相反证据反驳的情况下，一审依据王某单方委托鉴定的车损金额判定侵权赔偿的范围，于法有据。但本案系保险合同纠纷而非侵权赔偿纠纷，王某系依据保险合同法律关系而行使被保险人索赔之权利，那么其当然应当遵守保险合同关于保险报案与损失核定的相关约定，保障某保险公司的知情权和定损参与权。本案中，王某在保险事故发生后未向某保险公司报案，而是待侵权案件生效后依据生效判决所认定的车损金额向某保险公司申请理赔，违反了保险合同的约定，有违诚实信用，损害了某保险公司在保险合同项下的权利，致使其无法在法定期限内对标的车辆进行定损。王某在侵权案件中主张的车损金额因未经某保险公司参与核定，对某保险公司不发生法律效力，某保险公司有权依据保险合同约定申请对被保险车辆的损失重新核定。经法院委托，某资产评估有限公司对被保险车辆的损失进行重新鉴定，鉴定结论为被保险车辆的维修费应为222 900元，某保险公司与王某对上述鉴定结论均表示认可，法院据此认定某保险公司应当向王某支付的车辆损失保险金为222 900元，扣除已经支付的2 000元，某保险公司还应支付220 900元。评估费5 200元作为查明和确定事故的性质、原因和保险标的的损失程度所支付的必要的、合理的费用，应由某保险公司承担。

综上，上诉人某保险公司的上诉请求部分成立，一审判决认定事实不清，适用法律错误，应予纠正。

案例评析

（一）裁判要旨

交通事故中，投保人的权利受到侵害，可能产生以下两种法律关系：一是侵权人与受害人的侵权法律关系，受害人对侵权人享有的损害赔偿请求权；二是投保人与保险公司形成的是保险合同关系，投保人对保险公司享有保险金赔偿请求权。投保人可以基于不同的法律关系行使请求权，在其损害未能填补时，可以向相应赔偿义务人主张权利。

（二）典型意义

交通事故中，投保人的权利受到侵害，基于权利侵害的后果，投保人可以基于不同的法律关系享有多个请求权，如对侵权人享有的损害赔偿请求权，对保险公司享有保险金赔偿请求权。投保人的请求权如何行使，更有利于投保人的权利及时得到保护和修复？

本案中，王某既是投保人也是受害人，交通事故发生后，产生以下两种法律关系：一是王某与侵权人周某形成的是受害人与加害人的侵权法律关系，对侵权人享有损害赔偿请求权；二是王某作为投保人与保险公司形成的是保险合同关系，对保险公司享有保险金赔偿请求权。

虽然王某已向侵权人主张赔偿，并经生效法律文书所确定，但因侵权人的客观原因未能实际履行，其损失未实际获得填补，保险法的基本原则是“损失填补原则”，现王某的损失没有真正得以填补，根据该原则，王某有权依据其与保险公司的合同向保险公司主张保险金赔偿，以填补所遭受的损害。因此某保险公司仍应按约承担保险责任。另外，王某起诉要求侵权人承担侵权赔偿责任获生效判决支持，并不影响某保险公司在履行保险赔偿责任后依法获得保险代位求偿权，在支付保险理赔款的范围内取得王某依生效判决对侵权人享有的赔偿请求权。因此，本案遂作出上述判决。

在司法实践中，如果出现王某类似的情况，投保人可以基于不同的法律关系行使请求权，在其损害未能填补时，可以向各赔偿义务人主张权利，本案裁决有利于投保人的损失得以及时修复。

拓展思考

交通事故侵权案件中单方委托的鉴定机构对损失评估的鉴定意见，其性质和效力如何?

《中华人民共和国民事诉讼法》第六十六条规定:“证据包括:(一)当事人的陈述;(二)书证;(三)物证;(四)视听资料;(五)电子数据;(六)证人证言;(七)鉴定意见;(八)勘验笔录。证据必须查证属实,才能作为认定事实的根据。”由此可知,鉴定意见属于诉讼法规定的证据之一,应当要符合证据的三性即真实性、合法性、关联性,并经法庭必经的庭审举证质证环节后,才能作为认定事实的根据。

本案中,根据王某与某保险公司签订的保险合同条款约定,保险事故发生后,王某应当及时向某保险公司报案,并且会同某保险公司检验,协商确定修理项目、方式和费用,否则,某保险公司有权重新核定。上述约定依法有效,对双方当事人均有约束力。王某系依据保险合同法律关系而行使被保险人索赔之权利,那么其当然也应当遵守保险合同中关于保险报案与损失核定的相关约定,保障某保险公司的知情权和定损参与权,以保证鉴定意见的客观公正性。王某在保险事故发生后未依保险合同的约定通知保险公司定损或双方共同委托鉴定,而单方委托鉴定机构鉴定,有违诚实信用,损害了某保险公司在保险合同项下的权利单方委托的鉴定意见及其所确定的车损金额因未经某保险公司参与核定,不能作为认定事实的根据。某保险公司有权依据保险合同约定申请对被保险车辆的损失重新核定。

(编者:张永红)

十二、约定了受益人的财产保险合同中被保险人诉讼资格问题

典型案例:某运输公司与某保险公司保险合同纠纷

一 基本案情

(一)案件事实

2019年7月20日3时30分许,驾驶人蔡某驾驶车牌号为晋C×××××大型汽车由东向西行驶至山西省忻州市原平市某路段时,因操作不当发生侧滑,将车侧翻到公路旁的沟里,驾驶人蔡某轻微受伤、车辆受损,造成交通事故。该事故经忻州市公安局交通警察支队认定驾驶人蔡某负事故的全部责任。驾驶人蔡某驾驶的晋C×××××车辆的所有人为原告某运输公司。事故发生后,原告将车辆进行了维修。在诉讼过程

中，原告向本院申请对晋C×××××大型汽车的车损进行鉴定，本院委托某保险公估（北京）有限公司鉴定，经评估车辆损失修理费为188 719元。该车辆在被告某保险公司处投保有保险金额为373 000元的机动车损失保险（不计免赔）等保险，该交通事故发生在保险期限内。

原告某运输公司请求判令：1. 被告赔偿原告车辆损失费、施救费、处理事故人员误工费、交通费、食宿费等共计281 310.3元；2. 诉讼费用由被告承担。在诉讼过程中，原告将诉讼请求1变更为依法判令被告赔偿原告车辆损失费、施救费、处理事故人员误工费、交通费、食宿费等共计229 438.95元。

（二）审判结果

山西省××人民法院于2020年6月28日作出（2020）晋××××民初××10号民事判决：1. 被告某保险公司在本判决生效之日起十日内支付原告某运输公司车辆损失费、施救费、鉴定费等费用共计222 759.95元；2. 驳回原告某运输公司的其他诉讼请求。

（三）裁判理由

法院生效判决认为：本案争议焦点是：1. 原告某运输公司是否为本案适格主体问题。被告某保险公司辩称其公司与原告某运输公司签订的保险合同中特别约定了第一受益人为某财务有限公司，而原告并未提供第一受益人某财务有限公司出具的权利转让证明，故原告不具备主张涉案车辆损失的资格，法院认为，根据《保险法》的规定："财产保险是以财产及其有关利益为保险标的的保险，被保险人是指其财产或人身受保险合同保障，享有保险金请求权的人"，因此原告作为保险合同中的被保险人，亦有向保险公司主张保险金的权利，故被告的该辩解意见于法无据，依法不予采信。2. 涉案车辆驾驶人蔡某是否具有道路运输从业资格问题。被告某保险公司辩称其公司在交通运输部道路运输从业资格人员信息官网上输入驾驶人蔡某的二代身份证，未查询到蔡某道路运输从业资格的相关信息，故对驾驶人蔡某是否具有道路运输从业资格有异议，法院认为，因原告提供的驾驶人蔡某的道路运输从业资格证（复印件）及原件照片的信息与交通运输部道路运输从业资格人员信息官网上以驾驶人蔡某一代身份证查询的相关从业资格信息相符，故应当认定为驾驶人蔡某具备道路运输从业资格。3. 原告某运输公司主张的各项费用的认定。（1）原告主张车辆损失修理费为188 719元，提供了某保险公估（北京）有限公司出具的《评估报告书》，被告对该评估报告不认可，认为评估人员对该车辆进行评估时，该车辆已经修复，评估人员仅依据车损照片对车辆损失进行评估不能确定车辆的零部件的损失程度是否达到了更换标准，评估人员参照车辆维修明细评估的金额明显过高，但其未提供相应的证据证明该评估报告缺乏客观性、真实性，故对被告的该辩解意见，依法不予采信，原告的该项主张，依法应予认定。（2）原告主张施救费、救援费为23 500元，提供了某汽车救援有限公司出具的救援费发票及某汽修厂出具的施救费发票，被告认为上述费用金额过高，且原告未提供施救公司收取相关费用的依据，对上述费用不予认可，但其未提供相应的证据证明其辩解意见，故对被告的该辩解意见，依法不予采信，原告主张的上述费用系原告的实际支出费用，依法应予认定；（3）原告主张的处理事故人员误工费2 679元，因原告未提供处理事故人员误工的相关证据，故对原告的该项主张，依法不予认定；（4）原告主张的鉴定费10 435. 95元，该费用系为确认保险标的的损失程度所支付的必要的、合理的费用，依法应予认定；（5）原告主张的机动车临时号牌费用105元，系原告的实际支出费用，依法应予认定；（6）原告主张的交通费、食宿费4 000元，提供了高速公路通行费收据及石油公司出具的加油发票，因原告未提供相应的证据来证明该费用系涉案车辆修理所产生，故对原告主张的上述费用，依法不予认定。以上费用，共计222 759. 95元。

综上所述，原告某运输公司与被告某保险公司签订的保险合同，系双方当事人的真实意思表示，且未违反法律及行政法规的强制性规定，合法有效。按照合同约定，原告某运输公司在被告某保险公司处投保机动车商业保险，原告某运输公司作为被保险人，其对保险合同标的物具有财产保险利益，其要求被告某保险公司在车辆损失险和车损险不计免赔条款赔偿限额内承担保险责任，具有事实和法律依据，依法应予支持，原告某运输公司所有的晋C×××××汽车的车辆损失费、施救费等费用经认定为222 759. 95元，该费用应由被告某保险公司在保险限额内支付。

案例评析

（一）裁判要旨

受益人是享有保险金请求权的人，本案虽然财产保险合同中指定了受益人，但不代表被保险人已经放弃因保险利益受损而获得的保险金请求权。因此，根据保险合同的相对性，被保险人作为合同的相对人之一，应当享有诉讼主体利益，属于适格的诉讼主体。

（二）典型意义

《保险法》第十二条规定：“人身保险的投保人在保险合同订立时，对被保险人应当具有保险利益。财产保险的被保险人在保险事故发生时，对保险标的应当具有保险利益。人身保险是以人的寿命和身体为保险标的的保险。财产保险是以财产及其有关利益为保险标的的保险。被保险人是指其财产或者人身受保险合同保障，享有保险金请求权的人。投保人可以为被保险人。保险利益是指投保人或者被保险人对保险标的具有的法律上承认的利益。”《最高人民法院关于适用〈中华人民共和国保险法〉若干问题的解释（二）》第一条也规定：“财产保险中，不同投保人就同一保险标的分别投保，保险事故发生后，被保险人在其保险利益范围内依据保险合同主张保险赔偿的，人民法院应予支持。”

一般而言财产保险的保险利益可分为四类：一是财产上的现有利益；二是基于现有利益而产生的期待利益；三是因被保险人依法应承担民事赔偿的责任利益；四是基于有效合同而产生的合同利益。

本案中，案涉晋C×××××车辆的所有人为原告某运输公司，该公司对案涉车辆享有所有权，即属于保险利益分类中的既有利益，因此被保险人某运输公司对保险标的具有法律上承认的利益。原告某运输公司与被告某保险公司签订的保险合同，系双方当事人的真实意思表示，且未违反法律及行政法规的强制性规定，合法有效。根据合同的相对性原则，原告某运输公司系适格的诉讼主体，其对保险合同标的物具有财产保险利益，根据法律规定有向保险公司主张保险金的权利，故本案判决被告某保险公司在车辆损失险和车损险不计免赔条款赔偿限额内承担保险责任，具有事实和法律依据。

保险利益原则是保险的基本原则之一，该原则是指在订立和履行保险合同的过程中，投保人或被保险人对保险标的具有保险利益，而且这种利益必须是合法的、确定的、经济利益。根据保险利益来确定诉讼主体是否适格，一是符合法律规定，二是防止一些无保险利益的被保险人获得不法利益，借以防止出现道德风险。

拓展思考

诉讼主体，通常指在民事诉讼中有权进行使诉讼程序发生、变更和消灭的诉讼行为的组织或个人。包括在诉讼中行使审判职能的人民法院，和为维护自身权益参加诉讼，与诉讼结果存在直接利害关系的当事人、共同诉讼人和第三人。人民法院在民事诉讼中行使审判权，其诉讼行为决定着诉讼程序的发生、变更和消灭，是居于主导地位的诉讼主体，当事人、共同诉讼人、第三人，与案件有直接利害关系，其诉讼行为直接影响着诉讼程序的发生、变更和消灭。而适格的民事诉讼主体，也称为正当当事人或者合格的当事人，是指人民法院以外的诉讼当事人，即原告、被告、第三人以及上诉案件中上诉人、被上诉人。适格当事人就具体的诉讼作为诉讼当事人进行诉讼的权能，称为诉讼实施权。

根据《保险法》的规定，投保人是指与保险人订立保险合同，并按照合同约定负有支付保险费义务的人。被保险人是指其财产或者人身受保险合同保障，享有保险金请求权的人。受益人是指享有保险金请求权的人。因此，在保险利益受到损害时，被保险人享有根据合同向保险人请求支付保险金的权利，受益人虽与保险利益无直接关联，其权利的来源，源于投保人或被保险人在保险合同中的指定，因而受益人亦可以基于保险金请求权向保险公司提出权利请求，故被保险人和受益人均可以作为诉讼主体。因此，不能因为约定了受益人而否定被保险人的诉讼主体资格。

（编者：张永红）

十三、同一车辆“重复投保”多个商业险的处理规则

典型案例：张某与某保险天津分公司、某保险北京分公司财产保险合同纠纷

基本案情

（一）案件事实

2017年11月25日，张某作为投保人与某保险北京分公司订立机动车商业保险合同，保险公司签发的保险单载明：被保险人为张某；被保险车辆为登记在其名下的轿车；保险期间自2017年11月29日至2018年11月28日。2017年11月27日，原告张某为前述车辆在某保险天津分公司重复投保机动车商业保险；保险期间自2017年11月28日至2018年11月27日。2018年10月17日，某保险天津分公司出具批单，将被保险车辆车牌号变更为蒙A×××××。被告两家保险公司均承保车辆损失险及不计免赔特别约定，两份保单项下车辆损失险的保险金额同为286 000元。订立上述保险合同所使用的保险条款是由被告提供的格式条款，该保险条款约定的被告在车辆损失险项下的“保险责任”为：保险期间内，被保险人或其允许的

合法驾驶人在使用保险车辆过程中，因“碰撞”等原因造成的保险车辆的损失，保险人依照保险合同的约定负责赔偿。2018 年 10 月 30 日，原告驾驶被保险车辆行驶至北京市昌平区京藏高速进京 57 公里处时，与案外人钟某驾驶的晋 B×××××客车及案外人苗某驾驶的京 N×××××客车相撞，造成三车受损的交通事故。经公安交管部门认定，张某负事故全部责任，钟某、苗某无责任。事故处理过程中，原告支出被保险车辆施救费2 000元，并提供票据予以证实。案件审理过程中，经双方同意，本院委托某机动车鉴定评估有限公司对被保险车辆损失进行鉴定，确定被保险车辆车损金额为27 000元，某保险天津分公司支付鉴定费3 000元。事后，原告对被保险车辆进行维修，支出维修费27 000元，保险公司对受损车辆进行复勘，确认已实际维修。

庭审中，二被告对被保险车辆重复投保且承保金额相同的事实不持异议，且均同意相关损失按照各 50%的比例向原告进行赔付。

原告请求判令：1. 被告给付原告合理损失共计29 000元；2. 本案诉讼费用由被告承担。

（二）审判结果

天津市××人民法院于 2020 年 8 月 12 日作出（2020）津××××民初××72 号民事判决：1. 被告某保险天津分公司于本判决生效之日起十日内在机动车损失险限额内赔偿原告张某被保险车辆损失费13 500元、施救费1 000元，以上共计14 500元；2. 被告某保险北京分公司于本判决生效之日起十日内在机动车损失险限额内赔偿原告张某被保险车辆损失费13 500元、施救费1 000元，以上共计14 500元；3. 鉴定费3 000元，由某保险天津分公司负担1 500元（已交纳），由某保险北京分公司负担1 500元（于本判决生效后十日内直接给付某保险天津分公司）。

（三）裁判理由

法院生效判决认为：原告为其所有的车辆在被告处投保了机动车商业保险，双方签订的保险合同系真实意思表示，合法有效，本院予以确认。被保险车辆在保险期间内因碰撞发生保险事故，造成被保险车辆的财产损失，属于机动车损失险的保险责任范围，被告应当按照保险合同约定进行赔偿。本案的争议焦点是：二被告是否应当按照原告主张的车损金额向其进行赔付；鉴定费是否应由二被告负担。保险法规定，财产保险中重复投保的，除合同另有约定外，各保险人按照其保险金额与保险金额总和的比例承担赔偿保险金的责任，但赔偿保险金的总和不得超过保险价值。本案中，被保险车辆分别在二被告处投保车辆损失险且保险金额相同，故二被告主张按照50%的比例承担原告各项损失的主张于法有据，本院照准。被保险车辆经评估部门定损，确定车辆损失为27 000元，原告对投保车辆进行维修实际支出的费用与评估结论书确定的车损数额一致，能够客观证明车辆损失的实际发生，故被告应当按照法院委托鉴定机构作出的损失金额向原告进行赔偿（由某保险天津分公司、某保险北京分公司各负担13 500元）。被告主张评估部门对车辆定损金额过高，但没有提供足以反驳的证据，故本院对其相关抗辩意见不予采纳。根据保险法规定，鉴定费是为查明和确定保险事故的性质、原因和保险标的的损失程度所支付的必要、合理费用，应由保险人承担，故法院委托产生的鉴定费3 000元，应由被告负担（已由某保险天津分公司先行支付）。原告主张支出施救费2 000元，并提供票据予以证实，被告主张施救费金额过高，但未提供足以反驳的证据，故本院对被告的相关抗辩意见不予采纳（由某保险天津分公司、某保险北京分公司各负担1 000元）。

综上所述，本院对原告张某主张的被保险车辆损失费27 000元、施救费2 000元，共计29 000元，予以支持。

案例评析

（一）裁判要旨

重复投保，投保人对同一保险标的、同一保险利益、同一保险事故分别与两个以上保险人订立保险合同，但保险金额总和超过保险价值的一种保险。因此而产生的多份保险合同合法有效，赔偿规则是各保险人按照保险金额与保险金额总和的比例承担赔偿保险金的责任。

（二）典型意义

重复投保涉及的两份保险合同是否有效？《民法典》第五百零二条规定：“依法成立的合同，自成立时生效，但是法律另有规定或者当事人另有约定的除外。依照法律、行政法规的规定，合同应当办理批准等手续的，依照其规定。未办理批准等手续影响合同生效的，不影响合同中履行报批等义务条款以及相关条款的效力。应当办理申请批准等手续的当事人未履行义务的，对方可以请求其承担违反该义务的责任。依照法律、行政法规的规定，合同的变更、转让、解除等情形应当办理批准等手续的，适用前款规定。”

投保人将同一辆车向两个以上的保险人投保，属于重复保险。法律对重复投保的效力没有禁止性规定，在当事人也没有进行特别约定的情形下，根据《民法典》第五百零二条之规定，依法成立的合同，自成立时生效，即两份保险合同均具有法律效力。

重复投保，承保的各保险人如何承担保险责任？《保险法》第五十六条规定：“重复保险的各保险人赔偿保险金的总和不得超过保险价值。除合同另有约定外，各保险人按照其保险金额与保险金额总和的比例承担赔偿保险金的责任。”本法条体现损失填补原则和重复保险分摊原则，即赔偿保险金的总和不得超过保险价值，赔偿金额按比例分担。

本案中，涉诉的两份商业保险合同均依法成立并生效，根据《保险法》第五十六条之规定，判决承保的两个保险人按照其保险金额与保险金额总和的比例承担赔偿保险金的责任，符合法律规定，体现了公平与公正，在司法实践中具有参考意义。

拓展思考

保险标的、保险利益、保险价值三者的关系。

保险标的是保险利益的载体，它是保险合同保障的具体对象，可以是物质形态的有形物品（如房屋、汽车）、无形资产（如知识产权），也可以是生物个体（如人身/寿命）或其他利益关系（如责任）。

保险利益是投保人或被保险人对保险标的因存在某种利害关系而具有的经济利益。这种利益是合法的、确定的、能够实现的利益，它必须是与被保险人有直接联系的利益。

保险价值则是被、保险标的物的价值，是投保人与保险人订立保险合同时作为确定保险金额基础的保险标的的价值，亦是在保险事故发生时，被保险标的物的实际价值。在财产保险中，保险价值是确定赔偿金额的基础，赔偿金额不能超过保险价值。

因此，这三者的关系为：保险标的是保险合同保障的具体对象，而保险利益则是被保险人对其保险标的是否具有某种利益，是决定能否投保的前提条件。保险价值则是被保险标的物的实际价值，是确定赔偿金额的基础。

（编者：张永红）

十四、“人体损伤致残程度分级”与“人身保险伤残评定标准”的适用

典型案例：吴某与某保险公司保险纠纷

基本案情

（一）案件事实

原告吴某系某公司的员工。2020 年 6 月 10 日，某公司为原告吴某等 8 人在被告某保险公司处投保了国寿绿洲团体意外伤害保险（A）（2013 版），每人保额为 30 万元，保险期间为 2020 年 7 月 16 日至 2021 年 7 月 15 日止，保险生效日为 2020 年 7 月 16 日。某公司在投保单上加盖印章，投保单第十项投保人及被保险人声明表述：贵公司已对保险合同的条款内容履行了说明义务，并对责任免除条款履行了明确说明义务，投保单位已仔细阅知，理解投保提示及保险条款尤其是责任免除解除合同等规定，并同意遵守，所填投保单各项及告知事项均属事实并确无欺瞒，上述一切陈述及本声明将成为贵公司承担的依据，并作为保险合同的一部分，如有不实告知，贵公司有权在法定期限内解除合同，并依法决定是否对合同解除前发生的保险事故承担保险责任。某公司向被告某保险公司出具投保声明书：我单位以团体投保方式，在贵公司为员工投保保险。贵公司销售人员已将被保险人必须表示同意并知悉保险事宜的相关法律条文、保险合同的条款内容及有关事项向我单位经办人做了详细说明。由于我单位人员流动频繁，员工众多，操作起来非常烦琐；而且就在贵公司投保人寿保险之时，我单位已将保险责任、保险金额、保险费、责任免除、解除合同、受益人等有关情况告知了各被保险人，被保险人没表示不同意见，视作被保险人已同意保险有关事由。因此，我单位承诺：在保险有效期内，凡发生被保险人以未经其本人同意投保为由而引发的法律纠纷，与贵公司无关，本单位将承担相关责任。某公司加盖了公章，但未填写日期。

原告吴某于 2020 年 12 月 3 日因工作时不慎被皮带绞伤右手，在娄底市骨伤医院住院治疗，诊断为：右拇指远节不全离断；右拇、环指甲床挫裂；右中、环指指伸肌腱断裂；右中指远侧指关节囊破裂；右小指中、远节离断缺损；右手多处皮肤挫裂。经娄底市某法律服务所委托，由娄底市某司法鉴定所对原告吴某的伤残等级、后续治疗费用、误工期、护理期、营养期进行鉴定，该所于 2021 年 3 月 26 日作出娄底某司鉴所（2021）临鉴字第×××号鉴定意见书，鉴定意见为：根据《人体损伤致残程度分级》

标准，评定原告吴某所受损伤构成九级伤残；伤后医疗费用凭治伤医院的医疗发票由调处部门审核认定，建议续疗康复费在2 000元左右；伤休（误工）期 90 天，护理期 60 天，营养期 90 天。

《中国人寿保险股份有限公司国寿绿洲团体意外伤害保险（A 型）（2013 版）条款》第五条第一款第二项规定：被保险人遭受意外伤害，并自该意外伤害发生之日起一百八十日内因该意外伤害导致身体伤残的，本公司根据《人身保险伤残评定标准（行业标准）》的规定，按本合同约定的该被保险人的保险金额乘以该处伤残的伤残等级所对应的保险金给付比例给付伤残保险金。

原告请求判令：1. 被告给付原告保险金60 000元；2. 本案诉讼费用由被告承担。

（二）审判结果

湖南省××人民法院于 2022 年 3 月 10 日作出（2022）湘××××民初××30 号民事判决：限被告某保险公司于本判决生效之日起十日内支付原告吴某保险金 60 000元。

（三）裁判理由

法院生效判决认为：《保险法》第十三条规定，“依法成立的保险合同，自成立时生效”。某公司为原告吴某在被告处投保团体意外险，且按约定缴纳了保险费，被告某保险公司出具了保单，双方意思表示真实，且不违反法律、行政法规的强制性规定，案涉保险合同合法、有效。本案的主要争议焦点为原告吴某的伤残评定标准如何适用？原告吴某主张伤残评定标准应适用《人体损伤致残程度分级》的评定标准，被告某保险公司辩称伤残评定标准应适用《人身保险伤残评定标准及代码》的评定标准。伤残评定标准系判定被保险人遭受意外伤害是否应得到保险理赔及赔付比例的重要条件，双方对于伤残评定标准作出法律规定评定标准以外的特别约定的，如果约定评定标准高于法定评定标准，则会导致被保险人所受损伤难以构成约定评定标准所列伤残等级，从而降低了被保险人获得理赔的概率和赔付比例，那么保险合同中对于伤残等级评定标准的约定则应当属于免责条款。本案中，保险条款约定按照《人身保险伤残评定标准及代码》进行伤残评定，但该约定评定标准高于法律规定的《人体损伤致残程度分级》的评定标准，这既减轻了保险人人寿保险公司应当承担的理赔责任，也排除了被保险人吴某的主要权利，该约定的伤残评定标准属于免责条款。被告某保险公司提供了加盖某公司印章的投保单证明其尽到了告知说明义务，但该投保单第八条告知事项的七项均未涉及伤残评定标准的适用问题，且该投保单也并没有经办人的签名，故，在被告某保险公司没有充分证据证实就《人身保险伤残评定标准及代码》的内容及法律后果向原告吴某作出解释说明的情况下，依照法律规定，该免责条款对双方不产生法律约束力。被告某保险公司认为应当按照保险条款约定适用《人身保险伤残评定标准及代码》进行伤残评定，但该标准系行业标准，且施行时间是在最高人民法院、最高人民检察院、公安部、国家安全部、司法部共同发布的《人体损伤致残程度分级》之前，在《人体损伤致残程度分级》2017 年 1 月 1 日颁布施行之后，各领域就人体伤残鉴定标准已归于统一，即均按《人体损伤致残程度分级》进行人体伤残评定，娄底市某司法鉴定所依据《人体损伤致残程度分级》标准对吴某某进行伤残评定并无不当，本院予以采信。综上，原告吴某主张要求被告某保险公司支付保险金60 000元（每人保额 30 万元×伤残系数 20%）的诉求，于法有据，本院予以支持。

案例评析

（一）裁判要旨

2016 年 4 月 18 日，最高人民法院、最高人民检察院、公安部、国家安全部和司法部以公告形式发布《人体损伤致残程度分级》，自 2017 年 1 月 1 日起正式施行，这一标准的出台基本统一全国范围和各领域的人体损伤致残程度分级标准。2013 年版的保险条款约定适用的是《人身保险伤残评定标准及代码》，该条款约定的内容明确存在滞后性，且减轻了保险人应当承担的理赔责任，排除了被保险人的主要权利，该约定的伤残评定标准属于免责条款。

（二）典型意义

人体损伤致残程度分级标准是评定人身伤害导致的残疾程度，确定相应法律责任的重要依据，与公民切身利益密切相关。2017 年以前人体损伤致残程度分级标准有多个，分别由劳动人事、卫生、交通、保险等部门依据职能制定，适用领域、对象和承担的社会功能不同，确定伤残等级的规则和尺度也不尽相同。实践中，同一个伤残事项由于鉴定标准不同而得出伤残等级不同的现象时有发生，有的还存在较大差距，不仅导致司法鉴定标准适用混乱，办案机关无所适从，而且也不利于保护当事人的合法权益，有的甚至会产生新的矛盾纠纷，对社会稳定和司法权威性产生负面影响。为此，2016 年 4 月 18 日，最高人民法院、最高人民检察院、公安部、国家安全部和司法部以公告形式发布《人体损伤致残程度分级》，自2017年1月1日起正式施行，这一标准的出台基本统一全国范围和各领域的人体损伤致残程度分级标准。但因保险行业的保险条款未及时更新，仍然适用2013年版的保险条款，而2013年版的保险条款约定适用的是《人身保险伤残评定标准及代码》，该条款约定的内容明确存在滞后性，且减轻了保险人应当承担的理赔责任，排除了被保险人的主要权利，该约定的伤残评定标准属于免责条款。被告某保险公司不能仅以投保人在投保单上盖章为由抗辩其尽到了告知说明义务，被告某保险公司应当提供充分证据证明其就《人身保险伤残评定标准及代码》的内容及法律后果向原告吴某作出了解释说明，否则，该免责条款对双方不产生法律约束力。

拓展思考

《人体损伤致残程度分级》自2017年1月1日起正式施行后，基本统一全国范围和各领域的人体损伤致残程度分级标准。保险公司仍适用保险行业制订的《人身保险伤残评定标准及代码》标准，减轻了保险人应当承担的理赔责任，排除了被保险人的主要权利，该约定的伤残评定标准属于免责条款。保险公司在订立合同时应当在投保单、保险单或者其他保险凭证上作出足以引起投保人注意的提示，并对该条款的内容以书面或者口头形式向投保人作出明确说明；未作提示或者明确说明的，该条款不产生效力。

（编者：陈　容）

十五、“好意同乘”情形下驾驶人赔偿责任问题

典型案例： 谢某与付某、苏某等机动车交通事故责任纠纷

基本案情

（一）案件事实

2020年7月13日7时30分许，苏某驾驶小型普通客车沿娄底市某安置小区内未命名道路由西往东行驶至10栋地段时，遇付某驾驶电动车搭乘谢某、杨某沿另一道路由北往南行驶过来，两车相遇时客车车头与电动车的右侧发生碰撞，造成两车受损，付某、谢某及杨某三人不同程度受伤的道路交通事故。2020年7月28日，娄底市公安

局交通警察支队直属一大队作出第43130242020000××××号《道路交通事故认定书》，认定如下：苏某应承担本次事故主要责任，付某应承担本次事故次要责任，谢某、杨某两人不承担事故责任。

原告谢某受伤后，于2020年7月13日至2021年2月4日期间在娄底市中心医院住院治疗206天，住院诊断：胫骨平台骨折，左胫神经损伤，头皮血肿；于2021年11月6日至2021年11月24日期间在娄底市中心医院住院治疗18天，住院诊断：左胫骨上段骨折术后（取出内固定）；共用去医药费96 544元。之后，原告谢某在东莞市中医院门诊治疗，用去医药费2 467元。在娄底市娄星区双板桥杨氏骨伤诊所用去医药费1 390元。

2021年7月5日，娄底市某司法鉴定所对原告谢某的伤情进行了鉴定，作出《娄底市某司法鉴定所司法鉴定意见书》娄底某司鉴所（2021）临鉴字第×××号，鉴定意见为：1. 被鉴定人谢某损伤程度构成十级伤残；2. 建议伤休（误工）期为330日，住院期间护理1人，营养期60日；3. 内固定需取出，建议费用在12 000元内；4. 胫神经损伤，因内固定未取，没有肌电图复查情况，暂未参与本次伤残鉴定。原告谢某用去鉴定费1 600元。

另查明，1. 小型普通客车在被告某保险公司投保了交强险及商业第三者责任保险50万元，保险期间为2019年7月27日00时起至2020年7月26日24时止，该事故发生在保险期间内；2. 被告苏某为原告谢某垫付医药费26 764元，护理费14 510元，被告某保险公司为原告谢某垫付医药费47 082元；3. 事故另一伤者杨某自愿放弃在交强险中预留相应赔偿份额；4. 事故另一伤者付某同意交强险范围内优先赔付给原告谢某；5. 原告谢某受伤前在某保险公司工作，从事保险销售业务；6. 原告谢某的父亲谢某某现年85岁，现有三姊妹。

原告请求判令：1. 被告苏某、付某赔偿原告谢某的医疗费、后续治疗费、住院伙食补助费、鉴定费、误工费、护理费、残疾赔偿金、营养费、被抚养人生活费、交通费、精神损害抚慰金等经济损失368 938.48元（未包含被告已垫付的费用）；2. 被告某保险公司在保险责任范围内承担赔偿责任（并优先负责赔偿精神损害抚慰金）；3. 本案诉讼费由被告承担。

（二）审判结果

湖南省××人民法院于2022年9月23日作出（2022）湘××××民初××80号民事判决：1. 原告谢某的合理经济损失350 683元，由被告某保险公司在交强险及第三者责任保险限额范围内代为赔偿303 266元（扣除已垫付47 082元，尚应支付256 184元）；被告苏某实际赔偿原告谢某1 280元，因被告苏某以其为原告谢某垫付的费用41 274元冲抵赔偿款1 280元后超出39 994元，故被告某保险公司实际应支付的上述赔偿款256 184元（其中原告谢某得216 190元，被告苏某得39 994元）；上述款项由被告某保险公司于本判决生效后十日内直接打入本院账户内；2. 由被告付某于本判决生效后十日内赔偿原告谢某损失27 681元；3. 驳回原告谢某的其他诉讼请求。

一审判决后，当事服判息诉。

（三）裁判理由

法院生效判决认为：娄底市公安局交通警察支队直属一大队作出第43130242020000××××号《道路交通事故认定书》认定事实清楚、适用法律准确、责任划分适当，本院对该事故认定书予以采信；根据事故认定书认定，被告苏某应承担本次道路交通事故主要责任，即80%的责任比例，被告付某应承担本次道路交通事故次要责任，即20%的责任比例。湘K×××××小型普通客车在被告某保险公司投保了交强险及商业第三者责任保险50万元，原告谢某的合理损失应先由被告某保险公司在交强险责任限额范围内予以赔偿，不足部分由被告苏某按80%的责任比例承担赔偿责任；被告某保险公司对被告苏某应赔偿部分在第三者责任保险责任限额范围内代为赔偿。关于被告付某的责任承担问题，因被告付某搭乘原告谢某系好意搭乘，可以适当减轻被告付某的责任，根据本案实际情况，本院酌情认定被告付某在其应承担的20%的责任范围内承担60%的赔偿责任，余下部分由原告谢某自行承担。经本院审查，原告的合理损失350 683元。被告某保险公司在交强险范围内赔偿120 000元，余下230 683元由被告苏某承担80%的赔偿责任，即为184 546元，由被告某保险公司在第三者责任保险限额内代被告苏某赔偿183 266元，被告苏某自行承担1 280元；被告付某应赔偿原告谢某27 681. 96元（230 683元×20%×60%）。

案例评析

（一）裁判要旨

《民法典》第一千二百一十七条规定：“非营运机动车发生交通事故造成无偿搭乘人损害，属于该机动车一方责任的，应当减轻其赔偿责任，但是机动车使用人有故意或者重大过失的除外。”“好意同乘”是一种好意施惠行为，应减轻机动车使用人的赔偿责任。

（二）典型意义

本案是一起涉“好意同乘”机动车交通事故责任纠纷。“好意同乘”，俗称搭便车，是指驾驶人基于善意互助或友情帮助而允许他人无偿搭乘的行为。“好意同乘”作为一种不以营利为目的，好意施惠的情谊行为，符合友善和谐的社会主义核心价值观，值得提倡和鼓励。当发生交通事故造成无偿搭乘人损害时，若过分强调保护搭乘人的利益，加重施惠人责任，则有悖于社会的善良风尚，有违公平原则。本案中，付某无偿搭载谢某系“好意同乘”行为，付某在本次事故中并不存在故意或重大过失，法院作出付某在其应当承担的赔偿责任的基础上减轻40%的赔偿责任的判决，既保护了受害者的权益，又宣扬了良善互助的社会风尚，有助于社会的和谐稳定。

拓展思考

当今社会，私家车已是大众出行的普通交通工具，同事之间、朋友之间、邻里之间免费搭个便车已是常见之事。但因坐顺风车时发生交通事故，法律责任又该如何承担？若过分强调保护搭乘人的利益，加重驾驶员的责任，则不利于弘扬社会善良风尚；若不赋予驾驶员一定安全注意义务，则不利于保护无过错的乘车人。因此，为了保护乘车人的权益，宣扬良善互助的社会风尚，应综合考虑驾驶员的过错、施惠行为、损害后果等情形，确定减轻责任的比例。

（编者：陈　容）

第三章　证券信托法专题

一、证券市场中介机构的虚假陈述责任

典型案例：487名投资者与某建设集团股份有限公司等六被告证券虚假陈述责任纠纷案

基本案情

（一）案件事实

2015年8月起，某建设集团股份有限公司（以下简称“某建设公司”）公开发行两期公司债，合计13.6亿元。陈某为时任某建设公司实际控制人和董事长，某证券股份有限公司（以下简称“某证券公司”）为本次发行的主承销商及受托管理人，某会计师事务所为本次发行依据之审计报告的会计师，上海市某律师事务所（以下简称“某律所”）为本次发行的律师，某国际资信评估有限公司（以下简称“某国际公司”）为本次发行的评级机构。此后，某建设公司数次因违规行为被监管机构处罚。2016年4月，上海证券交易所（以下简称“上交所”）出具纪律处分决定书，认定某建设公司募集资金管理不规范，未决诉讼披露不完整。2016年7月，浙江证监局出具警示函，认定某建设公司募集资金使用与债券募集说明书不一致。2016年12月，某证券公司发布受托管理报告，称某建设公司未披露其当月被列入失信被执行人名单的事实。

2017年8月，证监会正式对某建设公司立案调查。同月14日，某建设公司公告无法按时足额支付应付本金及利息；同月22日，某证券公司公告某债提前到期。至此，

某建设公司本次公开发行的债券全面违约，并于 2018 年 12 月破产重整。2018 年，各主体均接受证监会调查，其中某建设公司、某证券公司、某会计师事务所均被证监会行政处罚。2018 年 1 月 19 日，证监会向某建设公司出具《行政处罚事先告知书》，于同年 7 月 6 日出具《行政处罚决定书》。其后，浙江证监局向某证券公司下发调查通知书，证监会于 2019 年 11 月 11 日出具《行政处罚决定书》。2019 年 1 月 22 日，证监会向某会计师事务所出具《行政处罚决定书》。

2020 年 7 月 13 日，浙江省××中级人民法院立案受理某债投资人的民事诉讼，并于 2020 年 9 月 4 日公开开庭进行了审理。由于某债有较多自然人投资者，该案经适格诉讼主体征集，适用证券纠纷代表人诉讼方式。

（二）审判结果

一审浙江省××中级人民法院判决：1. 被告某建设公司对原告的债务本息承担赔偿责任；2. 被告陈某、某证券公司、某会计师事务所就某建设公司对原告的债务本息承担连带赔偿责任；3. 被告某律所、某国际公司就某建设公司对原告应负债务本息分别在 5%和 10%范围内承担连带赔偿责任。

各被告不服，提起上诉，浙江省高级人民法院二审判决驳回上诉，维持原判。

某会计师事务所（特殊普通合伙）、某律所再次不服，申请再审，最高人民法院再审判决驳回再审申请。

（三）裁判理由

法院生效判决认为：某建设公司于 2015 年 8 月和 2015 年 9 月分别公开发行 15 某债债券 8 亿元、15 某 02 债券 5. 6 亿元，共计 13. 6 亿元。根据已查明的事实，某建设公司作为发行人，不符合发行条件，以虚假财务数据骗取债券公开发行核准，已构成欺诈发行；其行为误导原告在一级市场购入债券，导致原告在债券到期后未能获得本息兑付而产生损失。某建设公司应就其欺诈发行行为对从一级市场购入债券的原告承担赔偿责任。某建设公司于 2018 年 1 月 19 日在上海证券交易所网站发布《关于收到中国证券会〈行政处罚事先告知书〉的公告》系某建设公司欺诈发行违法行为在全国范围首次被公开揭露。在该揭露日之前于二级市场购入债券的原告，系基于对前述记载了虚假财务数据的公开募集文件的信赖买入债券，并因某建设公司未能兑付到期本息产生损失，应认定其损失与某建设公司的虚假信息披露之间存在因果关系。某建设公司应就其证券市场虚假陈述行为对该部分原告承担赔偿责任。被告某证券公司系 15 某债、15某02债券的承销商。《中华人民共和国证券法（2014年修正）》（以下简称"2014证券法"，目前已废止）《证券公司中小企业私募债券承销业务尽职调查指引》和《证券公司开展中小企业私募债券承销业务试点办法》，某证券公司作为承销商审慎核查不足，专业把关不严，未勤勉尽职，对15某债、15某02债券得以发行、交易存在重大过错，故应当与某建设公司承担连带赔偿责任。被告某会计师事务所为用于15某债、15某02债券公开发行的某建设公司2012—2014年年度财务报表出具审计报告。根据《最高人民法院关于审理涉及会计师事务所在审计业务活动中民事侵权赔偿案件的若干规定》第五条规定，某会计师事务所作为审计机构出具存在虚假记载的审计报告，未勤勉尽职，对15某债、15某02债券得以发行、交易存在重大过错，故应当与某建设公司承担连带赔偿责任。某律所和某国际公司虽未受到行政处罚，但与被诉债券发行行为有关，是本案的适格被告。某律所、某国际公司虽对财务数据相关事项仅负有一般注意义务，但其应当对可能涉及债券发行条件、偿债能力的重大债券债务、重大资产变化等事项给予关注和提示。被告某国际公司系本次债券发行的资信评级机构。本案中，根据某国际公司出具的《2015年度企业信用评级报告》《2015年公司债券信用评级报告》所载内容，其对沈阳五洲项目的并购价格、截至2014年底房产价值以及2015年2月出售房产等事项进行了披露，而上述房产的出售价格大幅低于公允价值。故酌情确定某国际公司对某建设公司应负的民事责任在10%范围内承担连带责任。

案例评析

（一）裁判要旨

虚假陈述引发的民事责任应定性为侵权责任。无论侵权责任的类型为何，其必要构成要件均包括：（1）侵权行为；（2）损害事实；（3）违法行为与损害事实之间有因果关系。本案某建设公司的实际财务指标无法满足2014证券法第十六条规定"最近三年平均可分配利润足以支付公司债券一年的利息"的要求，但以虚假申报文件骗取公开发行公司债券核准，存在欺诈发行行为。其次，根据浙江省××中级人民法院一审判决书，某债的债权持有人系基于对某建设公司记载了虚假财务数据的公开募集文件的信赖买入债券，并因某建设公司未能兑付到期本息产生损失，应认定其损失与某建设公司的虚假信息披露之间存在因果关系。最后依据2014证券法第六十九条、第一百七十三条的规定，分别确定相关发行人和发行人实际控制人，以及其他中介机构的责任。侵权损害赔偿遵循民法中的填平原则；通过进行损害赔偿标准计算，作为侵权损害赔偿的估计值，进一步落实公平原则。

（二）典型意义

资本市场的健康发展依托市场主体的诚信建设。本案发行人财务造假骗取债券发行资格，其他中介机构不履行勤勉尽责义务，扰乱市场秩序，不仅严重损害投资者的合法权益，更是对公平公正公开的投资环境造成了重大破坏。本案系全国首例公司债券欺诈发行案件，通过准确适用《中华人民共和国证券法（2019年修订）》（本书以下简称《证券法》）有关规定，严厉打击欺诈发行行为，明确了债券欺诈发行中侵权责任的认定标准，为债券投资者提供司法救济途径，本案还系2020年实施新证券法后开启普通代表人诉讼的先河，更是为中小投资者搭建了便捷、高效的维权救济渠道。其次，对于第三方中介机构在虚假陈述责任纠纷案件中，明确并强调了作为资本市场"看门人"未尽勤勉尽责义务的法律后果，给投资人造成损失的，应当与发行人、上市公司承担连带赔偿责任，令其付出违法违规的成本。

拓展思考

关于《证券法》背景下中介机构应履行的法律义务以及可能面临的法律责任。首先证券监管中介机构主要包含两类：一类是提供证券市场投融资服务同时也作为重要机构投资者的证券公司；另一类是投资咨询机构、财务顾问机构、资信评级机构、资产评估机构、会计师事务所等从事证券服务业务的证券服务机构。根据《证券法》相关规定，中介机构应履行的法律义务主要包括：1. 勤勉尽责义务（《证券法》第十条、第一百三十条、第一百四十二条、第一百六十条、第一百六十三条）；2. 保密义务（《证券法》第四十一条）；3. 存档义务（《证券法》第一百三十七条、第一百五十三条、第一百六十二条）；4. 投资者适当性管理义务（《证券法》第八十八条）；5. 禁止违法承销（《证券法》第二十九条）；6. 禁止内幕交易（《证券法》第五十四条第一款）；7. 禁止虚假陈述或信息误导（《证券法》第五十六条第二款）。《证券法》明确规定了证券中介机构可能因内幕交易、虚假记载、误导性陈述等行为承担相应民事赔偿责任（《证券法》第五十三条、第五十四条、第五十六条、第一百六十三条），该赔偿责任以过错推定责任作为归责原则，同时不以受到行政处罚为前提要件，且对仅违反一般注意义务而非故意或重大过失的行为，也可能构成过错并承担责任，可见在证券虚假陈述等类似案件中，中介机构担责可能会成为主流。以上根据法律规定的中介机构的相关赔付责任对中介机构产生警示作用，对中介机构提出更为严格的要求，促进中介机构更好履行其“看门人”的勤勉义务。

（编者：郭超群　梁子旋）

二、社交软件上达成债券交易意向的性质如何认定

典型案例：B 资管公司与 M 投资公司债券交易纠纷案

基本案情

（一）案件事实

2019 年 6 月 4 日，16 齐成 01 债券的发行人齐成公司发布公告，载明：案涉债券自 2019 年 6 月 5 日起停止竞价系统交易，仅在上海证券交易所固收平台上进行交易。2019 年 6 月 5 日，M 投资公司委托王某与 B 资管公司员工王某甲在微信上达成合意，先以 65 元全价/张的价格向 B 资管公司购买 BR 公司持有的 16 齐成 01 债券，票面总额为1 000万元，即 10 万张债券，当日又同意再以 55 元全价/张的价格，向 B 资管公司购买 16 齐成 01 债券，票面总额为2 000万元，即 20 万张债券。双方约定通过上海证券交易所固定收益证券综合电子平台，以逐步作价降低成交价方式完成交易。M 投资公司通过以 H 资管公司作为管理人的单一私募基金——SZ 基金进行支付和过户操作。2019 年 6 月 6 日，SZ 基金通过托管方海通证券、B 资管公司通过 BR 公司的托管方广发证券，当日以 89 元/张的价格，交易1 000张案涉债券；于 6 月 10 日以 80 元/张的价格，交易1 000张案涉债券；于 6 月 11 日以 77 元/张的价格，交易1 000张案涉债券。2019 年 6 月 11 日当晚，齐成公司发布公告，称公司筹划案涉债券提前全额兑付，自 2019 年 6 月 12 日开市起债券交易停牌。2019 年 6 月 12 日，B 资管公司王某甲在微信中向王某表示，不再继续案涉债券的交易。2019 年 6 月 19 日，齐成公司发布公告，称 2016 年 7 月 21 日发行的 16 齐成 01 债券，将于 2019 年 6 月 26 日提前偿还剩余本金并支付相应期间的利息，债券将于 2019 年 6 月 26 日摘牌。后 M 投资公司向一审法院起诉，请求：B 资管公司赔偿兑付收益损失14 310 965.84元及利息损失，并将款项支付至 SZ 基金托管账户；向 M 投资公司赔偿保全保险费等。

（二）审判结果

上海市××人民法院作出（2020）沪××××民初××59 号民事判决：1. B 资管

公司应于判决生效之日起十日内将赔偿款14 280 000元付至SZ基金托管账户；2. B资管公司应于判决生效之日起十日内将利息损失付至SZ基金托管账户；3. 对M投资公司的其余诉讼请求不予支持。

后B资管公司不服，向上海市××人民法院上诉。

上海市××人民法院作出（2021）沪××民终××64号民事判决：1. 撤销一审判决；2. 上诉人应于本判决生效之日起十日内将赔偿款人民币5 191 500元支付至SZ基金托管账户；3. 上诉人应于本判决生效之日起十日内将利息损失付至SZ基金托管账户；4. 驳回被上诉人M投资公司的其余诉讼请求。

（三）裁判理由

法院生效判决认为：1. 微信记录中记载内容是否得以认定债券交易合同成立，须结合本案交易标的之特殊性以及所受法律规制程度等因素予以综合考虑。案涉交易标的16齐成01债券系在上海证券交易所上市的公开发行的公司债券，公司债券在证券交易所交易是受《证券法》调整，应依法受到监管的金融活动，基于金融安全、金融稳定的要求，相关法律法规中对金融交易的契约自由有相应形式上的约束。本案公司债的交易须在规定场所遵循交易规则实施报价、交收等行为。故案涉债券买卖合同的成立依法具有要式性特征，其以交易双方通过交易平台以电子化方式经证券交易场所确认后始得成立。本案中，债券交易双方通过各自交易商在上交所固收平台达成三笔债券交易，符合前述公司债券交易的缔约特征，而上诉人、被上诉人在微信就案涉债券数量、价格确定方式所形成之意思表示，因不符合相应交易规则，故不应认定相应债券交易合同已经成立。其次，本案中微信记录中当事双方就案涉债券数量、价格确定方式等所形成之意思表示虽不符合债券交易合同要式要求，但因交易对象、交易标的、交易数量以及价格确定方式等已明确，故可以认为双方就案涉债券交易形成了预约合同。2. B资管公司是否负有赔偿损失之责任及相应范围如何确定。在上诉人对交易风险与其预期不一致时，却由此在交易过程中获益，考虑履约之主客观情况、交易风险与获利预期等因素，从公平角度出发，上诉人B资管公司理应就被上诉人M投资公司预期利益之损失承担相应赔偿责任，结合本案上诉人因案涉债券所获收益及本案交易风险分配、交易成本等因素，二审酌定被上诉人预期利益损失为案涉债券按约定交易价格而未成交总金额的30%，即5 191 500元。

案例评析

（一）裁判要旨

债券买卖合同的成立依法具有要式性特征，其以交易双方通过交易平台以电子化方式经证券交易场所确认后始得成立。对于意思表示虽不符合债券交易合同要式要求，债券交易合同不成立，但因交易对象、交易标的、交易数量以及价格确定方式等已明确，微信记录可以佐证双方就案涉债券交易形成预约合同。B资管公司承担预约合同违约责任，并赔偿M投资公司预期利益。

（二）典型意义

本案涉及在社交软件上达成交易意向的定性问题。在公司债二级市场交易中，交易双方先经微信等社交软件达成意向，再于交易所等电子平台上完成交易。但是，对于社交平台所记载的内容，二者在平台上所达成的债券交易意向是否构成债券交易合同，需要结合金融交易的特殊性以及交易标的所受法律规制的程度等因素综合分析，基于金融安全、稳定的要求，相关法律法规对金融交易的契约自由存在相应形式上的约束，故案涉债券买卖合同的成立依法具有要式性特征。而从本案可知，当事人双方在微信记录中就案涉债券交易对象、标的、数量、价格确定方式等所形成的意思表示不符合债券交易合同要式规定，因此不应认定相关债券交易合同成立，本案对债券交易合同成立的合同形式要件作了相应分析，对二级市场债券交易规则构建具有一定参考意义。

拓展思考

关于预约合同的基本规则。“预约合同”是指约定将来订立一定契约之契约，其订立本质是信用交易的结果。预约合同本身就是一种契约，其目的在于确保与相对人在将来订立特定的合同。《民法典》第四百九十五条规定：“当事人约定在将来一定期限内订立合同的认购书、订购书、预订书等，构成预约合同。当事人一方不履行预约合同约定的订立合同义务的，对方可以请求其承担预约合同的违约责任。”可见预约合同是一个独立的合同，预约合同的违约责任也应与本约的违约责任有所差别，值得注意的是，由于预约合同发生纠纷时，本合同尚未订立，当一方当事人怠于按照预约合同规定的义务订立本合同时，他方只能请求赔偿因此而遭受的损害，不能要求按照预定的本合同内容请求赔偿可预期的利益。在具体案件中，由于存在当事人主观过错程度的不同、缔结本约难易程度的不同等综合因素，司法裁判机关可以基于公平原则，在个案中酌情考虑赔偿机会损失利益。

（编者：郭超群　梁子旋）

三、刚性兑付条款的效力分析

典型案例：A 信托股份有限公司与湖南 B 集团财务有限公司营业信托纠纷案

基本案情

（一）案件事实

2016 年，湖南 B 集团财务有限公司（以下简称“B 财务公司”）与 A 信托股份有限公司（以下简称“A 信托公司”）签订四份《信托合同》，B 财务公司向 A 信托公司认购“A 安赢 42 号××项目集合资金信托计划”，认购信托资金金额总计为 4 亿元。2017 年 5 月 5 日，B 财务公司通过银行转账方式将 4 亿元信托资金转入 A 信托公司银行账户。2019 年 5 月 4 日，B 财务公司与 A 信托公司签订《信托受益权转让协议》，主要载明转让方（原受益人）为 B 财务公司，受让人（现受益人）为 A 信托公司；转让标的为转让方根据《信托合同》所享有的 4 亿元信托资金，折合 4 亿份信托单位所对应之信托受益权及相关一切衍生权利，转让日为 2019 年 5 月 4 日，转让价款=标的信托收益权对应的信托资金×（1+6.5%/年×转让方实际持有信托受益权的天数/365）-转让方持有标的信托受益权期间已获得分配的信托利益；自信托受益权转让日起，转让方作为受益人依据《信托合同》所享有的全部标的信托受益权及相应的权利和义务均由受让方承继。随后双方又签署了《补充协议》，具体载明双方于 2019 年 5 月 4 日所签订的《信托受益权转让协议》项下受益权转让日变更为 2020 年 5 月 4 日；自 2019 年 5 月 5 日起，信托资金收益率按 7.5%/年（365 天）执行，受让方不迟于每季最后一月的 4 日前付清当季收益以及不低于 1 亿元的信托资金本金，全部转让价款支付完成之日为 2020 年 5 月 4 日；受让方未按该协议支付信托资金本金和收益的，按未付金额的万分之五每日支付违约金，逾期达 20 日，经转让方催告后 3 日内仍未依约付款的，转让方有权解除该协议，受让方应按转让方要求一次性付清全部转让款并按未付总金额的 30%向转让方支付违约金。随后 B 财务公司多次向 A 信托公司催要转让价款，A 信托公司未能付款，B 财务公司诉至法院。

（二）审判结果

湖南省××中级人民法院于2020年7月8日作出（2019）湘××××民初××59号民事判决：A信托公司向B财务公司支付信托受益权转让价款本金4亿元及信托资金收益（收益按年利率7.5%支付）、违约金（按年利率10%，限定总额不超过1.25亿元）、律师代理费98万元、律师咨询费6万元、差旅费9万元。

A信托公司不服一审判决，上诉至湖南省高级人民法院。

湖南省高级人民法院支持了A信托公司上诉请求，于2020年12月7日作出（2020）湘××民终××98号民事判决：1. 撤销湖南省××中级人民法院（2019）湘××××民初××59号民事判决；2. A信托公司自本判决书送达之日起10日内向B财务公司支付律师代理费49万元、律师咨询费3万元及差旅费45 115元；3. 驳回B财务公司的其他诉讼请求。

（三）裁判理由

法院生效判决认为，第一，B财务公司与A信托公司签署的《信托受益权转让协议》体现了B财务公司获得的收益为其原投入的信托资金本金加上固定比例的溢价款，其所获得的是固定的收益回报，其收益情况不受涉案信托计划的实际盈亏情况影响，其法律关系是名为信托受益权转让，实为保本保收益的承诺安排，违反了《中华人民共和国信托法》（本书以下简称《信托法》）第三十四条“受托人以信托财产为限向受益人承担支付信托利益的义务”的规定，应属无效。第二，上海银保监局于2020年8月28日作出《上海银保监局关于回复××中级人民法院征询函的函》，该函载明上海银保监局对A信托公司进行了相关调查，并向湖南银保监局进行了协查问询。上海银保监局认为A信托公司与B财务公司签订的《信托受益权转让协议》等一系列操作是保证本金收益不受损失的行为，属于违规刚性兑付行为。第三，根据《九民纪要》第九十二条规定，实践中，保底或者刚兑条款通常不在资产管理产品合同中明确约定，而是以“抽屉协议”或者其他方式约定，不管形式如何，均应认定无效。本案中，虽然没有在《信托合同》中直接约定保本保收益的条款，但在《信托受益权转让协议》《补充协议》中的约定显然是保本保收益的约定，如前所述，属于刚性兑付的约定，故该两协议应认定无效。

案例评析

（一）裁判要旨

《九民纪要》第九十二条规定："信托公司、商业银行等金融机构作为资产管理产品的受托人与受益人订立的含有保证本息固定回报、保证本金不受损失等保底或者刚兑条款的合同，人民法院应当认定该条款无效。受益人请求受托人对其损失承担与其过错相适应的赔偿责任的，人民法院依法予以支持。"实践中，保底或者刚兑条款通常不在资产管理产品合同中明确约定，而是以"抽屉协议"或者其他方式约定，不管形式如何，均应认定无效。

（二）典型意义

本案涉及信托纠纷中的刚性兑付效力问题。刚性兑付，即银行理财按照约定好的固定收益率来兑付，这样的一种保本理财不仅无法让投资者真正意识到投资风险，还不符合市场化规律，不利于金融市场的可持续化发展。在《私募投资基金监督管理暂行办法》《关于规范金融机构资产管理业务的指导意见》《私募投资基金备案须知》中均明确要求禁止刚性兑付，本质原因在于刚性兑付增加了金融系统性的风险，导致私募基金行业的不公平竞争。《九民纪要》的推出，呼应了监管部门"打破刚兑"的要求，通过规定"不管形式如何，保底或者刚兑条款均应认定无效"的方式还原金融市场的本质，同时进一步指明了刚性兑付无效后，过错方应当赔偿相对方的直接损失的规定。对于刚性兑付行为无效是否导致信托合同无效，则需要在具体个案中进行具体分析。一般而言，刚性兑付约定具有独立性，刚性兑付约定无效的，原则上不影响信托合同的效力。本案中，虽然没有在信托行为的主合同中直接约定刚性兑付的条款，但在补充协议中的约定实质是保本保收益的约定，属于名为信托受益权转让，实为保本保收益的法律关系，构成刚性兑付的约定，故该两协议应认定无效。

拓展思考

关于信托受益权能否转让及转让效力。所谓信托受益权，是指信托受益人在具体信托关系中就信托财产收益或利益享有的权利。信托受益权转让，又叫"二手信托"，是指委托人将受益人的信托受益权转移给受让人。根据我国《信托法》第四十八条的规定，受益人的信托受益权可以依法转让和继承，但信托文件有限制性规定的除外。所以，信托受益权具有可转让性，但要受信托文件的有关禁止性条款或信托目的的限制。在信托受益权转让时，若双方约定的转让对价基于信托产品的底层价值而约定，则该转让应当认定有效；若双方约定的转让对价是预先固定转让价款，存在对转让人“保本保收益”的情形，则该转让可能构成“刚性兑付”约定，导致信托受益权存在效力问题，进一步可能影响信托合同的效力。若信托受益权被认定转让无效的，可以根据我国《民法典》第一百五十七条的规定分配责任承担；民事法律行为无效后，有过错的一方应当赔偿对方由此所受到的损失；各方都有过错的，应当各自承担相应的责任。

（编者：郭超群　梁子旋）

四、主合同无效而导致担保合同无效时，担保人是否需要承担民事责任

典型案例：某中行与某农行等信用证垫款纠纷案

基本案情

（一）案件事实

1997年3月20日，外贸公司与上海A有限公司（以下简称“A公司”）签订了5份《代理进口协议》，双方约定：外贸公司受A公司委托，代理其进口镍板和铝锭。同日，某农行向某中行出具了相应的《不可撤销担保书》，该担保书承诺对以上债务承担连带责任保证。1997年3月至4月间，外贸公司以履行铝锭买卖合同为由，向某中行申请开立4份不可撤销信用证，其受益人为MARCO INTERNATIONAL（HK）LTD.。某中行为上述四单信用证累计垫款金额为16 037 646.34美元。外贸公司于1998年6月25日、26日，两次共偿还1 991 000美元，故外贸公司尚欠某中行垫款14 046 646.34美元。1997年4月18日，某农行致函某中行，确认1997年3月20日签发的5份《不可撤销担保书》合计金额1970万美元的真实性，并愿意为外贸公司提供担保。1997年4月14日和5月9日，外贸公司分别就上述四单信用证向某农行发出“已开信用证通知”，声称：外贸公司受A公司委托进口镍板或铝锭，现已通过某中行开出信用证。在5月9日所发出的两份“通知”上，盖有某中行国际结算科的公章。1999年9月6日，某中行向原审法院提起诉讼，请求外贸公司偿付信用证垫款14 046 646.34美元及利息、罚息和主张债权的费用；某农行承担连带责任。

（二）审判结果

重庆市高级人民法院于2003年8月20日作出（2001）渝高法民重字第××号民

事判决：1. 由外贸公司于判决生效之日起十日内偿付某中行信用证项下垫款本金14 046 646.34美元及利息（利息从垫款之日起按中国人民银行公布的利率计算至付清为止）；2. 驳回某中行的其他诉讼请求。

某中行不服上述判决，向最高人民法院提起上诉。

最高人民法院于2005年8月23日作出（2005）民四终字第××号民事判决：1. 撤销重庆市高级人民法院（2001）渝高法民重字第××号民事判决；2. 外贸公司向某中行偿付信用证项下垫款14 046 646.34美元及利息（利息从垫款之日起按中国人民银行公布的利率计算至付清为止）；3. 某农行不承担本案民事责任；四、驳回某中行的其他诉讼请求。

（三）裁判理由

法院生效判决认为，1. 关于本案纠纷的法律适用问题。本案为申请开证及担保纠纷，属于国内法调整的范围，应适用《中华人民共和国民法通则》（本书以下简称《民法通则》）和《担保法》及其司法解释的有关规定进行处理。2. 关于本案申请开证法律关系。外贸公司未就本案提起上诉，某中行亦未对开证法律关系项下垫款的相应事实提出异议，因此，原审判决认定的外贸公司应偿付某中行信用证项下垫款本息的结果本院予以确认。然而，原审判决对于开证法律关系的效力未作正面认定而实际认定为有效是错误的。根据《审计报告》的审计内容以及《情况报告》的内容，本案所涉四单信用证是在无贸易背景的情况下开立的，是外贸公司虚构进口事实、骗开信用证套取国家外汇的行为，根据《民法通则》第五十八条“一方以欺诈、胁迫的手段或者乘人之危，使对方在违背真实意思的情况下所为的”民事行为无效的规定，本案开证法律关系应认定无效。原审判决适用《民法通则》第八十四条及第一百一十一条的规定处理开证法律关系属适用法律错误。3. 关于本案担保法律关系。根据《担保法》第五条即“担保合同是主合同的从合同，主合同无效，担保合同无效”的规定，由于本案开证法律关系无效，故本案担保法律关系亦应认定无效。根据《〈担保法〉解释》第八条即“主合同无效而导致担保合同无效，担保人无过错的，担保人不承担民事责任；担保人有过错的，担保人承担民事责任的部分，不应超过债务人不能清偿部分的三分之一”的规定，本案担保人即某农行是否应承担民事责任，应考察某农行是否有过错。对担保合同所附条件是否成就进行认定，其前提应该是肯定担保合同的效力。原审判决以担保合同所附条件未成就认定本案担保行为不发生效力从而认定某农行不承担担保责任属适用法律错误。4. 关于某农行是否存在过错的问题。在主合同无效导致担保合同无效的情形下，担保人并非主合同的当事人，主合同无效不应当要求非合同当事人的担保人承担无效结果。因此，担保人的过错不应是指担保人在主合同无效上的过错。担保人的过错应当包括：担保人明知主合同无效仍为之提供担保、担保人明知主合同无效仍促使主合同成立或为主合同的签订做中介等。就本案而言，开证法律关系无效是由于外贸公司欺诈开证行开立没有贸易背景的信用证造成的，担保人某农行从申请开证环节上无法获知合同的违法性。因此，应认定某农行无过错。根据前述规定，某农行不承担民事责任。

案例评析

（一）裁判要旨

因主合同无效而导致担保合同无效，担保人无过错的，不承担民事责任；担保人有过错的，应当依法承担民事责任。所谓担保人的过错，是指担保人明知主合同无效仍为之提供担保，或者明知主合同无效仍促使主合同成立或为主合同的签订做中介等情形。

（二）典型意义

担保合同与主合同之间具有效力上的从属性，除法律明文规定外，主合同无效，担保合同无效，但这不代表担保人必然不承担担保责任。对于担保合同的效力，不仅要审查担保合同本身是否存在无效情形，还需审查主合同是否存在无效情形。根据我国《民法典》第三百八十八条规定，担保合同是主债权债务合同的从合同，主债权债务合同无效，担保合同无效，但是法律另有规定的除外。同时《担保制度解释》第十七条规定："主合同无效导致第三人提供的担保合同无效，担保人无过错的，不承担赔偿责任；担保人有过错的，其承担的赔偿责任不应超过债务人不能清偿部分的三分之一。"据此，在主合同无效而导致担保合同无效时，担保人承担民事责任的前提是担保人存在过错。由于担保人并非主合同当事人，主合同无效的结果不得要求担保人承担，所以上述所称的担保人过错非指担保人在主合同无效上的过错，而指担保人在明知主合同无效但仍为其提供担保，或明知主合同无效仍促使主合同成立或为主合同的签订作为中介等过错。由于担保人的行为损害了债权人的信赖利益，损害了交易安全，基于公平原则考量，担保人承担的赔偿责任不应超过债务人不能清偿部分的三分之一。担保人不存在以上过错时，则无需承担民事责任。

拓展思考

关于担保合同无效后担保人的法律后果。

1. 对于主合同有效而第三人提供的担保合同无效情形：（一）若债权人有过错，担保人无过错。担保人不承担赔偿责任。（二）若债权人无过错，担保合同无效原因是债务人或担保人的过错，或二者均有过错，如担保人与债务人恶意串通。担保人对债务人不能清偿的部分承担赔偿责任（补充责任）。（三）若担保人有过错，债权人有过错。如债权人和担保人在明知抵押物为法律禁止抵押的标的物情况下，仍然订立抵押合同。担保人承担的赔偿责任不应超过债务人不能清偿部分的二分之一，属于补充责任。（补充责任是指承担责任的第二顺位，先债务人承担责任后担保人承担责任）。

2. 对于主合同无效导致第三人提供的担保合同无效情形：（一）担保人无过错。主合同无效过错在于债权人和债务人。担保人无需承担赔偿责任。（二）担保人有过错。担保人明知或者应当知道主合同无效情况下，仍然提供担保，放任合同无效的法律后果，因此担保人应当承担相应责任，其承担赔偿责任不应超过债务人不能清偿部分的三分之一（补充责任）。担保人的根本目的在于为债务人的债务提供担保。因此担保人即使有过错，其承担责任后仍有权向债务人追偿。

（编者：郭超群　梁子旋）

五、上市公司信息披露违法，董事、监事和高级管理人员能否免责

典型案例：华某股份有限公司信息披露违法案

基本案情

（一）案件事实

华某股份有限公司（以下简称“华某公司”）由王某家族控股，王某担任董事长，系实际控制人之一，多名亲属担任董事。为向家族集团公司提供资金支持，王某指示他人成立若干壳公司，通过虚假业务向该家族集团公司提供资金。2013 年末华某公司非经营性占用资金余额约 8.2 亿元，2014 年末占用余额约 11.5 亿元，2015 年 6 月末占用余额约 13.3 亿元。为掩盖关联方占用资金，王某安排员工将无效票据入账充当还款。华某公司还以子公司名义开具商业承兑汇票，为家族企业融资提供担保，同时以华某公司名义为王某个人借款提供担保，担保金额共计 3.35 亿元。华某公司的相关

定期报告未披露上述情况，同时相关定期报告的财务数据存在虚假记载。

本案听证过程中，当事人华某公司主张，其不存在信息披露违法行为；责任人员王某主张，即使构成违法，其主观上没有违法故意，客观上情节轻微，配合调查积极整改，申请不处罚或减轻处罚；其他责任人员主张，其主观上没有违法故意或不知悉、未参与信息披露违法行为，是被王某家族刻意隐瞒等。

（二）审判结果

2018 年 1 月，证监会对华某公司及相关责任人员作出行政处罚决定和市场禁入决定，认定华某公司的上述行为违反了 2005 年《中华人民共和国证券法》第六十三条、第六十五条、第六十六条及第六十七条的规定，构成 2005 年《中华人民共和国证券法》第一百九十三条第一款所述的信息披露违法行为。

证监会决定，对华某公司责令改正，给予警告并处以 60 万元罚款；对王某处以 90 万元的罚款，其中作为直接负责的主管人员罚款 30 万元，作为实际控制人罚款 60 万元；对其他责任人员分别处以 3 万元至 30 万元不等的罚款。同时，对王某采取终身证券市场禁入措施，对其他部分责任人员分别采取 5 年至 10 年的证券市场禁入措施。同年，证监会对本案中介机构及其从业人员的违法行为作出处罚。

华某公司财务总监不服上述处罚和决定并提起诉讼，一审法院和二审法院均判决驳回起诉。同时，证监会将华某公司相关人员涉嫌犯罪线索依法移送公安机关。

（三）裁判理由

证监会复核认为：上市公司依法披露的信息必须真实、准确、完整，不得有虚假记载、误导性陈述或者重大遗漏，华某公司构成信息披露违法事实清楚、证据充分。王某作为实际控制人、董事长和董事，华某公司所有涉案违法行为均由王某主导、参与或指使他人实施，其主观故意明显，涉案金额巨大，违法情节严重。全体董事、监事、高级管理人员应主动了解并持续关注上市公司的生产、经营和财务状况，具备与职责相匹配的专业知识和水平，主动调查并获取决策所需资料，独立发表专业判断，不知情、未参与及参考借鉴审计结果等不能构成免责理由。

案例评析

（一）裁判要旨

信息披露是上市公司董监高勤勉尽责义务的重要一环，且不仅仅局限于参与或者知情的少数董监高，而应该针对的是全体董监高。不知情或未参与等不得作为董监高对信息披露有误的免责事由。根据《上市公司信息披露管理办法》第三条规定，“发行人、上市公司的董事、监事、高级管理人员应当忠实、勤勉地履行职责，保证披露信息的真实、准确、完整、及时、公平。”《上市公司信息披露管理办法》第二十四条规定：“公司董事、高级管理人员应当对定期报告签署书面确认意见，监事会应当提出书面审核意见，说明董事会的编制和审核程序是否符合法律、行政法规和中国证监会的规定，报告的内容是否能够真实、准确、完整地反映上市公司的实际情况。董事、监事、高级管理人员对定期报告内容的真实性、准确性、完整性无法保证或者存在异议的，应当陈述理由和发表意见，并予以披露。”2005 年《中华人民共和国证券法》第六十八条亦有相同规定。

（二）典型意义

本案系上市公司实际控制人为掩盖资金占用的事实，指使上市公司违规信息披露的典型案件，侵害了投资者利益，严重损害了资本市场公开公正原则。信息披露真实、准确、完整是资本市场稳健发展的基石。本案，证监会对华某公司及其相关责任人员予以行政处罚并采取市场禁入措施，体现了严厉打击信息披露违法违规行为，并督促上市公司董监高、中介机构等各类信息披露义务主体自觉承担责任，履行忠实勤勉义务的决心，进而提升上市公司质量，改善资本市场生态环境，为建设规范、透明、开放、活力的资本市场保驾护航。

拓展思考

关于上市公司董监高披露违规的后果。第一，自律监管责任。根据《北京证券交易所股票上市规则（试行）》《深圳证券交易所股票上市规则》《上海证券交易所股票上市规则》有关规定，对于上市公司董监高在信息披露过程中未依法履行披露义务，或披露信息不真实、不准确、不完整的，三大证券交易所可以依据具体情况采取自律监管措施或者实施纪律处分。第二，行政责任。《上市公司信息披露管理办法》（2021 年修订）第五十二条规定了行政监管措施，《上市公司信息披露管理办法》（2021 年修订）第五十四条、《证券法》第一百九十七条规定了对未履行或未按约定履行信息披露义务的直接负责的主管人员和其他直接责任人员予以行政处罚。第三，民事责任。根据《证券法》第八十五条，对未按约定披露信息的信息披露义务人规定了相应赔偿责任。第四，刑事责任。《中华人民共和国刑法》（本书以下简称《刑法》）第一百六十一条规定了违规披露、不披露重要信息罪，对未按规定披露信息，导致股东或者其他人利益严重损害，或者有其他严重情节的，判处罚金、拘役或有期徒刑。

（编者：郭超群　梁子旋）

六、贷款机构未披露实际利率不得据此收取利息

典型案例：田某、周某与甲信托公司金融借款纠纷案

基本案情

（一）案件事实

2017 年 9 月 22 日，田某、周某和甲信托公司签订《贷款合同》，约定贷款本金 6 000 000元，期限 8 年，贷款利率具体以《还款计划表》为准，平均年利率 11.88%，还款方式为分次还款，还款期数为 96 期，每期还款均包含本息，每年 12 期还款金额一致，每 12 个月递减一次还款金额。2017 年 9 月 26 日，田某、周某先向甲信托公司汇款141 000元作为第一期还款，甲信托公司于 2017 年 9 月 27 日向田某、周某转账支付 6 000 000元。田某、周某按《还款计划表》逐月还款至 2018 年 11 月 27 日，后申请提前还款获准，遂于 2018 年 12 月 17 日向甲信托公司支付5 515 522.81元（其中本金 5 505 522.81元、违约金10 000元），结清全部贷款。之后，田某、周某认为甲信托公司未披露实际利率，告知其平均年利率为 11.88%，但实际执行利率却高达 20%多，且实际放款前已经收取了第一期还款，该款项应从贷款本金中扣除。据此，请求判令甲信托公司返还多收取的利息并赔偿相应损失。

审理中，甲信托公司为说明《贷款合同》每期还款金额具体计算方法，提交了另一版本《还款计划表》，除载明每期应还款金额、剩余本金外，还载明每期应还款中的利息金额、本金金额、当年利率（第一年利率为 21.8%，此后逐年为 19.6%、17.2%、14.43%、10.01%、6.67%、3.92%、1.32%），此外在表格尾部还载明贷款本金 6 000 000元，利息合计5 702 400元，本息合计11 702 400元，总利率为 95.04%，年利率平均值为 11.88%。经核算，前述各年利率系以当年应付息总和除以初始贷款本金额 6 000 000元算得，而 11.88%系前述各年利率的算术平均值。按照《还款计划表》载明的每期还款金额核算，系争借款的实际利率为年化 20.94%。

（二）审判结果

上海市××人民法院于 2020 年 7 月 3 日作出（2019）沪××××民初××44 号民

事判决：1. 对田某、周某要求甲信托公司退还多收的887 190.19元的诉讼请求，不予支持；2. 对田某、周某要求甲信托公司返还占用资金的利息损失（以887 190.19元为基数，自2018年12月17日起按照年利率11.88%计算至实际返还之日止）的诉讼请求，不予支持；3. 对田某、周某要求甲信托公司赔偿律师费损失10 000元的诉讼请求，不予支持；4. 准予甲信托公司补偿田某、周某200 000元（该款应于判决生效之日起十日内一次性给付）。

一审判决宣判后，田某、周某不服一审判决，提出上诉。

上海市××法院于2021年1月4日作出（2020）沪××民终××34号民事判决，田某、周某的上诉请求部分成立，一审判决认定事实清楚，但适用法律错误，予以纠正，遂改判：1. 撤销上海市××人民法院（2019）沪××××民初××44号民事判决；2. 甲信托公司应于判决生效之日起十日内向田某、周某返还844 578.54元，以及以844 578.54元为基数，自2018年12月18日至实际归还之日止，按照中国人民银行公布的同期人民币存款利率计算的利息；3. 驳回田某、周某的其他诉讼请求。

（三）裁判理由

法院生效判决认为，贷款人应明确披露实际利率。本案中，《还款计划表》仅载明每期还款本息额和剩余本金额，既未载明实际利率，也未载明利息总额或其计算方式。一般人若不具备会计或金融专业知识，难以通过短时阅看而自行发现实际利率与合同首部载明利率存在差别，亦难以自行验算该实际利率。因此，《还款计划表》不足以揭示借款合同的实际利率。借款合同首部载明平均年利率11.88%，同时载明还款方式为分次还款。上述条款应当作为确定利息计算方式的主要依据，采用一般理性人的标准进行解释。借款人主张以11.88%为利率，以剩余本金为基数计算利息，符合一般理性人的通常理解，也符合交易习惯和诚信原则，应予支持。实际放款前已经收取的还款应当从贷款本金中扣除。以此计算，甲信托公司多收取的利息合计844 578.54元应予返还，同时还应向借款人赔偿相应利息损失。

案例评析

（一）裁判要旨

贷款机构负有明确披露贷款实际利率的义务，明确披露实际利率的义务，也是基于民法公平、诚信原则，确保借款双方平等缔约，保护金融消费者权益的必然要求。

同时根据《民法典》第四百九十六条的规定，格式条款提供者应当采取合理方式提示对方注意与其有重大利害关系的条款，并明确未履行该义务时的法律后果。因此若以格式条款约定利率，贷款人还应采取合理方式提请借款人注意，对条款予以说明，明确告知法律后果。若因贷款人未明确披露或说明导致借款人没有注意或理解借款合同的实际利率，则应视为双方未就“按照该实际利率计算利息”达成合意，贷款机构无权据此计算利息。合同利率应当采取一般理性人标准，依据合同解释原则，结合相关条款予以确定。

（二）典型意义

随着我国贷款业务的快速增长，一些金融机构为了抢夺市场，利用借款人在相关专业知识上的薄弱，采取许多容易误导金融消费者的手段标准，导致金融消费者产生“低利率错觉”，例如通过只展示较低的日利率或月利率，来掩盖合计较高的年利率；通过只展示较低的名义利率，来掩盖较高的实际利率等形形色色的各类方式。支付利息是借款人的主要义务，因此利率的高低直接影响借款人决定是否与贷款人成立相关借款合同，可见实际利率构成借款合同的核心内容，误导性的“低利率错觉”极大损害了金融消费者的合法权益。本案判决依据《民法典》关于格式条款告知等规定，认定贷款人在与金融消费者订立借款合同时，负有明确披露实际利率的义务，若贷款人未予披露或者披露不当致使借款人没有注意或未能理解借款合同中实际利率的，贷款人不得按照该实际利率计收利息。本案判决结果规范了贷款人的告知义务，充分保障了金融消费者的合法权益，促进金融服务实体经济目标的实现。

拓展思考

关于贷款人对实际利率披露的方式及法律后果。本案中，《还款计划表》仅载明了每期还款本息额和剩余本金额，未载明实际利率或能够反映实际利率的利息计算方式，也未载明利息总额或其计算公式。一般人若不具备会计或金融专业知识，难以自行发现实际利率与合同首部载明的利率存在差别，也难以自行测算实际利率。因此，法院认定系争《还款计划表》不足以揭示借款合同的实际利率，甲信托公司未尽到明确披露实际利率的义务。另外，就贷款合同而言，虽然利率高低会受借款人的资信影响，但贷款机构为了提高交易效率，通常做法是参照统一的资信标准对借款人分类，并对同类借款人适用相同利率。借款人可以选择是否订约，或者货比三家后选择与谁订约，但并无就利率条款与贷款机构进行磋商的余地。此种利率条款明显符合格式条款的本质特征和通常形式，应当认定为格式条款。

贷款机构为提高交易效率，通常会对贷款合同中的利率条款采取格式条款的形式，根据《民法典》第四百九十六条的规定，采用格式条款订立合同的，提供格式条款的一方应当遵循公平原则确定当事人之间的权利和义务，并采取合理的方式提示对方注意免除或者减轻其责任等与对方有重大利害关系的条款，按照对方的要求，对该条款予以说明。提供格式条款的一方未履行提示或者说明义务，致使对方没有注意或者理解与其有重大利害关系的条款的，对方可以主张该条款不成为合同的内容。因此，贷款机构除了需要在合同中将实际利率如实披露，还需按照法律规定尽到相应的格式条款的提示说明义务，否则借款人若未注意或未理解与其有重大利害关系的条款的，借款人依然有权主张该条款不成为合同的内容。《中国人民银行金融消费者权益保护实施办法》第十七条规定了金融机构应当履行的信息披露义务：对金融产品和服务进行信息披露时，应当使用有利于金融消费者接收、理解的方式。对利率、费用、收益及风险等与金融消费者切身利益相关的重要信息，应当根据金融产品或者服务的复杂程度及风险等级，对其中关键的专业术语进行解释说明，并以适当方式供金融消费者确认其已接收完整信息。第二十一条规定了合规使用格式条款：向金融消费者提供金融产品或者服务时使用格式条款的，应当以足以引起金融消费者注意的字体、字号、颜色、符号、标识等显著方式，提请金融消费者注意金融产品或者服务的数量、利率、费用、履行期限和方式、注意事项、风险提示、纠纷解决等与金融消费者有重大利害关系的内容，并按照金融消费者的要求予以说明。格式条款采用电子形式的，应当可被识别且易于获取。对于未履行披露义务的贷款机构，根据《民法典》第四百九十六条的规定，认为双方未就“按照该实际利率计算利息”达成合意，贷款人无权据此收取利息。

（编者：郭超群　梁子旋）

七、贷款人明知出质人将质物出质案外人，应视为对质物担保的放弃

典型案例：某银行与某 A 公司、某 B 公司、某 C 公司金融借款合同纠纷案

基本案情

（一）案件事实

一审法院认定事实：2017 年 10 月，国民信托与某银行签订信托合同约定：本信托

/信托：指“国民信托津乐 54 号单一资金信托”。受托人/国民信托：指国民信托。委托人：指委托受托人设立本信托并交付信托资金的自然人、法人或依法成立的其他组织。受益人：初始信托受益人为委托人，信托受益权依法按照本信托合同约定转让后，信托受益人为以受让或其他合法方式取得信托受益权的人。委托人：某银行。信托目的：向某 B 公司发放贷款。本信托的名称为“国民信托津乐 54 号单一资金信托”。本信托资金规模预计为不超过300 000 000元。信托资金主要用于发放信托贷款，信托贷款的基本条件为：借款人某 B 公司，贷款期限：贷款不超过 3 年，首期贷款发放满 3 年之对应日为各期贷款的到期日，以贷款实际天数为准，贷款金额总计不超过 3 亿元。贷款利率为：固定利率，为 4.925%/年。受托人应在信托终止后 20 个工作日内做出处理信托事务的清算报告，并向受益人披露。本信托的清算报告不需要聘请会计师事务所进行审计。本信托终止时受托人将根据本合同第 6 条约定将现金信托利益全部划入受益人指定的信托利益分配账户。2017 年 10 月 19 日，国民信托（甲方）与某银行北京分行（乙方）、某 B 公司（丙方）签订《账户监管协议》，约定乙方进行监管的标的为丙方在乙方处开立的监管账户及账户内资金。2017 年 10 月 20 日，国民信托向某银行出具《信托成立通知书》。

国民信托（贷款人、甲方）与某 B 公司（借款人、乙方）于 2017 年 10 月 19 日签订《信托贷款合同》约定，贷款人按委托人的意愿，将委托人交付的信托资金以贷款人的名义向借款人发放。贷款总额不超过300 000 000元。贷款期限为 36 个月。贷款利率为：固定利率，为 4.925%/年。贷款发放日：为贷款资金实际划入乙方贷款账户日，原则上各期贷款资金实际划入乙方贷款账户日与借款借据上记载的划款日应为同一日，如不一致的，贷款发放日以借款借据上记载的划款日为准。各期信托贷款起息日为该期贷款发放日。本合同项下贷款按日计息。各期贷款利息由乙方按自然季度支付，结息日为每自然季度末月 21 日（即 3 月 21 日，6 月 21 日，9 月 21 日，12 月 21 日）及该期贷款到期日，付息日为结息日当日，起息日所在的首个自然季度末月 21 日为贷款利息的第一结息日，若以上任一付息日为非工作日，则顺延至下一工作日。各期贷款利息计算方式：各期贷款每个付息日应付利息 = Σ（各期贷款每日贷款本金存续金额×4.925%/360），“Σ”的计算期间为上一结息日（含）至本次结息日（不含），其中首个计算期间为起息日（含）至相邻的贷款利息的第一个结息日（不含）；最后一个计算期间为相邻的贷款利息上一个结息日（含）至贷款到期日（不含）。乙方一次性还本，乙方应于贷款到期日偿还全部贷款本金。保证人某 C 公司提供连带责任保证担保。如乙方所偿还的款项少于按本合同约定的付款日应付款项总额，各款项按下列次序安排：1. 支付依法或依照本合同约定应付的费用、赔偿金、违约金；2. 支付应付罚息、复利；3. 支付应付利息；4. 支付应付的本金。借款人未按期归还贷款本息构成借款人的违约事件。出现违约事件，贷款人有权停止发放贷款，宣布贷款立即到期，要求借款人立即偿还本合同项下所有贷款本金及按本合同约定的利率及贷款期限计算的贷款利息等；借款人未按期足额偿还本合同项下信托贷款本金或利息（含被贷款人宣布全部或部分贷款提前到期的应付的贷款本金及利息）的，贷款人有权要求借款人限期清偿，并对届时应付而未付的贷款本金自逾期之日起按照逾期罚息利率（按合同年利率上浮 50%，即逾期罚息利率＝年利率×150%）按日计收罚息，直至信托贷款本金归还为止；对届时应付未付的利息按照合同约定的年利率上浮 50% 自逾期之日起按日计收复利，直至应付利息及对应复利全部清偿为止。因借款人的违约行为而提起诉讼/申请仲裁的，贷款人为该项诉讼/仲裁支付的诉讼/仲裁费用、聘请律师等律师费用应由借款人承担。2017 年 10 月 18 日，某 B 公司就上述债务通过股东大会决议。

2017 年 10 月 20 日，国民信托向某 B 公司发放了信托贷款，金额为300 000 000元，到期还款日为 2020 年 10 月 20 日。

2017 年 10 月 19 日，某 C 公司（保证人，乙方）与国民信托（债权人，甲方）签订《保证合同》（合同编号：NT 托字 17-TJ02-054-×××2 号）约定，主合同指甲方与某 B 公司签署的编号为 NT 托字 17-TJ02-054-×××1 号《信托贷款合同》及其附件。本合同项下乙方担保的债务范围包括：债务人在主合同项下应向甲方履行的所有义务、责任，包括但不限于向甲方支付的债务本金、利息、罚息、复利、违约金、赔偿金等；债务人应向甲方支付的其他款项；甲方为实现本合同项下权利及对债务人的权利而发生的费用、支出及损失，包括但不限于诉讼费、律师费、财产保全费、差旅费、通信费、评估费、拍卖费、翻译费、执行费等。本合同项下的保证方式为无条件的、不可撤销的连带责任保证担保。保证期间为本合同生效之日起至所有被担保债务的履行期限届满之日起两年。无论甲方就主合同项下的债权是否拥有其他担保（包括但不限于保证、抵押、质押、保函、备用信用证等担保方式），不论上述其他担保何时成立、是否有效、甲方是否向其他担保人提出权利主张，也不论是否有第三方同意承担主合同项下的全部或部分债务，也不论其他担保是否由债务人自己所提供，不论甲方是否行使或放弃任何一项担保，乙方在本合同项下的担保责任均不因此减免，甲方均可直接要求乙方依照本合同约定在其保证范围内承担保证责任，乙方放弃一切抗辩与异议。2017 年 10 月 18 日，某 C 公司通过股东大会决议，同意承担保证责任。

2017 年 10 月，国民信托（质权人，甲方）与某 A 公司（出质人，乙方）共同签订《股权质押合同》(合同编号：NT 托字 17-TJ02-054-×××3 号）约定，主合同指甲方与某 B 公司签署的编号为 NT 托字 17-TJ02-054-×××1 号《信托贷款合同》及其附件。本合同中所称的质押股权/股份为乙方合法持有并享有处分权的某银行（以下简称“目标公司”）股权/股份及派生权益，乙方为目标公司的合法股东，共计持有目标公司6 000万股股权，对应出资额30 000万元（以下简称“质押股权”）。质押股权派生权益，系指质押股权应得红利及其他收益。本合同项下质押股权的担保范围包括：对《主债权合同》项下债务人应向甲方支付的债务本金、债务利息（包括复利和罚息）和债务人根据《主债权合同》应承担的费用承担担保责任。其中，债务本金金额为：300 000 000元。对因债务人不履行或不完全履行《主债权合同》项下的债务及/或因乙方不履行或不完全履行本合同项下的义务时应向甲方承担的违约金承担担保责任。对因债务人不履行或不完全履行《主债权合同》项下的义务及/或因乙方不履行或不完全履行本合同项下的义务而给甲方造成的全部损失（包括直接损失和间接损失）所应向甲方承担的损害赔偿金承担担保责任。债务人不履行或不完全履行《主债权合同》项下的债务及/或因乙方不履行或不完全履行本合同项下的义务时，对甲方为实现《主债权合同》项下的债权及/或本合同项下的质权而支出的费用（包括但不限于诉讼费用、仲裁费用、公证费、送达费、资产处置费、律师费、差旅费、执行费、保全费、评估费、拍卖费等）承担担保责任。质押自质押登记完成时设立。无论甲方对《主债权合同》项下的债权是否拥有其他担保（包括但不限于保证、抵押、质押、保函、备用信用证等担保方式)，且不论上述其他担保何时成立、是否有效、甲方是否向其他担保人提出权利主张，也不论是否有第三方同意承担《主债权合同》项下的全部或部分债务，也不论其他担保是否由债务人自己所提供，乙方在本合同项下的担保责任均不因此减免，甲方均可直接要求乙方依照本合同约定在其担保范围内承担担保责任，乙方不得提出任何异议。任何一方当事人不履行本合同约定义务的，或者履行本合同约定义务不符合约定的，视为违约，除本合同另有约定外，应当赔偿由此给对方造成的损失。该等损失包括但不限于实际损失、预期损失和甲方为此支付的律师费、交通费和差旅费等。乙方违反本合同任一约定或不履行任何义务的，甲方有权单独或一并行使下述权利：……要求乙方赔偿损失。如果因乙方原因导致质权未有效设立的，应按主合同项下债务本金的3%向甲方支付违约金，如上述违约金不足以弥补甲方损失，乙方应另行赔偿甲方损失。甲方有权要求乙方在本合同约定的担保范围内对担保的债务与债务人承担连带责任。2017 年 10 月 18 日，某 A 公司出具股东大会决议，同意以某 A 公司持有的某银行6 000万股股权为涉案信托贷款提供质押担保。某 A 公司未对前述质押股权办理质押登记。需要说明的是，《股权质押合同》上有某A公司的盖章，但国民信托并未盖章。

2020年4月3日，某银行向国民信托出具《提前终止申请》，写明：鉴于某B公司于2019年3月21日起未按期偿还信托贷款利息，请国民信托于2020年7月8日提前终止本信托。2020年7月9日，国民信托向某银行出具《财产现状分配通知书》，写明：根据2020年4月3日的《提前终止申请》，我司同意本信托于2020年7月8日提前终止。我司于2017年10月20日向某B公司发放了信托贷款。截至本通知发出之日，受托人对于现金类的信托财产，受托人已按照信托合同的约定分配完毕。于本信托终止日，本期信托项下存在如下非现金形式的信托财产：应收贷款本金130 000 000元、应收贷款利息10 048 368.06元、其他，如应收违约金、罚息、复利等。于我司发出本通知书之同日，我司向融资人、担保人发送相关通知。自本通知发出之日，本信托项下非现金形式的信托财产即已向贵方分配完毕，《信托贷款合同》项下债权及全部权利义务于本通知书发出之日转让至某银行名下。2020年8月3日，国民信托出具《国民信托津乐54号单一资金信托清算报告》。

涉案《信托贷款合同》项下信托贷款的发放时间为2017年10月20日，贷款到期日为2020年10月20日，贷款金额为3亿元，利息年利率为4.925%，逾期罚息利率为7.387 5%。某B公司于2018年3月7日提前偿还本金1亿元及相应利息；于2018年5月9日提前偿还本金7 000万元及相应利息。截至贷款到期日2020年10月20日，某B公司尚欠贷款本金1.3亿元，并相应产生罚息。某B公司自2018年12月21日开始欠息，截至2020年10月20日，某B公司欠付期内利息11 897 979.17元，并相应产生复利。某银行为本案支付保全费5 000元。

某银行向一审法院起诉请求判令：1. 某B公司偿还某银行借款本金130 000 000元，利息11 897 979.17元，罚息（计算到实际支付之日止，暂计至2020年11月30日）1 093 760.42元，复利（计算到实际支付之日止，暂计至2020年11月30日）808 489.95元；2. 某C公司对上述某B公司的债务承担连带清偿责任；3. 某A公司对某银行的全部损失承担赔偿责任；4. 某B公司、某C公司、某A公司承担本案诉讼费、财产保全费。

某A公司不服一审判决，上诉请求：1. 撤销北京市××中级人民法院（2021）京××××民初××3号民事判决第三项，并驳回某银行要求某A公司在其持有的某银行6 000万股股权的价值范围内对某B公司欠款向某银行承担赔偿责任的请求；2. 本案所有诉讼费用由某银行承担。

本院补充查明以下事实：受托人国民信托与委托人某银行签订的《信托合同》还有如下约定："4.5.2 委托人/受益人为本信托的风险责任承担主体。信托设立之前的尽职调查由委托人/受益人或其指定第三方自行负责，本信托的设立、信托财产的运用对象、信托财产的管理、运用和处分方式均由委托人/受益人指定，具体详见信托财产管理、运用书面指令。4.5.3 受托人为依据委托人/受益人指令进行事务管理的通道主体，主要承担一般信托事务的执行职责，不承担主动管理职责。受托人仅负责账户管理、清算分配等信托事务。18.1（5）受托人不负有资金监管义务，因借款人违反合同约定使用资金引起的风险由委托人/受益人承担。如信托期间出现影响债权实现的事项，受托人根据委托人指令采取处理措施，但不负有主动管理职责。"

某 A 公司的股权出质登记显示：1. 股权出质设立登记日期为 2017 年 4 月 14 日，出质股权数额为2 500万股，出质股权标的企业为某银行，质权人为某 D 公司；2. 股权出质设立登记日期为 2017 年 5 月 18 日，出质股权数额为2 500万股，出质股权标的企业为某银行，质权人为某 D 公司；3. 股权出质设立登记日期为 2017 年 6 月 2 日，出质股权数额为2 500万股，出质股权标的企业为某银行，质权人为某 D 公司；4. 股权出质设立登记日期为 2017 年 7 月 26 日，出质股权数额为2 000万股，出质股权标的企业为某银行，质权人为某 D 公司；5. 股权出质设立登记日期为 2017 年 8 月 15 日，出质股权数额为2 000万股，出质股权标的企业为某银行，质权人为某 D 公司；6. 股权出质设立登记日期为 2017 年 8 月 29 日，出质股权数额为2 000万股，出质股权标的企业为某银行，质权人为某 D 公司；7. 股权出质设立登记日期为 2017 年 9 月 6 日，出质股权数额为2 000万股，出质股权标的企业为某银行，质权人为某 D 公司；8. 股权出质设立登记日期为 2017 年 10 月 13 日，出质股权数额为1 200万股，出质股权标的企业为某银行，质权人为某 E 公司；9. 股权出质设立登记日期为 2017 年 11 月 7 日，出质股权数额为1 200万股，出质股权标的企业为某银行，质权人为某 D 公司；10. 股权出质设立登记日期为 2017 年 11 月 13 日，出质股权数额为2 000万股，出质股权标的企业为某银行，质权人为某 E 公司；11. 股权出质设立登记日期为 2017 年 11 月 21 日，出质股权数额为 800 万股，出质股权标的企业为某银行，质权人为某 D 公司；12. 股权出质设立登记日期为 2017 年 11 月 22 日，出质股权数额为2 000万股，出质股权标的企业为某银行，质权人为某 E 公司。

（2019）鲁××××民初××9 号民事判决中，原告为某银行烟台经济技术开发区支行，被告包括某 A 公司和某 D 公司。某银行烟台经济技术开发区支行与某 A 公司签订借款合同的时间是 2017 年 11 月 6 日，某 D 公司与某银行烟台经济技术开发区支行签订《保证合同》的时间是 2017 年 11 月 3 日。某 A 公司被判决偿还借款本息，某 D 公司承担连带保证责任。

2017 年 11 月 6 日某 A 公司与某 D 公司签订的《股权质押反担保合同》，其中约定：某 A 公司与某银行烟台经济技术开发区支行签订了《借款合同》，某 D 公司与某银行烟台经济技术开发区支行签订了《保证合同》。为保障某 D 公司权益，某 A 公司同意以其持有的某银行的股份质押给某 D 公司，作为某 D 公司为某 A 公司提供保证担保的反担保。某 A 公司提供的质物是某 A 公司持有某银行1 200万股的股份。

2017 年 11 月 7 日，某银行向烟台市工商行政管理局出具《股权无质押、无转让、无冻结证明》，其中载明：某 A 公司在某银行持有24 224.5542万股股份。该笔业务中涉及的1 200万股股权无质押、无转让、无冻结等情况。

（2019）鲁××××民初××50 号民事判决中，原告为某银行烟台经济技术开发区支行，被告为某 F 公司、某 A 公司和某 E 公司。某 F 公司与某银行烟台经济技术开发区支行签订借款合同的时间是 2017 年 9 月 21 日，某 A 公司与某银行烟台经济技术开发区支行签订《保证合同》的时间是 2017 年 9 月 21 日，某 E 公司与某银行烟台经济技术开发区支行签订《保证合同》的时间是 2017 年 10 月 11 日。该案中，某 A 公司和某 E 公司均被判决承担连带保证责任。

2017 年 11 月 13 日，某 A 公司与某 E 公司签订的《股权质押反担保合同》，其中约定：某 F 公司与某银行烟台经济技术开发区支行签订了借款合同。某 F 公司委托某 E 公司为借款合同提供连带责任保证担保，某 E 公司与某 F 公司签订了《委托担保合同》。某 E 公司与某银行烟台经济技术开发区支行签订了《保证合同》。为保障某 E 公司权益，某 A 公司同意以其持有的某银行的股份质押给某 E 公司，作为某 E 公司为某 F 公司提供保证担保的反担保。某 A 公司提供的质物是某 A 公司持有某银行2 000万股的股份。

2017 年 11 月 13 日，某银行向烟台市工商行政管理局出具《股权无质押、无转让、无冻结证明》，其中载明：某 A 公司在某银行持有24 224.5542万股股份。该笔业务中涉及的2 000万股股权无质押、无转让、无冻结等情况。

（2019）鲁××××民初××51 号民事判决中，原告为某银行烟台经济技术开发区支行，被告为某 F 公司、某 A 公司和某 E 公司。某 F 公司与某银行烟台经济技术开发区支行签订借款合同的时间是 2017 年 9 月 21 日，某 A 公司与某银行烟台经济技术开发区支行签订《保证合同》的时间是 2017 年 9 月 21 日，某 E 公司与某银行烟台经济技术开发区支行签订《保证合同》的时间是 2017 年 10 月 11 日。该案中，某 A 公司和某E公司均被判决承担连带保证责任。

2017年11月22日，某A公司与某E公司签订的《股权质押反担保合同》，其中约定：某F公司与某银行烟台经济技术开发区支行签订了借款合同。某F公司委托某E公司为借款合同提供连带责任保证担保，某E公司与某F公司签订了委托担保合同。某E公司与某银行烟台经济技术开发区支行签订了保证合同。为保障某E公司权益，某A公司同意以其持有的某银行的股份质押给某E公司，作为某E公司为某F公司提供保证担保的反担保。某A公司提供的质物是某A公司持有某银行2 000万股的股份。

2017年11月2日，某银行向烟台市工商行政管理局出具《股权无质押、无转让、无冻结证明》，其中载明：某A公司在某银行持有24 224.5542万股股份。该笔业务中涉及的2 000万股股权无质押、无转让、无冻结等情况。

某A公司还提交了一份未签署日期的《股权质押反担保合同》，该合同由某A公司与某D公司签订，其中约定：某C公司与某银行龙口（分）支行签订了借款合同，某C公司委托某D公司为上述借款合同提供连带责任保证担保，某D公司与某C公司签订了委托担保合同。某D公司与某银行龙口（分）支行签订了保证合同。为保障某D公司权益，某A公司同意以其持有的某银行的股份质押给某D公司，作为某D公司为某C公司提供保证担保的反担保。某A公司提供的质物是某A公司持有某银行800万股的股份。

2017年11月21日，某银行向烟台市工商行政管理局出具《股权无质押、无转让、无冻结证明》，其中载明：某A公司在某银行持有24 224.5542万股股权。该笔业务中涉及的800万股股权无质押、无转让、无冻结等情况。

某银行和某A公司确认，截至2017年10月18日，某A公司持有某银行股份中有7 524万股没有被质押。

（二）审判结果

北京市××中级人民法院（2021）京××××民初××3号民事判决：1. 某B公司于判决生效后十日内偿还某银行本金130 000 000元、期内利息11 897 979.17元、罚息、复利及保全费5 000元（罚息：自2020年10月21日至款项实际付清之日止，以本金130 000 000元为基数，按年利率7.3875%的标准计算；复利：自2019年3月21日起至2020年10月20日止，按年利率7.3875%的标准，对尚欠利息11 897 979.17元按季分段计收复利，自2020年10月21日起至款项实际付清之日止，以尚欠利息11 897 979.17元为基数，按照年利率7.3875%的标准计算复利），其中日利率为年利率除以 360 天；2. 某 C 公司对判决第 1 项确定的债务承担连带保证责任；3. 某 A 公司在其持有的某银行6 000万股股份的价值范围内，对判决第 1 项确定的债务向某银行承担赔偿责任；4. 某 C 公司在承担连带保证责任后，有权在承担保证责任范围内向某 B 公司追偿。

一审判决后，某公司不服上诉。2021 年 12 月 31 日，北京市高级人民法院作出（2021）京××民终××8 号民事判决：1. 维持北京市××中级人民法院（2021）京××××民初××3 号民事判决第一项、第二项、第四项；2. 撤销北京市××中级人民法院（2021）京××××民初××3 号民事判决第三项；3. 驳回某银行的其他诉讼请求。

（三）裁判理由

法院生效判决认为：本案中，某 A 公司在《股权质押合同》上加盖公章后，已将合同交给国民信托。国民信托作为专业金融机构，持有某 A 公司加盖公章的《股权质押合同》后，直至本案纠纷发生，既未在合同上加盖公章，亦未办理相关质押登记。某银行虽然主张，某 A 公司在股权质押合同上加盖公章后，在等待国民信托用印期间，将持有的某银行的股权陆续质押给案外人。上述行为的直接后果是某 A 公司不能向国民信托提供《股权质押合同》约定的足额股份进行质押并办理质押登记。但某 A 公司提交了三份山东省××中级人民法院作出的民事判决以及相关股权质押反担保合同，证明某银行对于某 A 公司将其持有的某银行的股份质押给案外人是知晓的。本院认为，依据《信托合同》的约定，案涉信托的设立、信托财产的运用对象、信托财产的管理、运用和处分方式均由委托人也就是某银行指定。作为受托人的国民信托是依据委托人某银行的指令进行事务管理的通道主体，承担一般信托事务的执行职责，不承担主动管理职责。故虽然《股权质押合同》的签订方为国民信托和某 A 公司，但实际的权利义务主体应为某银行和某 A 公司。某 A 公司在股权质押合同上加盖公章后，虽然将所持某银行的股权陆续质押给案外人，但是依据本院查明的事实，案外人均系为某银行的分支机构提供担保，某 A 公司则为案外人提供反担保。对于某 A 公司将其持有的某银行的股份质押给案外人，某银行是明知也是同意的。据此，某银行对于某 A 公司将其持有的该行股份质押给案外人后不能继续提供《股权质押合同》约定的足额股份进行质押，亦应当是明知的。在此情况下，某银行仍然同意某 A 公司将其持有的该行股份质押给案外人，应当视为其对于在本案中担保权利的放弃。综上，本院认为，对于案涉质权未能设立，不能归责于某 A 公司。某银行据此对某 A 公司提出的诉讼请求，缺乏事实和法律依据，亦有失诚信原则，本院不予支持。

案例评析

（一）裁判要旨

金融借款合同中贷款人对其股东将所持有的贷款人的股份质押给案外人的事实是明知且同意的情况下，应当视为贷款人对该股东无法以足额的股份为自己提供担保机会的认可，即放弃以该股份提供的担保。

（二）典型意义

单务合同是指只有一方当事人承担给付义务或者双方的义务不具有对待给付关系的合同。质押合同是质权人与出质人签订的担保性质的合同。质押合同系单务合同，只要出质人向质权人提供具有质押的意思的合同，则质押合同成立，在其内容不违反法律法规的情形下，即生效。权利质押合同属于质押合同的一种，成立即生效，但权利质权成立与否取决于是否办理登记。权利质押合同成立并生效后，因未登记而导致质权没有设立，则根据质押合同的内容确认出质人和质权人的权利和义务。如果是出质人未办理案涉股权质押登记导致质权不成立，该违约行为使得质权人在质押财产价值范围内丧失优先受偿的权利，则出质人应在质押财产价值范围内向质权人承担违约损害赔偿责任。反之，则不然。

本案中，某A公司不仅在质押合同上加盖公章，同时出具股东会决议表明同意承担质押担保，尽管质权人国民信托未在质押合同上加盖公章，根据质押合同的单务性，这并不影响涉案股权质押合同的成立。故《股权质押合同》成立且已生效，但股权质押未办理登记，质押权并未成立。根据上述一般理论，如是某A公司的原因致质权没有设立，则应由其在质押财产价值范围内向质权人承担违约损害赔偿责任。根据法庭查明，某A公司在股权质押合同上加盖公章后，虽然将所持某银行的股权陆续质押给案外人，但案外人均系为某银行的分支机构提供担保，某A公司则为案外人提供反担保。对于某A公司将其持有的某银行的股份质押给案外人，某银行是明知也是同意的。因此，某银行对于某A公司将其持有的该行股份质押给案外人后不能继续提供《股权质押合同》约定的足额股份进行质押，亦应当是明知的。在此情况下，某银行既未办理质押登记，又仍然同意某A公司将其持有的该行股份质押给案外人，应当视为其对于在本案中担保权利的放弃。故，对于案涉质权未能设立，不能归责于某A公司。遂作出驳回对某A公司承担担保责任的诉讼请求。

在担保合同中，被担保债权的债权人明知且同意担保人处置担保物，则视为对担保物及其物上权利的放弃。本案的意义在于在信托合同中，委托人虽不是担保合同的当事人，但案涉信托的设立、信托财产的运用对象、信托财产的管理、运用和处分方式均由委托人也就是某银行指定。作为受托人的国民信托是依据委托人某银行的指令进行事务管理的通道主体，承担一般信托事务的执行职责，不承担主动管理职责。虽然《股权质押合同》的签订方为国民信托和某A公司，但实际的权利义务主体应为某银行和某A公司。委托人某银行对担保物的放弃行为，对某A公司产生法律效力。

拓展思考

（一）依托和委托合同的概念

信托是指委托人基于对受托人的信任，将其财产权委托给受托人，由受托人按委托人的意愿以自己的名义，为受益人的利益或特定目的，进行管理和处分的行为。信托是一种理财方式，也是一种特殊的财产管理制度和法律行为，同时又是一种金融制度；与银行、保险、证券一起构成了现代金融体系。

信托业务是由委托人依照契约或遗嘱的规定，为自己或第三者（即受益人）的利益，将财产上的权利转给受托人（自然人或法人），受托人按规定条件和范围，占有、管理、使用信托财产，并处理其收益。

信托业务是一种以信用为基础的法律行为，一般涉及三方面当事人，即投入信用的委托人，受信于人的受托人，以及受益于人的受益人。

委托合同是指委托人和受托人约定，由受托人处理委托人事务的合同。受托人以委托人的名义为委托人办理委托事务，而委托人则按约支付报酬的协议。委托人可以特别委托受托人处理一项或者数项事务，也可以概括委托受托人处理一切事务。

（二）信托和委托合同的区别

1. 涉及的当事人数量：信托合同涉及的当事人是多方的，至少有委托人、受托人、受益人三方。而委托合同则相对简单，仅有委托人（或被委托人）与受托人（或代理人）双方。

2. 财产的所有权变化：在信托中，委托人将财产转移给受托人，受托人成为财产的名义所有者。而委托合同中，财产的所有权并未发生变化，受托人仅是代理委托人处理相关事务。

3. 对财产的控制程度：在信托中，受托人需要对财产进行全面的管理，涉及的金融、投资等操作都需遵守法律法规的规定。而在委托合同中，受托人的管理权限相对较小，通常仅限于代理委托人处理特定事务。

4. 涉及的权限：信托合同中，受托人在法律规定的范围内拥有广泛的权利，可以对财产进行管理和处置。而委托合同中，受托人的权利范围通常由双方约定，可以根据具体事项来设定权限。

（编者：张永红）

八、上市公司财务造假逃避退市的责任承担

典型案例：＊ST 新亿信息披露违法违规案

基本案情

（一）基本事实

1. 虚增保理业务营业外收入。2019 年 12 月上旬，A 公司法定代表人刘某龄代表 B 公司与 C 保理公司方尤某才接洽，介绍了＊ST 新亿（原上交所上市公司，＊ST 代表“退市风险警示”）委托 B 公司代为处理相关债务催收事宜的情况，并出具了相关委托书、法院判决书等资料，希望能与 C 保理公司合作。经商议，B 公司与 C 保理公司签署了保理合同。C 保理公司与 B 公司签署上述保理合同并非真实受让合同中的标的债权，C 保理公司不承担实际付款义务也不负责债务催收，首期保理资金由＊ST 新亿安排，并在收到后立即转出，该笔保理资金起源于 A 公司，经过 D 公司等数次周转后，又流回 A 公司，＊ST 新亿实际并未收到任何保理资金，该保理业务为虚假交易。＊ST 新亿上述行为，导致 2019 年年度报告虚增营业外收入7 590万元，虚增利润7 590万元。

2. 虚增贸易收入。＊ST 新亿子公司 E 公司与 D 商贸签订《工矿产品订货合同》，约定 E 公司向 D 商贸销售铁精矿。同日，E 公司与 G 投资签订《工矿产品订货合同》，约定 E 公司向 F 投资采购铁精矿。经查明，＊ST 新亿实际控制人黄某的好友贺某，是 D 商贸的实际控制人及 F 投资的股东。E 公司在与 D 商贸、F 投资的贸易业务过程中，未取得铁精矿控制权，不承担风险和享有收益，相关资金在 D 商贸、E 公司、F 投资之间循环形成闭环，经济利益未流入 E 公司，与 D 商贸的销售合同不具有商业实质，不

符合会计准则收入确认条件。＊ST 新亿上述行为，导致 2018 年年度报告虚增营业收入 1 338.54万元、虚增利润 129.11 万元；2019 年年度报告虚增营业收入 212.66 万元、虚减利润 24.88 万元。

3. 虚增物业费收入。＊ST 新亿子公司 G 公司委托＊ST 新亿孙公司 H 公司为喀什某市场提供物业管理服务，H 公司与喀什 I 物业服务有限公司（以下简称“I 公司”）协议约定 2019 年度某市场物业由 I 公司代 H 公司经营管理，物业费由 I 公司代收，收入归 H 公司所有，物业收入发票由 I 公司直接向商户开具。

经查明，H 公司于 2019 年 8 月设立，2019 年 11 月才具有某市场的物业管理权，此前无权委托 I 公司代管某市场。2019 年某市场的收入和成本实际由 I 公司确认，且截至审计报告出具日未将 2019 年物业费划转至 H 公司。H 公司不符合会计准则收入确认条件。＊ST 新亿上述行为，导致 2019 年年度报告虚增营业收入 229.70 万元，虚增利润 229.70 万元。

4. 虚增租金抵账收入。新疆 J 置业有限公司（以下简称“J 公司”）与 G 公司、＊ST 新亿三方签署了《租金抵账协议》，协议约定＊ST 新亿子公司 G 公司将位于喀什某市场内的房产出租给 J 公司，以抵偿＊ST 新亿欠 J 公司的款项。租期一年，年租金金额为1 364 974元，租金支付方式为抵偿＊ST 新亿欠 J 公司的款项。协议签订后变为＊ST 新亿欠 G 公司1 364 974元。租期届满后，G 公司向 J 公司开具房屋租赁发票。

经查明，《租金抵账协议》为 2020 年审计期间倒签，协议只约定了租赁房产的面积，未约定租赁房产的其他具体信息。J 公司既未实际承租，也未对房产进行管理转租或收到转租租金，相关债务并未抵销。协议未实际履行，相关房产的出租、使用权利仍在 G 公司，不符合收入确认条件。＊ST 新亿上述行为，导致 2019 年年度报告虚增营业收入 130 万元，虚增利润 130 万元。

5. 重大遗漏。G 公司与喀什市自然资源局签署《喀什市某市场用地规划调整开发协议》，约定如 G 公司未在 2020 年 8 月 24 日前将喀什某市场拆除完毕，视为 G 公司放弃开发，喀什市自然资源局收回土地使用权；如 G 公司原产权证书办理了抵押手续，应该在 2020 年 7 月 20 日内办理解抵押手续。＊ST 新亿未及时披露该事项。

证监会经调查、取证、审理后认为，＊ST 新亿未按规定履行信息披露义务且存在重大遗漏；其实控人、法定代表人未勤勉尽责，是上述信息披露违法行为其他直接责任人员。

（二）处罚结果

中国证监会于 2022 年 2 月 8 日作出（2022）××号处罚决定书：1. 对＊ST 新亿

给予警告，并处以 800 万元的罚款；2. 对黄某给予警告，并处以1 200万元的罚款（作为直接负责的主管人员罚款 400 万元，作为＊ST 新亿实际控制人罚款 800 万元）；3. 对李某给予警告，并处以 300 万元的罚款。

（三）处罚依据

证监会认为，＊ST 新亿的上述行为违反了 2005 年《中华人民共和国证券法》第六十三条和第七十八条第二款的规定，构成了 2005 年《中华人民共和国证券法》第一百九十三条第一款所述“发行人、上市公司或者其他信息披露义务人未按照规定披露信息，或者披露的信息有虚假记载、误导性陈述或者重大遗漏”、2005 年《中华人民共和国证券法》第一百九十七条第二款所述“信息披露义务人报送的报告或者披露的信息有虚假记载、误导性陈述或者重大遗漏”的情形。

依据 2005 年《中华人民共和国证券法》第六十八条第三款和第八十二条第三款、《信息披露违法行为行政责任认定规则》第十五条的规定，黄某作为＊ST 新亿时任董事长、财务总监、董事会秘书，负责公司的全面管理工作，决策并组织实施了＊ST 新亿上述信息披露违法行为，是上述违法行为直接负责的主管人员；李某作为＊ST 新亿时任监事、子公司 E 公司法定代表人，负责＊ST 新亿监事会相关工作、E 公司日常经营管理工作（包括公章管理），知悉并参与了 E 公司与 D 商贸、F 投资的铁精粉贸易事项，知悉保理业务、租金抵账协议事项，未勤勉尽责，是上述信息披露违法行为其他直接责任人员。

同时，＊ST 新亿实际控制人黄某通过多种手段组织、授意、指使＊ST 新亿实施信息披露违法行为，其行为已构成 2005 年《中华人民共和国证券法》第一百九十三条第三款、《证券法》第一百九十七条第二款所述的情形。

案例评析

（一）案件要旨

上市公司属于《证券法》第七十八条第一款所规定的信息披露义务人，理应按照《证券法》第七十八条第二款之规定履行披露义务，若披露义务人为达到自身其他目的而进行虚假披露的，则构成违法违规披露，将受到监管部门的惩处。

（二）典型意义

本案是一起上市公司财务造假、规避退市的典型案例。信息披露义务人通过虚增保理业务营业外收入等方式虚增利润，连续两年财务报告严重失实，财务指标触及退市标准。在处罚原则上，监管部门严格执行退市制度，坚决打击以财务造假为手段规避退市的行为，促进形成优胜劣汰的良好市场生态，展现了监管部门的整治决心。

从瑞幸财务造假到乐视网被处罚，再到证券市场的注册制改革，信息披露对于发行人及相关义务人而言，是对自身业务运营的督促、一种自我监管；对于广大投资者而言，是了解发行人经营状况、防范风险与实现自身利益保护的措施。上市公司合法合规进行信息披露，已成为注册制实行后重要的监管抓手。

1. 信息披露义务主体的范围

根据《证券法》第七十八条“发行人及法律、行政法规和国务院证券监督管理机构规定的其他信息披露义务人，应当及时依法履行信息披露义务”规定，“发行人、其他信息披露义务人”代替了旧法中的“发行人、上市公司”，结合《证券法》第八十条、第八十二条等规定，除上市公司和发行人（含上市公司、公司债券上市交易的公司等）外，控股股东、实际控制人、董事、监事、高管人员等相关责任主体也被纳入信息披露义务人的范围，进一步扩大了对信息披露主体的覆盖范围，说明我国证券市场信息披露监管进入“大一统、无死角”的时代。

本案中，黄某作为 * ST 新亿董事长、董事会秘书、财务总监、实际控制人，李某作为 * ST 新亿的监事的高级管理人员，属于信息披露义务人。

2. 上述信息披露义务人应对信息披露内容负责

信息披露义务人应当保证其所披露的信息真实、准确、完整，否则应当承担相应责任。《证券法》第七十八条规定：“信息披露义务人披露的信息，应当真实、准确、完整，简明清晰，通俗易懂，不得有虚假记载、误导性陈述或者重大遗漏。”第八十二条规定：“发行人的董事、高级管理人员应当对证券发行文件和定期报告签署书面确认意见。发行人的监事会应当对董事会编制的证券发行文件和定期报告进行审核并提出书面审核意见。监事应当签署书面确认意见。发行人的董事、监事和高级管理人员应当保证发行人及时、公平地披露信息，所披露的信息真实、准确、完整。”

本案中，黄某、李某作为信息披露义务人，明知财务报告造假仍然签字并披露，通过多种手段组织、授意、指使 * ST 新亿实施信息披露违法行为，违反法律规定，未尽勤勉义务，违背应尽的职责。

3. 违反信息披露义务应承担责任

（1）行政责任。依据《证券法》第一百九十七条规定，结合行为的过错程度、造成的影响等，对信息披露义务人以及直接负责的主管人员、直接责任人员，给予警告，并处以不同数额的罚款。

（2）刑事责任。依据《刑法》第一百六十一条规定，如果违反信息披露义务的行为已经严重损害股东或其他人利益，或有其他严重情节，对直接负责的主管人员和其他直接责任人员、控股股东、实际控制人，有可能被处以违规披露、不披露重要信息罪。

（3）民事责任。依据《证券法》《最高人民法院关于审理证券市场因虚假陈述引发的民事赔偿案件的若干规定》等规定，因违反信息披露义务给投资者造成损失的，应当依法承担赔偿责任。

拓展思考

本案从财务报告虚假记载违法事实方面来看，具有造假手段多样、隐蔽性强的特点，经过20余笔转账，在4家公司账户中往来，足见其造假手段具有隐蔽性的特点。但即便如此隐蔽复杂，最终仍被监管机构查处，充分体现了监管部门对严重扰乱市场秩序、触及退市情形的公司，做到“应退尽退”；同时针对信息披露义务人的违法违规披露信息，损害投资者利益的行为坚决从严从重处罚。将持续畅通市场出口，促进形成优胜劣汰的市场机制，推动提高上市公司质量，保护投资者合法权益。

（编者：宋　晓）

九、控股股东利用下属企业违规担保、占用资金、侵害上市公司利益的责任承担

典型案例：A控股公司等公司信息披露违法违规系列案

基本案情

（一）基本事实

B集团有限公司（以下简称“B集团”）通过“B集团-事业部/产业集团-单体公司”三层管理结构实际管理下属公司。在财务上施行全集团一体化、垂直化、三层式控制及管理；在资金上施行现金流一体化管理，资金由B集团统一调拨。海南A控股股份有限公司（以下简称“A控股公司”）属于前述“单体公司”，在财务资金管控方面缺乏独立性，其与相关关联方的资金往来、签署对外担保合同等，均在B集团

组织及操控下完成。由此导致 A 控股公司未按规定披露非经营性关联交易和关联担保。

根据相关工商资料、法院民事裁定书、公告及相关当事人的询问笔录，C 航空公司等 64 家企业和 B 集团、A 控股公司之间关系符合《中华人民共和国公司法（2018 年修正本）》（本书以下简称《公司法》）第二百一十六条、2007 年发布的《上市公司信息披露管理办法》第七十一条和《企业会计准则第 36 号—关联方披露》第三条规定的情形，即 B 集团、C 航空公司等 65 家公司构成 A 控股公司的关联方。

2018 年至 2020 年期间，A 控股公司与 B 集团等 65 家关联企业发生非经营性关联交易2 849笔，金额合计1 652. 15亿元，其中资金拆借为1 384. 57亿元、对外担保资金扣划 184. 79 亿元、放弃债权 74. 79 亿元、承担债务 8 亿元。上述关联交易是在 B 集团的要求和安排下发生的，均没有商业实质，属于非经营性关联交易，构成资金占用，且上述关联交易均未按照规定及时披露。

2018 年至 2020 年期间的半年报与年报均存在未披露的非经营性关联交易与关联担保，构成重大遗漏。该期间内，A 控股公司还存在未及时披露关联担保 197 笔，担保金额合计 395. 73 亿元。

2020 年 12 月 31 日，B 集团等 65 家关联企业占用 A 控股公司资金余额 372. 78 亿元。至 2021 年 1 月 30 日，A 控股公司自查报告披露资金占用余额为 380. 22 亿元，担保 96 笔 276. 57 亿元。2021 年 12 月 31 日，海南省高级人民法院裁定破产重整计划执行完毕，A 控股公司被违规占用资金余额 393. 01 亿元，关联担保承担债务 60. 12 亿元。2022 年 1 月 20 日，A 控股公司公告海南省高级人民法院裁定 A 控股公司因违规担保承担 56. 78 亿元债务。

（二）处罚结果

中国证监会于 2022 年 8 月 25 日作出（2022）××号处罚决定书：针对 2018 年 1 月至 2020 年 6 月的相关违法行为，根据《证券法》第一百九十七条的规定，我会决定：1. 对海南 A 控股股份有限公司给予警告，并处以 200 万元罚款；2. 对徐某给予警告，并处以 70 万元罚款；3. 对刘某精、陈某、张某刚、马某敏、李某峰、张某清、赵某刚、萧某给予警告，并分别处以 50 万元罚款。

针对 2020 年 7 月至 12 月的相关违法行为，根据《证券法》第一百九十七条的规定，我会决定：1. 对海南 A 控股股份有限公司给予警告，并处以 100 万元罚款；2. 对徐某给予警告，并处以 30 万元罚款；3. 对刘某精、李某峰、张某清给予警告，并分别处以 20 万元罚款。

针对谢某明、孙某的违法行为，根据2005年《中华人民共和国证券法》第一百九十三条的规定，我会决定：1. 对谢某明给予警告，并处以25万元罚款；2. 对孙某给予警告，并处以20万元罚款。

（三）处罚依据

证监会认为，A控股公司上述行为违反了2005年《中华人民共和国证券法》第六十三条和《证券法》第七十八条的规定，构成了2005年《中华人民共和国证券法》第一百九十三条所述“发行人、上市公司或者其他信息披露义务人未按照规定披露信息，或者所披露的信息有虚假记载、误导性陈述或者重大遗漏”，《证券法》第一百九十七条所述“信息披露义务人未按照本法规定报送有关报告或者履行信息披露义务”和《证券法》第一百九十七条所述“信息披露义务人报送的报告或者披露的信息有虚假记载、误导性陈述或者重大遗漏”的违法行为。

A控股公司涉案期间有关董事、监事、高级管理人员违反2005年《中华人民共和国证券法》第六十八条和第八十二条的规定，构成2005年《中华人民共和国证券法》第一百九十三条和《证券法》第一百九十七条所述“直接负责的主管人员和其他直接责任人员”。

案例评析

（一）案例要旨

根据《公司法》第二百一十六条、《上市公司信息披露管理办法》第六十二条和《企业会计准则第36号——关联方披露》第三条规定的情形认为属于关联方的，同时与关联方的交易往来出现《证券法》第八十一条规定的重大情况时，应当按照《证券法》第七十八条之规定及时履行披露义务，否则将构成违法违规披露。

（二）典型意义

本案是一起控股股东侵害上市公司利益的典型案例。控股股东利用直接或间接控制的下属公司通过非经营性关联交易与关联担保为控股股东提供资金，致使巨额资金占用，严重损害上市公司利益。

关联交易是上市公司常见的交易行为，我国的法律法规并不禁止关联交易，但是上市公司的关联交易行为应当合法合规，履行必要的决策程序，并按照规定进行披露。

本案的处罚结果表明，监管部门从严惩治利用关联交易违规提供担保、占用资金等损害上市公司利益的行为，切实保护中小股东合法权益。

1. 关联交易的信息披露机制

关联交易在公司经营活动中日益普遍，这些交易可能涉及资源配置、资金流动、财务关系等方面，对公司的经营状况和利益分配产生重要影响。为了维护市场公平竞争，亦为了保护中小股东和投资者的合法权益，关联交易的信息披露机制显得尤为重要。

这一机制有助于提高公司的透明度和规范度，投资者和监管机构可以了解关联交易具体情况，进而判断是否存在受益人损害、利益输送等不当行为，增强市场参与者的信心，提高市场的效率。通过披露交易内容、金额等信息，可以让公司在进行关联交易时更加谨慎，避免出现不当行为，促进市场的公正竞争。交易各方可以及时发现和评估潜在的风险因素，采取相应的风险控制措施，减少关联交易带来的风险。投资者也可以根据披露信息对风险状况进行评估，从而作出更明智的投资决策。

2. 对于关联方与关联交易的认定

关联方与关联交易作为上市公司信息披露内容中的重要内容，有着严格确切的认定标准。

首先，《公司法》第二百一十六条对关联关系进行界定，公司的控股股东、实际控制人、董事、监事、高级管理人员与其直接或者间接控制的企业之间的关系，以及可能导致公司利益转移的其他关系为关联关系。

其次，《上市公司信息披露管理办法》认定的关联方包括关联法人与关联自然人。关联法人的情形有：(1) 直接或者间接地控制上市公司的法人（或者其他组织）；(2) 由前项所述法人（或者其他组织）直接或者间接控制的除上市公司及其控股子公司以外的法人（或者其他组织）；(3) 关联自然人直接或者间接控制的，或者担任董事、高级管理人员的，除上市公司及其控股子公司以外的法人（或者其他组织）；(4) 持有上市公司5%以上股份的法人（或者其他组织）及其一致行动人；(5) 在过去十二个月内或者根据相关协议安排在未来十二个月内，存在上述情形之一的；(6) 中国证监会、证券交易所或者上市公司根据实质重于形式的原则认定的其他与上市公司有特殊关系的，可能或者已经造成上市公司对其利益倾斜的法人（或者其他组织）。关联自然人的情形有：(1) 直接或者间接持有上市公司5%以上股份的自然人；(2) 上市公司董事、监事及高级管理人员；(3) 直接或者间接地控制上市公司的法人的董事、监事及高级管理人员；(4) 上述 (1) (2) 项所述人士的关系密切的家庭成员，包括配偶、父母、年满十八周岁的子女及其配偶、兄弟姐妹及其配偶，配偶的父母、兄弟姐妹，子女配偶的父母；(5) 在过去十二个月内或者根据相关协议安排在未来十二个月内，存在上述情形之一的；(6) 中国证监会、证券交易所或者上市公司根据实质重于形式的原则认定的其他与上市公司有特殊关系，可能或者已经造成上市公司对其利益倾斜的自然人。

最后，上市公司的关联交易是指上市公司或者其控股子公司与上市公司的上述关联方之间发生的转移资源或者义务的事项。

3. 符合标准的关联交易须及时进行披露

各证券交易所对于不同类型的关联交易，制定具体的披露及审议标准，满足必须披露的标准后，信息披露义务人应当严格按照《证券法》的相关规定履行披露义务。同时，保证所披露的信息真实、准确、完整，简明清晰，通俗易懂，不得有虚假记载、误导性陈述或者重大遗漏，否则应当承担相应责任。

拓展思考

信息披露义务人在与法律法规认定的关联方发生相关交易时，应当严格按照《证券法》的规定及时披露相关信息，并在定期的半年报、年报中同步披露，因未及时披露导致投资者产生损失的，除监管部门处罚外，还将会受到投资者索赔。上市公司信息披露是连接上市公司与投资者最重要的环节，是投资者了解上市公司治理结构、财务状况及经营管理的主要渠道，对投资者决策意义重大。

（编者：宋　晓）

十、上市公司审计机构违反独立性要求的责任承担

典型案例：深圳 A 会计师事务所未勤勉尽责案

基本案情

（一）基本事实

＊ST 新亿 2018 年财务报告被其他会计师事务所出具了无法表示意见的审计报告。2020 年 3 月（2019 年年报披露截止日前夕），＊ST 新亿更换会计师事务所为深圳 A 会计师事务所（以下简称“A 所”），双方签订《业务约定书》《审计业务补充约定书》《业务约定书》约定 A 所负责对＊ST 新亿 2018 年、2019 年年度财务报表及＊ST 新亿

子公司B公司2018年净资产、2019年年度财务报表进行审计。《审计业务补充约定书》中，A所承诺不再对＊ST新亿2019年度财务报表的审计报告中出具“无法表示意见”或“否定意见”，并要求如发生被监管部门处罚的情形，＊ST新亿应给予补偿。而后A所对＊ST新亿2018年和2019年年度财务报表出具了带保留意见的审计报告，对B公司2018年净资产审计和2019年财务报表出具了标准意见审计报告。

A所起初对B公司2018年净资产审计报告出具保留意见，但在＊ST新亿时任董事长等施压下，在未执行进一步审计程序以消除保留意见产生基础的情况下，更改审计报告审计意见类型；按照＊ST新亿时任董事长等的授意，不予披露B公司核心项目的关键协议核心条款，并删除审计报告中相应内容，违规修改审计报告内容，导致审计报告存在虚假记载和重大遗漏；协助B公司倒签租金抵账协议等，未对财务舞弊迹象进一步实施审计程序，出具虚假审计报告。＊ST新亿的相关方复核审计报告，A所根据复核意见修改审计报告，审计独立性严重缺失。A所执业＊ST新亿本次审计工作的费用约为120万元，占＊ST新亿2019年总营收的10%。

（二）处罚结果

中国证监会于2022年2月25日作出（2022）××号处罚决定：1. 对深圳A会计师事务所责令改正，没收深圳A会计师事务所业务收入1 970 297.01元，处以11 821 782.06元的罚款，并暂停从事证券服务业务1年；2. 对吴某堂给予警告，并处以100万元的罚款；3. 对刘某斌给予警告，并处以50万元的罚款；4. 对刘某辉给予警告，并处以30万元的罚款。

（三）处罚依据

证监会认为，其一，刘某辉在微信中与吴某堂就签订补充业务约定书的实质内容进行了商讨，具体情形为：刘某辉于2020年3月17日向吴某堂发送了监管处罚的相关文件“监管信息整理”，吴某堂回复“谢谢！这个会对事务所和注册会计师罚款吗?”，3月19日双方对会计师事务所受到罚款后赔偿金额进行讨价还价，吴某堂初稿中原对会计师事务所受到罚款赔偿金额是100万元，刘某辉还价“还是50吧”，吴某堂回复“没考虑民事诉讼损失”“好”，刘某辉回复吴某堂“这个不可能发生”“因为非标意见”，吴某堂继续问“股民告呢”，刘某辉继续回复“这个不可能发生”“门槛很高”，吴某堂最终要求在业务约定书补充协议中加上“以及法律诉讼损失”，刘某辉回复“OK”；其二，在审计期间，A所原拟签字会计师准备对B公司2018年净资产出具保留意见的审计报告，刘某辉知悉后明确表示“喀什B投资有限责任公司报告意见就这样？你直接跟黄某说吧”“再三强调过B公司报告保留意见不能接受，现在还是这样，咋回事呢？”，后续吴某堂将更改为标准意见但是增加了强调事项段的B公司2018年净资产审计报告发送给了刘某辉，刘某辉明确表示“如此报告意见，我没有办法给黄某交差。既然你们坚持己见，我说的意见根本不考虑，以后你们的事也不要找我了”；其三，A所原拟签字会计师拒绝签署更改审计意见后的B公司净资产审计报告且进一步拒绝签署＊ST新亿的所有报告并提出离职，吴某堂要求其与刘某辉沟通，具体情况为：该会计师向刘某辉发送“刘总，您好。我不想签新亿的报告，可以以我被隔离，无法执行审计程序换一下注册会计师吗？谢谢刘总”，刘某辉回复“不要这样，请再考虑。现在开会。晚点电话”，该会计师继续说“刘总，感谢您对工作的支持与指导。我考虑很清楚。以大局为重，换注册会计师是最好的。之前也有项目因为同样的原因而更换。而且从时间上来讲，可能也不能满足公司的要求，至少我是做不到的。刘总，希望你能谅解我的想法”，刘某辉表示“你说的这个理由很难成立。再说，已经折腾这么久了，公司和事务所再经不起折腾了”。其后，吴某堂在刘某辉的建议下同意该会计师辞职，刘某辉明确表示对其离职“要同意。这样才好更换签字会计师”“要同意”；其四，刘某辉团队、A所团队和黄某建有关于＊ST新亿2018年和2019年年审报告复核的微信群，由刘某辉团队在群内提出修改意见或直接修改，A所团队根据意见修改审计报告。刘某辉团队除直接对审计报告部分重要实质性内容进行修改外，还对＊ST新亿年审报告提出了明确修改意见，决定了重大及复杂的会计问题处理方法，甚至对审计程序提出了明确要求。吴某堂、刘某斌及A所此次项目组成员均在询问中明确表示该项目主要由刘某辉团队进行复核把关，刘某辉也表示：“当时＊ST新亿公司要求出报告比较急，时间超过了约定期限（具体的期限我不记得了），后来A所出具的审计报告初稿质量很差，很多基本勾稽关系有问题，格式也很乱。＊ST新亿的黄某请我帮忙看一下……主要是在线上审核，吴某堂团队成员把＊ST新亿2018年和2019年审计报告初稿发到群里，我们一起看有什么错误需要修改。我们主要是把问题提出来，建议A所他们自己改，有些明显错误的地方，我们也会用修订模式帮他们改。”

综上，刘某辉作为注册会计师，理应熟悉审计准则、注册会计师执业准则、职业道德守则等要求，在注册会计师职业道德守则禁止会计师事务所为承揽业务支付业务介绍费的情况下，刘某辉还与A所拟定居间合同，要求A所支付居间费用。在审计期间深度介入A所审计工作，明知约定出具审计意见类型属于严重违规行为依旧向A所方表达相关要求，并持续施加压力，催促A所尽快出具相关报告，对报告内容进行实质复核并提出修改意见或直接修改。刘某辉对其行为后果有足够认知，其行为与 A 所违法行为高度相关，认定其为 A 所违法行为的其他直接责任人员事实清楚，证据确凿，并无不当。我会对刘某辉的陈述申辩意见不予采纳。

案例评析

（一）案例要旨

保持审计独立性是会计师事务所客观公正执业的前提，也是上市公司信息披露质量的重要保障。公司配合提供审计所需资料和文件是审计工作正常开展和出具合适意见审计报告的必要条件，不是出具标准或保留意见审计报告的充分条件，审计机构应从实质上和形式上保持独立性，在任何条件下，均不应事先约定出具审计意见的类型。

（二）典型意义

本案是一起上市公司审计机构违反独立性要求的典型案例。深圳 A 会计师事务所与公司事先约定审计意见，违规修改删除审计报告内容，导致出具的审计报告存在虚假记载和重大遗漏，最终被处以上述行政处罚。近几年来，一连串财务造假和舞弊案件的发生，致使社会公众和相关利益人员对审计行业的公正、客观以及独立性产生了很大的质疑，审计独立性成为焦点。本案表明，中国证监会作为监管部门，依法从严打击证券违法活动，切实落实“零容忍”方针，严惩审计独立性缺失等证券服务机构的违法行为，促进证券服务机构归位尽责，更好地维护广大投资者合法权益和资本市场健康发展秩序。

1. 证券服务机构首先应当在胜任范围内承接业务，并勤勉尽责、恪尽职守

虽然《证券法》取消了会计师事务所从事证券服务业务的行政许可准入规定，但会计师事务所不论能力与规模的大小，在参与或提供证券服务之前，应全面、深入了解资本市场法律、监管、市场主体等各方面情况，充分评估自身专业胜任能力和风险防范能力，尤其上市公司审计业务具有专业性强、执业风险大、违法成本高等特点，需要具备较高专业能力和风险防范能力的会计师事务所才能胜任。

《证券法》将会计师事务所从事证券服务业务的行政许可调整为事后备案管理，这是落实“放管服”改革、提升证券审计市场活力的举措。当然，不论会计师事务所规模大小，既然获得了参与资本市场的公平机会，也须担负相应的责任，按照法律法规勤勉尽责、恪尽职守。

2. 独立性是审计的灵魂

独立性乃审计之魂，贯穿审计过程始末，保持独立性是审计行业赖以生存和发展的基础。证券服务机构，尤其会计师事务所自身的独立性，是保障相关者利益、信息披露准确性的重要前提，同时也是会计师事务所获取社会公众信任的基础，审计独立性的缺失会使审计工作无法保证其自身存在的意义。《中国注册会计师职业道德守则第 4 号——审计和审阅业务对独立性的要求》对会计师的审计独立性也提出了具体的要求。

3. 《证券法》及注册制改革将进一步强化证券服务机构的责任

注册制强调以信息披露为中心，要求发行人真实、准确、完整地披露信息，不能让投资者雾里看花，证券服务机构（包括会计师事务所、证券公司、律师事务所等）的担子更重、要求更高了。证券服务机构通过勤勉、审慎、专业的核查工作，提供证券承销、尽职调查、审计、法律、信用评级等专业服务，提升信息披露质量，防范各类证券欺诈等，充分发挥证券市场直接融资配置资源作用。

作为资本市场的“看门人”，证券服务机构担责的时点也由“受理即担责”提前为“申报即担责”，对其信息披露质量的要求更高，保障发行人和投资者的合法权益的责任比以往更重。

拓展思考

会计师事务所是资本市场重要的“看门人”，其守法意识、执业能力及勤勉尽责程度事关广大投资者切身利益。《证券法》虽取消了会计师事务所从事证券业务的行政许可准入规定，但同时大幅提升了违法违规的法律责任，“门槛降低”并不等于责任降低，不是放任部分不良上市公司和投机分子扰乱证券市场秩序。会计师事务所获得了参与资本市场的公平机会，但也须担负相应的责任，无论大所小所，在遵守法律上一律平等，在监管要求上一视同仁。

（编者：何康宁）

十一、上市公司大股东联合私募机构操纵本公司股价的行为认定

典型案例：A 集团、B 公司操纵市场案

基本案情

（一）基本事实

A 企业（集团）有限公司（以下简称“A 集团”）与深圳市 B 投资咨询有限公司

（以下简称“B公司”）共同设立132个涉案账户（以下称为“账户组”），使用其控制的账户组在2017年7月20日至2019年3月15日期间，利用资金优势、持股优势，采用盘中连续交易，在自己实际控制的账户之间进行证券交易等方式交易“宜华健康”股票，影响该股票交易价格及成交量，违规操纵市场。

该账户组连续20个交易日累计买卖“宜华健康”股票达到同期市场总成交量30%以上的区间共151个，连续20个交易日成交占比最高达到94.55%。账户组具有资金优势和持股优势。同时，账户组对倒交易“宜华健康”的情形在操纵各阶段均有出现，在403个交易日中有115个交易日存在对倒行为，对倒量占市场总成交量超过10%的有38个交易日，超过20%的有15个交易日，超过30%的有8个交易日，超过40%的有1个交易日。账户组对倒量占比市场总成交量达到最高值41%。该账户组曾多次在短时间内大量、连续申买“宜华健康”股票，致使对应时段内该股股价出现较大幅度的上涨，具有明显拉抬股价的行为。

（二）处罚结果

中国证监会于2022年8月22日作出（2022）××号处罚决定：1. 责令A集团、B公司依法处理非法持有的证券，对A集团处以225万元罚款，对B公司处以75万元罚款；2. 刘某喜、史某兴为直接负责的主管人员，给予警告并分别处以60万元罚款；3. 刘某香、刘某宏为其他直接责任人员，给予警告并分别处以30万元罚款。

（三）处罚依据

证监会认为，A集团、B公司共同操纵“宜华健康”股票的行为违反了2005年《中华人民共和国证券法》第七十七条第一款关于禁止操纵市场的规定，构成2005年《中华人民共和国证券法》第二百零三条所述操纵证券市场的行为。A集团董事长刘某喜、B公司总经理史某兴为直接负责的主管人员，A集团总裁刘某香、C公司董秘刘某宏为其他直接责任人员。

案例评析

（一）案例要旨

上市公司股东、董事、监事、高级管理人员应当遵守《证券法》关于禁止操纵证券市场，影响或者意图影响证券交易价格或者证券交易量的相关规定。不得单独或联合他人操纵本公司或其他上市公司股价，扰乱证券市场秩序。

（二）典型意义

本案是一起上市公司大股东操纵本公司股价的典型案例。大股东与私募机构合谋利用资金优势、持股优势，采用盘中连续交易、对倒交易等方式操纵上市公司股票。本案警示，监管部门坚决打击内外勾结操纵上市公司股价行为，必定让违法者付出沉重代价。

操纵证券市场的违法行为严重扰乱证券市场秩序，破坏公开的证券价格形成机制，造成股价异常波动，损害合法投资者的正当权益。

操纵证券市场的违法行为，属于行刑衔接案件。从操纵证券市场罪刑事立案标准来看，构成刑事犯罪的涉案数额是比较大的，动辄数百万上千万，但依据《最高人民法院 最高人民检察院关于办理操纵证券、期货市场刑事案件适用法律若干问题的解释》的规定，如出现以下六种情形，获利或避免损失数额在五十万元以上就可能被以操纵证券市场罪追究刑事责任：

（1）发行人、上市公司及其董事、监事、高级管理人员、控股股东或者实际控制人实施操纵证券、期货市场行为的；（2）收购人、重大资产重组的交易对方及其董事、监事、高级管理人员、控股股东或者实际控制人实施操纵证券、期货市场行为的；（3）行为人明知操纵证券、期货市场行为被有关部门调查，仍继续实施的；（4）因操纵证券、期货市场行为受过刑事追究的；（5）二年内因操纵证券、期货市场行为受过行政处罚的；（6）在市场出现重大异常波动等特定时段操纵证券、期货市场的；（7）造成恶劣社会影响或者其他严重后果的。

目前，对于欺诈发行、违规披露、中介机构财务造假等犯罪打击已是毫不姑息、零容忍，针对操纵证券这类案件，资本市场监管从严的信号亦是十分明显。

拓展思考

操纵证券市场的行为通常具有较高的隐蔽性，往往都是通过多个交易账户进行操作，但无论隐蔽性多强，监管部门通过交易时间、交易对象等信息进行分析仍然可以认定操作行为，并且无论最终结果是否盈利，都将受到监管部门的严厉处罚，甚至引起投资者索赔。

上市公司及相关负责人应当严格遵守相关法律法规，自觉维护交易市场秩序，不要为了一己私利而铤而走险。

（编者：何康宁）

十二、操纵期货交易价格的行为认定

典型案例：秦某操纵期货合约价格案

基本案情

（一）基本事实

秦某本人在某期货有限公司开立“秦某”账户，不以成交为目的，于16个交易日内，先后在纯碱、动力煤等6个品种、9个合约上存在62次大额报撤单并反向成交行为，影响期货交易价格及期货交易量，秦某的操纵行为获利553 693.3元。

湖北证监局经调查、审理，认定秦某的上述行为违反了《关于〈期货交易管理条例〉第七十条第五项“其他操纵期货交易价格行为”的规定》（证监会令第160号）第二条的规定，构成《期货交易管理条例》（2017年修订）第七十条第一款第五项“国务院期货监督管理机构规定的其他操纵期货交易价格的行为”。

（二）处罚结果

湖北证监局于2022年8月3日作出（2022）××号处罚决定：没收秦某违法所得553 693.3元，并处以553 693.3元的罚款。

（三）处罚依据

湖北证监局认为，秦某的行为违反了《关于〈期货交易管理条例〉第七十条第五项“其他操纵期货交易价格行为”的规定》（证监会令第160号）第二条的规定，构成《期货交易管理条例》（2017年修订）第七十条“国务院期货监督管理机构规定的其他操纵期货交易价格的行为”。

案例评析

（一）案例要旨

从事期货交易及其相关活动应当遵守《期货交易管理条例》与其他交易规则，根据《期货交易管理条例》（2017年修订）第七十条之规定，任何单位或个人不得操纵期货交易价格。

行为人认为自己的操纵行为足够隐蔽，但监管部门可通过交易期间、交易对象等信息进行认定操纵行为，根据操作行为造成的结果确定承担责任的标准。行为人不应抱有侥幸心理实施违法违规操作。

(二) 典型意义

本案是一起操纵期货合约价格的典型案例。通过不以成交为目的、频繁大额报撤单的方式，先后操纵多个期货合约，影响期货交易价格，干扰期货市场定价功能的实现。本案表明，监管部门着力加强期货交易行为监管，依法查处操纵市场等违法行为，维护期货市场平稳运行，充分发挥期货市场价格发现功能的作用。

1. 操纵期货价格的行为认定

根据《期货交易管理条例》(2017 年修订) 第七十条规定，任何单位或者个人的下列行为，应当认定为操纵期货价格：(1) 单独或者合谋，集中资金优势、持仓优势或者利用信息优势联合或者连续买卖合约，操纵期货交易价格的；(2) 蓄意串通，按事先约定的时间、价格和方式相互进行期货交易，影响期货交易价格或者期货交易量的；(3) 以自己为交易对象，自买自卖，影响期货交易价格或者期货交易量的；(4) 为影响期货市场行情囤积现货的；(5) 国务院期货监督管理机构规定的其他操纵期货交易价格的行为。对于单位违法行为，施行双罚制，即对单位直接负责的主管人员和其他直接责任人员亦会给予警告与罚款的处罚。

2. 操纵期货市场行为属于行刑衔接案件

与操纵证券市场行为一样，操纵期货市场也属于行刑衔接案件。从操纵期货市场罪的刑事立案标准来看，构成刑事犯罪的涉案数额通常较大，但依据《最高人民检察院公安部关于公安机关管辖的刑事案件立案追诉标准的规定 (二)》规定，有六种特定情形 (参见前文上市公司大股东联合私募机构操纵本公司股价的行为认定——A 集团、B 公司操纵市场案，在此不赘述)，获利或避免损失数额即使仅有五十万元，仍存在被认定操纵期货市场刑事犯罪的可能。

拓展思考

通过操作期货交易价格的行为以达到自身获利目的，属于违法行为，情节严重的还将追究刑事责任。本案中，当事人在短期内对多个品种，多个合约进行多次的大额交易，明显属于《关于〈期货交易管理条例〉第七十条第五项“其他操纵期货交易价格行为”的规定》(证监会令第 160 号) 第二条规定的“不以成交为目的，频繁申报、撤单或者大额申报、撤单，影响期货交易价格或者期货交易量，并进行与申报方向相反的交易或者谋取相关利益的，构成操纵”的情形。

投资者应当遵守交易规则，不应投机取巧，采用违法手段获取利益。

(编者：宋　晓)

第四章　公司法专题

一、上市公司股权隐名代持行为应认定无效

典型案例：杉某与龚某股权转让纠纷案

基本案情

（一）案件事实

杉某系日本国公民，龚某系中国公民。2005年8月23日，双方签订《股份认购与托管协议》，合同载明：龚某持有甲公司的股份88万股，杉某欲全部认购，并认购后委托龚某管理；认购数量为88万股，占股本总额2.52%，认购总金额为3 836 800元；方式为现金转账，于2005年9月3日前支付；龚某对外以自己名义参加股东大会，行使股东权利，在国家有关法律法规许可的范围内，根据杉某的指示处分股份，并将处分该股份的收益及时全部交付给杉某；关于股东权益的情况，龚某应当在合理的期限内通知杉某，征询其意见并据此处理有关事宜。2017年甲公司在上海证券交易所首次公开发行股票并上市，在股票发行上市过程中，龚某作为股东曾多次作出系争股份清晰、未有代持承诺。2018年5月28日，甲公司股东大会通过了《2017年度利润分配暨资本公积金转增股本的预案》，向全体股东按每10股派发现金红利4元（含税），用资本公积按每10股转增4股的比例转增股本。龚某名下的甲公司股份数量增加至123.2万股。之后双方对《股份认购与托管协议》的效力和股份收益分配发生纠纷诉至法院，杉某请求判令龚某交付甲公司股份的收益（包括配股、送股所取得的所有股票收益）或者按照甲公司股份市值返还投资款，赔偿2017年红利损失以及因维权而发

生的律师费150 000元、保全担保服务费30 000元。龚某认为杉某作为外国人不得投资A股上市公司的股份，故系争《股份认购与托管协议》自始无效，应当恢复原状，系争股份应归龚某所有，同意向杉某返还已支付的认购款3 836 800元。

（二）审判结果

上海市××人民法院于2019年4月30日作出（2018）沪××××民初××5号民事判决，判令：1. 龚某向杉某支付2017年现金红利人民币352 000元（扣除应缴纳税费）的70%；2. 杉某可与龚某协商，对龚某名下123.2万股甲公司股票进行出售，若协商不成，杉某可申请对上述股票进行拍卖、变卖，上述股票出售、拍卖、变卖所得款项中优先支付杉某投资款人民币3 836 800元，若所得款项金额超过投资款金额，超过部分的70%归杉某所有，剩余部分归龚某所有。宣判后，双方当事人均未上诉，判决已发生法律效力。

（三）裁判理由

法院生效判决认为，《中华人民共和国民法总则》（本书以下简称《民法总则》）第一百五十三条规定，“违背公序良俗的民事法律行为无效”。公序良俗的概念具有较大弹性，在具体案件中应审慎适用，避免过度克减民事主体的意思自治。公序良俗包括公共秩序和善良风俗。证券领域的公共秩序应先根据该领域的法律法规予以判断，在上位法律无明确规定的情况下，判断某一下位规则是否构成公共秩序时，应从实体正义和程序正当两个层面进行考察：该规则应当体现证券领域法律和行政法规所规定的国家和社会整体利益；该规则的制定主体应当具有法定权威，制定与发布符合法定程序，具有较高的公众知晓度和认同度。证券发行人应当如实披露股份权属情况，禁止发行人股份存在隐名代持情形，系由《证券法》和《首次公开发行股票并上市管理办法》明确规定，关系到以信息披露为基础的证券市场整体法治秩序和广大投资者合法权益，在实体和程序两个层面均符合公共秩序的构成要件，因此属于证券市场中应当遵守、不得违反的公共秩序。隐名代持证券发行人股权的协议违反公共秩序而无效。

股权代持协议被认定无效后，投资收益不属于合同订立前的原有利益，不适用恢复原状的法律规定，应适用公平原则，根据对投资收益的贡献程度以及对投资风险的承受程度等情形，即“谁投资、谁收益”与“收益与风险相一致”进行合理分配。名义持有人与实际投资人一致表示以系争股票拍卖、变卖后所得向实际投资人返还投资款和支付股份增值收益，属于依法处分自身权利的行为，不违反法律法规的禁止性规定，可予支持。

案例评析

（一）裁判要旨

上市公司披露的信息是影响股票价格的基本因素，因此在证券发行过程中保证信息的真实、完整，是维护证券市场有效运行的基本准则。换言之，证券市场要求发行人如实披露股份权属情形，并禁止其股权存在隐名代持情形。本案股权代持协议因违反公共秩序而无效，对于股权代持产生的投资收益可根据公平原则，考虑对投资收益的贡献程度及对投资风险的承受程度等进行公平分配。

（二）典型意义

本案涉及上市公司在证券发行过程中股权的隐名代持效力问题。近年来，关于金融市场公共秩序界定问题存在广泛讨论。公序良俗作为民法的基本原则之一，首次在《民法总则》中采用，《民法典》也延续了《民法总则》的表达。最高人民法院公布并于2021年3月1日开始实施的《关于深入推进社会主义核心价值观融入裁判文书释法说理的指导意见》，其中提到“涉及公序良俗、风俗习惯、权利平等、民族宗教等，诉讼各方存在较大争议且可能引发社会广泛关注的案件”应“强化运用社会主义核心价值观释法说理”。可见法官在审理案件时，当遇到审判时行为虽缺乏相应法律支撑但属于严重扰乱社会公共秩序、违背社会公德的情形时，可以援引“公序良俗”原则来保护当事人的权利，从而维护社会公共利益。可以说“公序良俗”在某种程度上是法官审判案件进行自由裁量的边界。此外裁判除对证券市场公共秩序认定外，还围绕股份代持无效后收益分配原则进行论证说理，体现了司法在维护金融市场公共秩序的同时，也注重在个案中平衡保护投资者权益。最终法院充分尊重当事人意愿，选择了双方当事人均认可的方式进行判决，即通过将标的股票变现所得进行分配的方式，有效解决投资收益因上市公司股价易变动而难以固定，进而无法适用恢复原状法律条款的问题，该案对“公平分配”原则的运用对同类案件审理提供了妥善解决的有益借鉴。

拓展思考

关于法律原则在审判中的适用问题。公序良俗原则与“权利不可滥用”是辩证统一的关系，要求民事主体在行使权利时，其行为应当符合善良风俗，同时不损害社会公共秩序。我国很早就有了“德刑相辅”的传统思想文化，为公序良俗在市场经济条件下的运用提供了良好的精神基础。此外，由于我国社会主义市场经济体制的确立，市民社会的交往日益复杂，这也为适用“公序良俗”原则提供了良好社会基础。可见“公序良俗”作为基本原则，既是历史经验的总结，也是对市场经济发展规律的深刻把握。但基于法律原则的抽象性，对法律原则适用的对象、限度与场合时间上要求存在一个“度”的准确把握。“什么行为能够适用公序良俗?”“怎样认定行为违反公序良俗?”“一个法律行为违反公序良俗原则，应当以何时为判断标准?”可见审判中，法官自由裁量不能无限扩张，适用法律原则并非易事。但由于社会生活的复杂性、不稳定性与法律的文字的无法穷尽性与稳定性等法律调整所存在的固有缺陷，公序良俗原则能够一定程度缓解这一缺陷，填补漏洞，因此为维护社会秩序，以公序良俗原则来实现社会正义是必然要求。综上，首先，在法律原则适用上必须谨慎使用，防止以抽象性原则规避具体性规则，偏离法律的约束；其次，在法律原则适用上必须充分说理，从而使案件判决被当事人所接受，进而实现个案正义。

（编者：郭超群　梁子旋）

二、对赌协议的效力

典型案例：乙公司等与甲投资公司增资纠纷案

基本案情

（一）案件事实

2007年10月，甲投资公司决定投资乙公司，并与乙公司、丙公司（乙公司为其全资子公司）及陆某（乙公司法定代表人兼总经理，同时也是丙公司的总经理）签订了“增资协议”。该协议主要条款包括“甲投资公司现金出资2 000万元投资乙公司，占乙公司增资后注册资本的3.85%”；同时，其中的“对赌协议”即“业绩目标”约定：乙公司2008年净利润不低于3 000万元人民币。否则，甲投资公司有权要求乙公司予以补偿，如果乙公司未履行补偿，甲投资公司有权要求丙公司履行补偿义务。如果截至2010年10月20日，由于乙公司自身原因无法上市，则甲投资公司有权要求丙公司回购甲投资公司持有之公司全部股权。甲投资公司于2007年11月2日依约向乙公司缴存了出资款2 000万元人民币，其中114万余元认缴新增注册资本，1 885万余元计入资本公积金。但乙公司 2008 年度净利润仅为26 858.13元。而在增资协议中，2008 年，乙公司的净利润如果低于3 000万元人民币，乙公司则应对甲投资公司予以补偿，甲投资公司依据协议要求乙公司补偿1 998万元，乙公司予以拒绝。随后，甲投资公司将乙公司告上法庭，请求法院判令乙公司按照增资协议第七条第二项的约定向其支付协议补偿款19 982 095元并承担诉讼费及其他费用。

（二）审判结果

甘肃省××中级人民法院一审作出（2010）兰法民三初字第××号民事判决：驳回甲投资公司的全部诉讼请求。

甲投资公司不服一审判决，向甘肃省高级人民法院提起上诉。甘肃省高级人民法院二审作出（2011）甘民二终字第×6 号民事判决：1. 撤销甘肃省××中级人民法院（2010）兰法民三初字第××号民事判决；2. 乙公司、丙公司于判决生效后 30 日内共同返还甲投资公司1 885 228 3万元及利息（自 2007 年 11 月 3 日起至付清之日止按照中国人民银行同期银行定期存款利率计算）。

乙公司、丙公司不服甘肃省高级人民法院（2011）甘民二终字第×6 号民事判决，向最高人民法院申请再审。最高人民法院审理后作出判决：1. 撤销甘肃省高级人民法院（2011）甘民二终字第×6 号民事判决；2. 本判决生效后三十日内，乙公司向甲投资公司支付协议补偿款19 982 095元。

（三）裁判理由

法院生效判决认为，1. 2009 年 12 月，甲投资公司向一审法院提起诉讼时的诉讼请求是请求判令乙公司、丙公司、陆某向其支付协议补偿款19 982 095元并承担本案诉讼费用及其他费用，没有请求返还投资款。因此二审判决判令乙公司、丙公司共同返还投资款及利息超出了甲投资公司的诉讼请求，是错误的。2. 甲投资公司作为企业法人，向乙公司投资后与丙公司合资经营，故乙公司为合资企业。乙公司、甲投资公司、丙公司、陆某在《增资协议书》中约定，如果乙公司实际净利润低于3 000万元，则甲投资公司有权从乙公司处获得补偿，并约定了计算公式。这一约定使得甲投资公司的投资可以取得相对固定的收益，该收益脱离了乙公司的经营业绩，损害了公司利益和公司债权人利益，一审法院、二审法院根据《公司法》第二十条和《中华人民共和国中外合资经营企业法》第八条的规定认定《增资协议书》中的这部分条款无效是正确的。但二审法院认定甲投资公司18 852 283元的投资名为联营实为借贷，并判决乙公司和丙公司向甲投资公司返还该笔投资款，没有法律依据，本院予以纠正。3.《增资协议书》中并无由陆某对甲投资公司进行补偿的约定，甲投资公司请求陆某进行补偿，没有合同依据。此外，甲投资公司称陆某涉嫌犯罪，没有证据证明，本院对该主张亦不予支持。但是，在《增资协议书》中，丙公司对于甲投资公司的补偿承诺并不损害公司及公司债权人的利益，不违反法律法规的禁止性规定，是当事人的真实意思表示，是有效的。丙公司对甲投资公司承诺了乙公司2008年的净利润目标并约定了补偿金额的计算方法。在乙公司2008年的利润未达到约定目标的情况下，丙公司应当依约应甲投资公司的请求对其进行补偿。丙公司对甲投资公司请求的补偿金额及计算方法没有提出异议，本院予以确认。

案例评析

（一）裁判要旨

实践中俗称的“对赌协议”，又称估值调整协议，是指投资方与融资方在达成股权性融资协议时，为解决交易双方对目标公司未来发展的不确定性、信息不对称以及代理成本而设计的包含了股权回购、金钱补偿等对未来目标公司的估值进行调整的协议。就对赌协议的效力，法院应根据合同当事人意思自治和诚实信用原则，在对赌协议不存在违反法律或者其他影响合同效力的事由时，认定其有效。本案引资方应信守承诺，投资方应得到约定的补偿。

（二）典型意义

本案被誉为“PE对赌第一案”，是最高人民法院首次就履行对赌条款产生的纠纷作出裁判，同时该案的裁判结论对之后的私募投资实务产生了延续至今的深远影响。对赌的实质是投融资双方对股权投资价值的或然性安排，是一种投资保障工具、价格发现工具和管理层激励工具。因此承认对赌协议效力一定程度能够缓解企业融资难的问题，除涉及违反法律法规强制性规定外，应充分尊重当事人商业判断基础上的意思自治，不轻易否认合同效力。但出于贯彻资本维持原则和保护债权人合法权益原则的考虑，裁判者在审查认定其效力时应当审慎，认定的一般原则为：股东与公司之间签订的对赌协议基本持否定态度，股东之间签订的对赌协议一般持肯定态度。

拓展思考

关于对赌协议的处理规则以及条款设计。《九民纪要》强调人民法院在审理“对赌协议”纠纷案件时，不仅应当适用合同法的相关规定，还应当适用公司法的相关规定，因为投资方系目标公司的股东这一点，与一般的合同纠纷有所区别。仅适用其中任何一种规范都会顾此失彼，有失公正。为了将对赌条款的商业逻辑清晰地反映在法律文本之中，从而更加明确双方共同意思表示，弘扬契约精神，对赌协议条款设计尤为重要，主要需注意以下两点：1. 目标公司为控股股东提供担保的事项需要按照公司章程进行股东会等内部决策程序，否则可能被认定为该担保对公司不发生效力（基于《公司法》第十六条关于公司对外担保的规定：目标公司对回购主体的债务承担连带担保责任的，属于公司对外担保事项）；2. 外部投资者务必进行形式审查，留存目标公司为控股股东提供担保的决议等内部决策文件，以证明其为善意。根据以上两点，对违反公司对外担保效力的情形，适用有关表见代表、类推适用无权代理等规则，判断该担保是否对公司发生效力。

（编者：郭超群　梁子旋）

三、独立董事权利与义务的平衡

典型案例：顾某、黄某等与某药业公司等证券虚假陈述责任纠纷案

基本案情

（一）案件事实

2018 年 10 月 15 日晚开始，网上陆续出现文章，质疑某药业股份有限公司（以下简称“某药业”）货币资金真实性，指出可能存在财务造假等问题。质疑文章被多家影响范围较大的媒体转载，引起强烈反响。某药业股票 2018 年 10 月 16 日盘中一度触及跌停，收盘跌幅 5.97%，此后连续 3 日以跌停价收盘。

2021 年 2 月 18 日，中国证监会作出行政处罚决定，认定：正中珠江出具的某药业 2016 年、2017 年、2018 年半年度审计报告存在虚假记载，包括未获取充分适当的审计证据、审计存在缺陷等不符合相关会计准则的行为。

2020 年 12 月 31 日，顾某、刘某经 11 名原告共同推选为拟任代表人，就某药业证券虚假陈述责任纠纷提起普通代表人诉讼，要求某药业、马某、许某等 22 名被告赔偿其投资损失。2021 年 3 月 30 日，原告申请追加某会计师事务所（特殊普通合伙）等五名当事人为本案被告，请求判令其与前述 22 名被告承担连带赔偿责任。2021 年 4 月 8

日，某中小投资者服务中心有限责任公司受56名投资者的特别授权，申请作为代表人参加诉讼。经最高人民法院指定管辖，广东省××中级人民法院（以下简称“××中院”）适用特别代表人诉讼程序审理该案。××中院查明，某药业披露的财报中存在虚增营业收入、货币资金等情况，正中珠江会计出具的审计报告存在虚假记载。经专业机构评估，扣除系统风险后投资者实际损失为24.59亿元。原告顾某、刘某等11名投资者至法院提起本案诉讼，请求判令：1. 被告马某、许某赔偿其投资差额损失、佣金、印花税及利息损失合计412 228.20元；2. 被告某药业、实际控制人、高级管理人员等对原告的上述损失承担连带责任；3. 后申请追加某会计师事务所、杨某、张某、刘某、苏某为本案被告，请求判令前述5名被告与马某、许某等被告承担连带赔偿责任。

（二）审判结果

××中院于2021年11月12日作出（2020）粤××××民初××71号民事判决：1. 某药业作为上市公司承担24.59亿元的赔偿责任；2. 公司实际控制人马某夫妇及邱某等4名原高管人员组织策划实施财务造假，属故意行为，承担100%的连带赔偿责任；3. 另有13名高管人员虽未直接参与造假，但签字确认财务报告真实性，按过错程度分别承担20%、10%、5%的连带赔偿责任；4. 审计机构某会计师事务所未实施基本的审计程序，承担100%的连带赔偿责任，某会计师事务所合伙人和签字会计师杨某在某会计师事务所承责范围内承担连带赔偿责任。

（三）裁判理由

法院生效判决认为，1. 案涉虚假陈述行为的认定：中国证监会作出的行政处罚决定书（2020）×4号和行政处罚决定书（2021）×1号认定某药业存在虚假陈述行为，被告未予否认，且未提交相反证据，故××中院认定本案存在证券虚假陈述行为。2. 原告投资损失与案涉虚假陈述行为之间有无因果关系：法院通过个体相对比例法测算投资者证券市场系统风险扣除比例。根据测算情况，共计52 037名投资者有损失。3. 各被告中的独立董事赔偿责任的认定：虽然各被告并非具体分管某药业财务工作，但某药业公司财务造假持续时间长，涉及会计科目众多，金额巨大，前述被告作为董事、监事或高级管理人员如有尽到勤勉义务，即使仅分管部分业务，也不可能完全不发现端倪。因此，虽然前述被告作为董事、监事或高级管理人员并未直接参与财务造假，却未勤勉尽责，存在较大过失，且均在案涉定期财务报告中签字，保证财务报告真实、准确、完整，所以前述被告是某药业信息披露违法行为的其他直接责任人员。江某、李某、张某为兼职的独立董事，不参与某药业日常经营管理，过失相对较小，××中院酌情判令其在投资者损失的10%范围内承担连带赔偿责任；郭某、张某为兼职的独立董事，过失相对较小，且仅在2018年半年度报告上签字，××中院酌情判令其在投资者损失的5%范围内承担连带赔偿责任。

案例评析

（一）裁判要旨

《公司法》第一百二十二条：上市公司设独立董事。独立董事不得在上市公司担任除董事以外的其他职务，且不得与上市公司存在任何可能影响其独立客观判断的关系。除《公司法》规定外，中国为独立董事制度颁布了专门的《关于在上市公司建立独立董事制度的指导意见》，设立了特殊的职权，规定了独立董事应当对于上市公司的重大事项应发表独立意见，独立董事具有独立性、专业性、兼任性特点。当前对于独立董事担责问题，可以依据《最高人民法院关于审理证券市场虚假陈述侵权民事赔偿案件的若干规定》第十六条情形，判断其是否有过错，进而承担相应责任。

（二）典型意义

为使独立董事更好发挥监督公司管理层的作用，法律规定了独立董事的勤勉义务，《上市公司章程指引》对董事的勤勉义务进行了细化。独立董事既为公司服务，又维护中小股东的利益，司法审判过程对于独立董事的责任承担采取过错责任原则，但如何甄别相关独立董事是否有过错以及过错程度，界线尚不明晰，这也导致在本案发生后，出现了上市公司独立董事辞职的热潮。本案给我们一个契机来重新思考独立董事制度的意义，以及独立董事在上市公司中所发挥的作用功能，使担任独立董事更加谨慎，同时也会促进独立董事制度的完善，明确独立董事的权利、义务、责任。

拓展思考

关于独立董事制度的完善。首先应当明确上市公司独立董事的基本定位，与承担公司内部监督功能的监事会相区分，独立董事应当以上市公司外部监督者身份明确自身职责。其次要促进独立董事选拔制度的完善，从独立董事所具有的独立性、专业性、兼任性三特性出发，优化独立董事的管理与选聘制度。再次要完善独立董事的风险保障机制，对于勤勉标准以及责任承担应区别于内部董事，建立独立责任。最后完善对董事的治理责任边界，一方面，利用独立董事没有利害关系这一身份，对涉及财务等事项，发表更加中立可信的意见；另一方面，明确独立董事与监事会各自的监督职责，防止因二者监督职能边界模糊而产生重叠地带造成资源浪费，结合上市公司的治理环境，丰富独立董事有关权利。

（编者：郭超群　梁子旋）

四、公司股权确定与变动以股东名册记载还是以变更登记为准

典型案例：李某等与聂某股权转让纠纷案

基本案情

（一）案件事实

2018年4月16日，聂某（受让方、乙方）与李某（出让方、甲方）签订《股权转让协议》，载明甲方系上海××有限公司（以下简称“××公司”）股东，拥有公司70%股权。协议约定，甲方以1 200 000元，将其在公司持有的51%股权转让给乙方，乙方同意以此价格受让该股权；乙方同意分两次支付股权转让总价款给甲方……双方应该尽快办理工商变更手续；因违约方违约行为所造成的守约方为主张权利所支付的一切费用，包括但不限于诉讼可能产生的诉讼费用、鉴定费、保全证据的公证费、律师费等，全部由违约方承担。协议签字页空白处由谢某及案外人艾某签字。一审审理中，李某确认收到聂某的股权转让款1 200 000元。另查明，2017年8月31日，××公司成立，注册资本5 000 000元，股东为李某、谢某（李某、谢某二人系夫妻）、黄某及艾某。2018年4月12日，李某、谢某及案外人黄某、艾某形成股东会决议，同意黄某将其所持有的全部51%股权转让给李某；转让完成后，李某占股70%，谢某占股15%，艾某占股15%。同日，李某、谢某与艾某形成股东会决议，决议成立新的股东会，并通过公司新章程。章程载明，股东为李某、谢某及艾某；转让股权后，公司应当注销原股东的出资证明书，向新股东签发出资证明书，并相应修改公司章程和股东名册中有关股东及其出资额的记载。2018年4月27日，股东变更为李某、谢某及艾某。2018年7月10日，李某、谢某与艾某形成股东会决议，对执行董事、监事变动情况作出决议。2019年3月27日，李某、谢某与艾某形成股东会决议，决定解散公司等。2019年

5 月 30 日，××公司注销。××公司直至注销，相应股权未予以变更登记，且公司章程中载明的股东不包含聂某，亦无置备股东名册。聂某向一审法院起诉请求：1. 李某返还股权转让价款1 200 000元；2. 李某向聂某支付资金占用利息：以1 200 000元为基数，2019 年 8 月 19 日前按中国人民银行同期公布的一年以下（含一年）贷款基准利率计算，2019 年 8 月 20 日后按全国银行间同业拆借中心公布的贷款市场报价利率计算，自 2018 年 5 月 8 日起计算至实际支付之日止；3. 谢某就前述款项承担共同还款责任；4. 诉讼费、律师费53 600元、保全费由李某、谢某承担。

（二）审判结果

上海市××人民法院（2020）沪××××民初××83 号民事判决：1. 李某、谢某应于判决生效之日起十日内共同返还聂某股权转让款1 200 000元；2. 李某、谢某应于判决生效之日起十日内共同偿付聂某自 2019 年 5 月 31 日起至实际清偿之日止的利息损失（其中自 2019 年 5 月 31 日起至 2019 年 8 月 19 日按中国人民银行同期贷款基准利率计付；自 2019 年 8 月 20 日起至实际清偿之日止按全国银行间同业拆借中心公布的贷款市场报价利率计付；均以1 200 000元为基数）；3. 李某、谢某应于判决生效之日起十日内共同偿付聂某律师费损失53 600元；4. 驳回聂某的其余诉讼请求。一审案件受理费 16 082. 40 元，由李某、谢某负担；财产保全费5 000元，由李某、谢某负担。

一审判决后，李某、谢某不服，提起上诉。

上海市××中级人民法院综合一审判决查明事实，认为李某、谢某的上诉请求成立，于 2021 年 6 月 29 日作出（2021）沪××民终××1 号民事判决：1. 撤销上海市××人民法院（2020）沪××××民初××83 号民事判决；2. 驳回被上诉人聂某的一审诉讼请求。

（三）裁判理由

法院生效判决认为，股东资格的确认标准包括实质要件与形式要件。实质要件体现为是否履行出资义务，是否行使股东权利；形式要件即为办理工商变更登记等手续。就形式要件，因为登记机关对于公司股东的登记本身并无创设股东资格的效力，其本质上属于证权性登记，只具有对第三人宣示、证明股东资格的证权功能。本案并非股东与外部第三人的诉讼，而系公司内部原股东与继受股东之间关于《股权转让协议》是否已经履行，聂某是否已经取得××公司股东资格的争议。因而不应以公司登记机关的登记作为认定聂某股东身份的标准，而应当以实质标准进行判断，也即应从聂某是否有成为××公司股东的意思表示，××公司的其他股东是否接受聂某为××公司股东，涉案股权是否已经实际交付，以及聂某是否实际享有并行使股东权利等方面进行综合判断。其一，在《股权转让协议》签订后，聂某已向李某支付股权转让款。在此后与谢某等人的沟通中，聂某自称为××公司的大股东。因而，聂某具有成为××公司股东的意思表示且已经实际履行出资义务。其二，股东依法享有资产收益、参与决策、选择管理者等权利。聂某在签订《股权转让协议》后，××公司的 POS 机与聂某的银行卡关联。根据一审中调取的证据，上述 POS 机在 2018 年 6 月 22 日至 2018 年 11 月 24 日期间存在款项的进出，聂某有权处分××公司的收益和支出。在聂某与谢某的聊天记录中，聂某与谢某就××公司商品库存、资产处置、场地搬离、客户赔偿等与××公司经营管理相关的问题多次进行讨论，××公司的美容仪器等资产现仍在聂某处。聂某参与××公司的经营活动与××公司的股东身份存在法律上的因果关系。本院认为，尽管××公司未办理股东名册变更登记及工商变更登记，但聂某作为涉案股权的受让人已实际参与××公司的经营管理，实际行使股东权利，其在《股权转让协议》项下的合同目的已经实现。××公司办理注销登记这一事项是否经过聂某的同意，并不影响聂某股东身份的认定。聂某与李某之间的《股权转让协议》已经履行，聂某的合同目的已经实现，聂某主张返还股权转让款、支付资金占用利息及律师费的诉讼请求，于法无据，本院不予支持。

案例评析

（一）裁判要旨

根据《公司法》第三十二条的规定，有限责任公司应当置备股东名册，记载于股东名册的股东，可以依股东名册主张行使股东权利。公司应当将股东的姓名或者名称向公司登记机关登记；登记事项发生变更的，应当办理变更登记。未经登记或者变更登记的，不得对抗第三人。当事人之间转让有限责任公司股权，受让人以其姓名或者名称已记载于股东名册为由主张其已经取得股权的，人民法院依法予以支持，但法律、行政法规规定应当办理批准手续生效的股权转让除外。未向公司登记机关办理股权变更登记的，不得对抗善意相对人。

（二）典型意义

股权确定和变动在公司法领域无论是理论还是实务层面，都是十分重要的问题，现行《公司法》规定是以股东名册记载作为确定股权的依据和股权变动的生效要件，而将股权的登记作为对抗要件。即股权不登记只是不产生外部的对抗效力，而不影响当事人内部之间的股权转移和变动的效力。在无第三人主张权利或不涉及第三人利益的股权确认或变动规则时，该确认方式相较于登记生效主义，成本更低，且更尊重契约自由，实现私法自治。

拓展思考

关于股东确定与变动以何为准，理论界存在三种代表性观点：第一，维持现行《公司法》的规定，以股东名册为准。第二，以股权登记为准。第三，不做强制性规定，由当事人自主选择和约定。比如实践当中当事人合同约定股权自合同签订之日起转移，也有的当事人约定股权从股款支付完毕时转移，还有的约定从办理移交手续，转移管理权时转移。支持第一种观点的学者认为，股权转让涉及三方当事人，即新股东、旧股东与公司，第一种模式有利于照顾三方当事人的利益，且一方面有助于保护旧股东股权自由转让的权利，另一方面促使新股东能尽早行使其股东权利。支持第二种观点的学者认为，股权是复合型的权利，只有完成股权登记变更，各个法律关系上的股权归属才最后明确，该股权才是完整意义上的股权，新股东才能具备该股权的全部权能，才是完整意义上的股东。支持第三种观点的学者认为，一方面，由当事人自主选择和约定更符合商法自由交易的原则，体现股东的自由意志，符合契约自由的精神。另一方面，允许当事人自主约定也能一定程度上防止法律因设置过多的限制性条件而削弱公司股权自由转让，损害交易效力，降低市场经济活力。

（编者：郭超群　梁子旋）

五、当事人对合同条款的理解存在争议时的处理

典型案例：吴某征与谭某、谭某鸿股权转让纠纷案

基本案情

（一）案件事实

2015年6月1日，某饮料公司经批准登记注册，公司股东有原告谭某（占股

51%)、被告吴某征（占股49%)。2019年10月，原、被告因经营、财务等方面存在严重分歧，双方协商在股东内部进行股权转让，吴某征联系第三人谭某鸿作为公证人主持协商并签订协议，谭某认可。双方在第三人谭某鸿的主持下，先约定一人退股，另一人收购其股份，再约定由谭某一方负责起草股权转让合同文本，由吴某征方决定退股还是收购。2019年10月26日，原、被告签订了《某饮料公司股东投资总额确认书》，确认在2019年10月26日前，谭某对公司的总投资额为1 354 423元，吴某征对公司的总投资额为1 309 954元。同日，双方还对股权转让的合同文本进行了敲定，之后原、被告各向第三人谭某鸿支付了股权转让保证金50 000元，第三人谭某鸿分别向原、被告出具了收条。2019年10月30日，在第三人谭某鸿的见证下，被告吴某征决定收购谭某的公司股份，于是谭某（甲方、转让方）与吴某征（乙方、受让方）签订了正式的《股权转让协议书》，约定甲方将其持有的51%股权作价1 354 423元全部转让给乙方，协议还约定“……第一条 股权的转让……6. 甲方应对该公司及乙方去市场监督管理局办理股权变更登记手续提供必要的协作与配合。第二条 价款及支付方式……2. 支付方式：（1）本协议签订之前，甲乙双方于2019年10月26日均交足伍万元保证金到双方共同指定的中间人谭某鸿处，在办理完股权变更登记之日，甲方的保证金退还给甲方，乙方的保证金转为支付收购价款支付给甲方。任何一方在此期间违约或反悔，保证金作为违约金补偿给守约方。（2）乙方于本协议签字生效之日向甲方支付人民币肆拾万零陆仟叁佰贰拾柒元（小写406 327元)，为股权转让总价款的30%。在2019年11月15日之前甲方应配合乙方办理股权变更登记手续及配合办理乙方的名称、住所、受让的出资额记载于股东名册。如甲方不配合乙方办理好相关手续，甲方的保证金作为违约金补偿给乙方；如乙方不支付或不足额支付股权转让款，则乙方的保证金作为违约金补偿给甲方。(3）剩余股权转让款948 096元，乙方分四期支付给甲方。即第一期乙方于2020年11月1日之前向甲方支付人民币338 606元（转让价款的25%)；第二期乙方于2021年11月1日之前向甲方支付人民币270 885元（转让价款的20%)；第三期乙方于2022年11月1日之前向甲方支付人民币270 885元（转让价款的20%)；第四期乙方于2023年11月1日之前向甲方支付人民币67 720元（转让价款的5%）……第六条 协议生效及其他 1. 本协议经双方签字后生效……”签订协议当天，被告吴某征向原告谭某支付了50 000元，原告向被告出具了一张载明“今收到吴某征第一期股权转让款伍万元整”的收条。2019年11月5日，吴某征通过微信催促谭某的丈夫谢某燕尽快办理股权变更登记手续，谢某燕以第一笔股权转让金未到账为由予以拒绝，并催促吴某征在 11 月 9 日之前必须将“第一笔钱”支付到位，且回复称“9 号必须付清406 327元减50 000元减50 000押金，还需付306 327元”“50 000元押金是等我们把账结清，手续办好，由谭律师付给我们”。2019 年 11 月 9 日，吴某征向谭某支付了306 327元，原告谭某再次向被告出具了收条，载明“今收到吴某征交来第一期股权转让款叁拾万零陆仟贰佰叁拾柒元整（306 237元）”。

（二）审判结果

湖南省××人民法院于 2021 年 4 月 16 日作出（2021）湘××××民初××65 号民事判决：1. 原告谭某与被告吴某征于 2019 年 10 月 30 日签订的《股权转让协议书》继续履行；2. 限被告吴某征在本判决生效之日起十日内向原告谭某支付股权转让金50 000元；3. 驳回原告谭某的其他诉讼请求。

一审判决后，吴某征向湖南省××中级人民法院提起上诉。该法院于 2021 年 7 月16 日作出（2021）湘××民终××54 号民事判决：驳回上诉，维持原判。

（三）裁判理由

法院生效判决认为：本案《股权转让协议书》对第一笔406 327元转让款的支付时间明确具体，且还约定了双方各交到第三人谭某鸿处的50 000元保证金在办理完股权登记之日，“甲方的保证金退还给甲方，乙方的保证金转为支付收购款支付给甲方。任何一方在此期间违约或反悔，保证金作为违约金补偿给守约方”，结合合同的有关条款、合同所使用的词句、合同的目的等，该50 000元应当视为未如期支付第一笔转让款、双方不按约定办理股权变更登记的违约金，虽谢某燕在与吴某征的微信联系中认可抵扣，但吴某征没有提供证据证明系谭某授权谢某燕作出意思表示，或者谭某表示同意或追认，现谭某当庭予以否认，故吴某征应当按照合同约定履行该50 000元股权转让金的支付义务。

案例评析

（一）裁判要旨

当事人对合同条款的理解存在争议的，应当按照合同所使用的词句、结合有关条款、合同的目的、交易习惯以及诚实信用原则，确定该条款的真实意思。

（二）典型意义

合同是当事人之间通过磋商达成的具有法律约束力的协议，规范着他们以后的行为，可以说是当事人在为自己制定法律。但在现实生活中，由于语言的不确定性和多义性，导致使用的文字不能完全表述当事人的内心真实意思或者出现多种理解而引起纠纷，这在客观上就要求遵循一定的方法去解释或补充合同条款。如本案案涉的50 000元保证金系违约金还是第一笔股权转让金的履约金，法院结合双方在《股权转让协议书》第二条对价款及支付方式、案涉50 000元保证金用途及退还时间的明确约定，以及合同使用的词句、合同的目的以及双方实际履行情况，依法认定该50 000元保证金为未如期支付第一笔转让款、双方不按约定办理股权变更登记的违约金，体现了公平、诚实信用的原则和法院司法公正的司法理念。

拓展思考

《民法典》第四百七十条对合同的一般内容作了规定，但是该内容属于倡导性质，不具有强制性。根据第五百一十条的规定，合同生效后，当事人就质量、价款或者报酬、履行地点等内容没有约定或者约定不明确的，可以协议补充。不能达成补充协议的，按照合同相关条款或者交易习惯确定。如果仍然不能确定合同内容，则按照第五百一十一条的规定予以确定，即按照法律所确定的相对公平公正的原则对合同内容进行补充，以促进合同的继续履行，最终实现当事人的合同目的。《最高人民法院关于适用〈中华人民共和国民法典〉合同编通则若干问题的解释》（本书以下简称《合同法解释》）第三条亦规定，如果合同已经成立的，对合同欠缺的内容，人民法院应当依据《民法典》第五百一十条、第五百一十一条等有关规定予以确定。

另外，关于合同的解释问题。《合同法解释》第一条规定：人民法院依据民法典第一百四十二条第一款、第四百六十六条第一款的规定解释合同条款时，应当以词句的通常含义为基础，结合相关条款、合同的性质和目的、习惯以及诚信原则，参考缔约背景、磋商过程、履行行为等因素确定争议条款的含义。有证据证明当事人之间对合同条款有不同于词句的通常含义的其他共同理解，一方主张按照词句的通常含义理解合同条款的，人民法院不予支持。对合同条款有两种以上解释，可能影响该条款效力的，人民法院应当选择有利于该条款有效的解释；属于无偿合同的，应当选择对债务人负担较轻的解释。

（编者：李　琛）

六、股东资格确认的审查标准

典型案例：刘某与某矿业有限责任公司、第三人某科技公司股东资格确认纠纷案

基本案情

（一）案件事实

2017 年 11 月 8 日，原告刘某（丙方）与第三人某科技公司（甲方、收购方）及案外人某采石场（乙方、出让方）签订《资产收购协议》。协议 2.1 约定：本协议签订后 15 个工作日内，甲方将设立一个子公司，暂定名为“某矿业有限责任公司”（具体以工商部门核准的名称为准），某矿业有限责任公司（以下简称“某矿业公司”）成立之日即成为本协议主体，承接本协议项下甲方的一切权利和义务；协议 3.5 约定：乙方注销后 2 个月内，丙方可以实物或现金方式对某矿业公司进行增资扩股，达到乙方持有不超过某矿业公司 20%股权的目标，超过上述时限，视为丙方自愿放弃上述增资扩股权利；协议 4.1 约定：甲乙丙三方议定目标资产整体出售价格为税费后净得 720 万元人民币，该价格包括乙方转让的全部目标资产价款。同时，第三人某科技公司董事长石某及总经理周某出具《承诺书》，承诺将补偿刘某价值 180 万元的资产，刘某将以此补偿所得的 180 万元的资产全部用于对某矿业公司的增资扩股，以实现刘某持有某矿业公司 20%股权的目标。该《承诺书》作为《资产收购协议》附件，加盖了第三人某科技公司骑缝章。2017 年 11 月 15 日，第三人某科技公司作为公司发起人登记设立了被告某矿业公司，第三人某科技公司持股 100%。2018 年 12 月 7 日，某采石场注销。2019 年 6 月 13 日，被告某矿业公司向原告刘某发出《增资扩股通知书》，载明：某矿业公司决定于 2019 年 6 月 30 日之前增资扩股1 000万元，各股东按原有比例增资扩股，以实际到账日为准；某矿业公司于 2017 年第一次注册资本 720 万元，总股本金拟为 900 万元，其中某科技公司已投入股本金 720 万元，为贵股东预留 20%的股份，股本金为 180 万元，在收购款中抵扣；此次贵股东应增加股本金1 000万元×20%＝200 万元，以实际到账日为准，逾期则视为贵股东放弃本次增资扩股。2019 年 6 月 20 日及 6 月 25 日，原告刘某共向被告某矿业公司转账 200 万元，被告某矿业公司均出具收据。2019 年 9 月 28 日，被告某矿业公司向原告刘某出具股权证明书，载明出资金额及出资时间。2021 年 11 月 5 日，原告刘某向某市场监管局投诉，某市场监管局作出某市监信责字（2021）1 号责令改正通知书，要求被告某矿业公司限期在 2021 年 12 月 5 日前向

原公司登记机关依法申请办理股东变更登记。2021年12月9日，第三人某科技公司通过董事会决议：子公司某矿业公司暂不进行增资扩股、暂不吸收新股东。2021年12月10日，被告某矿业公司作出股东会决议：1. 不同意吸收刘某为某矿业公司新股东；2.《增资扩股通知书》及《股权证明书》未经本股东同意，对其效力均不予认可；3. 落实退还某矿业公司收取的刘某200万元资金事宜；4. 对于2017年11月8日《承诺书》效力不予认可。诉讼中，被告某矿业公司退还原告刘某200万元。

（二）审判结果

湖南省××于2022年3月31日作出（2021）湘××××民初××80号民事判决：1. 确认原告刘某具有被告某矿业公司的股东资格，所占出资比例为20%；2. 被告某矿业公司于本判决生效之日起十日内办理原告刘某所占股权的工商变更登记；3. 驳回原告刘某的其他诉讼请求。

一审判决后，某科技股份有限公司不服，提起上诉。湖南省××市中级人民法院于2022年7月29日作出（2022）湘××民终××63号民事判决：驳回上诉，维持原判。

（三）裁判理由

法院生效判决认为：《最高人民法院关于适用〈中华人民共和国公司法〉若干问题的规定（三）》第二十三条规定："当事人之间对股权归属发生争议，一方请求人民法院确认其享有股权的，应当证明以下事实之一：（一）已经依法向公司出资或者认缴出资，且不违反法律法规强制性规定；（二）已经受让或者以其他形式继受公司股权，且不违反法律法规强制性规定。"本案中，涉案《资产收购协议》中已约定刘某的出资份额，某科技公司的董事长石某及总经理周某向刘某出具了承诺书，承诺补偿刘某价值180万元的资产，用于对某矿业公司的增资扩股，以实现刘某持有20%股权的目标，该承诺书作为《资产收购协议》的附件，由某科技公司加盖了骑缝章。故可以认定某科技公司认可刘某作为《资产收购协议》约定新设立公司的股东以及刘某的出资数额和比例；《资产收购协议》第2.1条约定，某矿业公司成立之日即成为本协议主体，承接本协议项下甲方即某科技公司的一切权利和义务。后在2019年6月13日某矿业公司向刘某发出《增资扩股通知书》及《股权证明书》，亦明确了刘某作为某矿业公司股东的身份以及刘某的出资（扩资）数额和比例，故一审对刘某请求确认股东身份的诉讼请求予以支持并无不当。某科技公司二审主张其已向某矿业公司陆续投资3 000余万元，本案确认刘某股东身份及对某矿业公司享有20%认缴股权对某科技公司明显不公。本院认为，刘某在某矿业公司所占出资比例20%系基于2017年11月8日的《资产收购协议》及2019年6月13日某矿业公司向刘某发出的《增资扩股通知书》及《股权证明书》，至于某矿业公司股东在此之后是否继续增资扩股，各股东之间对于出资比例是否调整及如何调整系公司内部管理事宜，各方当事人可按照《公司法》及相关法律规定处理。

案例评析

（一）裁判要旨

由公司法定代表人及总经理出具的《承诺书》作为《资产收购协议》的附件，加盖了公司的骑缝章，可以认定公司认可原告作为《资产收购协议》约定新设立公司的股东以及原告的出资数额和比例。新设立公司亦向原告发出《增资扩股通知书》及《股权证明书》，亦明确了原告作为新设立公司股东的身份及其出资（扩资）数额和比例，故对原告请求确认股东身份的诉讼请求应予支持。至于新设立公司股东在此之后是否继续增资扩股，各股东之间对于出资比例是否调整及如何调整系公司内部管理事宜，各方当事人可按照《公司法》及相关法律规定处理。

（二）典型意义

有限责任公司的股东系有限责任公司出资人，是签署公司章程，列入股东名册或公司章程、名册未记载但已依约实际出资并实际以股东身份行使股东权利的自然人、法人或其他组织。股东资格确认纠纷是指股东与股东之间或者股东与公司之间就股东资格是否存在，或者具体的股权持有数额、比例等发生争议而引起的纠纷。股东资格确认纠纷大致包括以下三种类型：1. 股东与公司之间的股东资格确认纠纷。2. 股东与股东之间因出资产生的股东资格确认纠纷。这里通常是指隐名出资的情况。3. 股东与股东之间因股权转让产生的股东资格确认纠纷。根据股东资格与股权权益的基本构成原理，确定股东资格及股权权益的核心规则是：待确定的投资者与公司之间形成“股权性出资”合意且有实际出资行为。

主张存在股东资格的证据审查，应从诉争股权的取得方式、股东资格的实质要件和形式要件进行综合审查。首先：诉争股权的取得方式。股权取得方式主要包括两种形式：原始取得与继受取得。本案中，刘某对诉争股权的取得方式为设立后的原始取得。其次，股东资格的实质要件和形式要件审查。审判实践对于股东资格的确认，通常采取形式要件与实质要件兼顾的原则，应对当事人提交的关于股东资格的相关证据进行综合判断，并应视具体案件情况进行审查。从实质要件而言，应审查是否已出资或认缴出资、已受让或者以其他形式继受公司股权，且不违反法律法规强制性规定。从形式要件上而言，应审查公司章程、出资证明书、股东名册、公司工商登记等方面的记载情况。认缴出资与实缴出资对股东身份的确认在效力上并无差别，出资人在认缴出资时已具有股东身份，认缴后出资人实缴出资是履行股东出资义务。本案中，案涉《资产收购协议》中已约定原告刘某的认缴出资份额，第三人某科技公司的董事长石某及总经理周某向原告刘某出具了承诺书，承诺补偿刘某价值180万元的资产，用于对某矿业公司的增资扩股，以实现原告刘某持有20%股权的目标，该承诺书作为《资产收购协议》的附件，由第三人某科技公司加盖了骑缝章，因此，可以认定第三人某科技公司认可原告刘某作为《资产收购协议》约定新设立公司的股东以及原告刘某的出资数额和比例；被告某矿业公司向原告刘某发出《增资扩股通知书》及《股权证明书》，亦明确了原告刘某作为被告某矿业公司股东的身份以及原告刘某的出资（扩资）数额和比例，故原告刘某请求确认股东身份的诉讼请求，法院予以支持。

拓展思考

关于隐名出资情况下股东资格的确认规则。隐名股东是指出资人虽然实际出资认购公司的股权（股份），但在公司章程、股东名册以及公司登记机关登记中却记载他人为股东的情形。隐名股东起诉要求确认其股东资格的，一般应当满足以下三个要件：(1) 隐名股东与显名股东之间的代持股协议合法有效；(2) 隐名股东必须实际出资；(3) 隐名股东显名必须符合人合性。即实际出资人请求公司变更股东、签发出资证明书、记载于股东名册、记载于公司章程并办理公司登记机关登记的，应当征得公司其他股东半数以上同意。

（编者：李　琛）

七、原股权转让合同变更为新增资入股合同后，原股权转让合同终止，其定金合同也随之终止

典型案例：孙某与杨某、某房地产公司增资纠纷案

基本案情

（一）案件事实

2011年5月，转让方杨某与受让方孙某之间签订了《股权（土地使用权）转让意

向书》，约定孙某投资杨某控股的某房地产开发有限公司并取得35%股权，并约定了3000万元定金。后通过签订《投资入股协议书》及《投资入股补充协议》，双方同意采用增资入股的方式进行。协议签订后，孙某依约陆续向杨某支付了投资款，有杨某向孙某出具的累计收到1.4亿元的收条为证。但杨某却未依约办理股权转让手续。2013年，孙某以股权转让无法履行为由提起诉讼：1. 解除孙某与杨某之间的《股权（土地使用权）转让意向书》《投资入股协议书》及《投资入股补充协议》；2. 诉请杨某双倍返还定金3 000万元；3. 就1.4亿元投资款诉请杨某、某公司共同返还。杨某认可孙某投资1亿元，对其余4 000万元，称2 591万元已返还、其他未实际支付。

（二）审判结果

河北省高级人民法院作出了（2014）冀民二初字第××号民事判决：1. 解除《股权（土地使用权）转让意向书》《投资入股协议书》及《投资入股补充协议》；2. 杨某返还孙某人民币1.1亿元，某公司在9 091万元范围内与杨某承担共同返还责任。杨某双倍返还孙某定金人民币3 000万元。

杨某不服一审法院判决，向最高院提起上诉。最高人民法院作出（2015）民二终字第××1号民事判决：1. 维持一审判决第一项；2. 变更第二项为“杨某返还孙某人民币1亿元，某公司在9 091万元范围内与杨某承担共同返还责任”；3. 驳回孙某的其他诉讼请求。

（三）裁判理由

法院生效判决认为：第一，本案涉及收条记载的内容与实际收付款情形不一致的，应结合交易习惯、付款凭证等证据综合判断。本案，由于杨某与孙某原系朋友关系，双方基于相互的人身信赖，在资金往来中确实存在先打条、后付款的情形，因此收条记载的内容与款项实际支付情况并不完全相符。例如：2011年11月28日，杨某向孙某出具“至今累计收到壹亿肆仟万元整”入股金的收条，但孙某支付的入股金中有两笔合计1 591万元系在2011年11月29日才汇入某公司账户。因此，收条记载的“至今累计收到壹亿肆仟万元整”并不属实。根据综合分析认为，虽然杨某向孙某出具了至今累计收到1.4亿元的收条，但在收条记载的内容并不完全属实且双方就已付金额发生争议的情况下，仅凭收条尚不足以认定孙某实际支付了1.4亿元投资款，而仅能证明孙某支付了1.259 1亿元，扣除已经返还的2 591万元，二审认定孙某实际支付投资款本金为1亿元。

第二，是否适用定金罚则。《股权（土地使用权）转让意向书》中的定金条款为从合同，目的在于保障意向书的履行，类型上属于违约定金，具有担保性、从属性。杨某与孙某签订《投资入股协议书》后，孙某取得某公司35%股权的方式就由先前的股权转让变更为增资入股，《股权（土地使用权）转让意向书》亦被《投资入股协议书》代替而归于消灭。根据定金的从属性特征，《股权（土地使用权）转让意向书》消灭后，前述定金合同亦相应消灭，孙某有权要求杨某返还已经支付的定金。但由于孙某并未要求杨某返还定金，而是将其作为《投资入股协议书》中的投资款计算在付款总额中，杨某也同样如此处理。因此，双方已就以先前的定金抵作《投资入股协议书》项下的投资款形成了一致的意思表示，孙某无权要求杨某返还已经支付的定金。基于此，将一审判决中关于双倍返还定金的部分予以改判。

案例评析

（一）裁判要旨

首先，对于收条记载的内容与实际收付款情形不一致，仅以收条为据尚不足以充分证明实际收付款情况的，应结合交易习惯、付款凭证、汇款单据等证据对收条中记载的资金是否实际支付综合判断；其次，股权转让与增资入股具有根本差异，当事人之间协议将取得股权的方式由股权转让变更为增资入股后，原股权转让合同即被其后签订的增资入股合同所更替而终止；最后，定金合同具有从属性，属于从合同，根据“从随主走”的原则，定金合同应当随主合同的存在而存在，随主合同的消灭而消灭。

（二）典型意义

股权转让与增资入股均属于取得股权的方式，股权转让属于股权的继受取得，而增资入股则是通过认购公司增加的注册资本而成为股东，属于股权的原始取得。当事人之间协议将取得股权方式由股权转让变更为增资入股后，原股权转让合同被双方后续新签订的增资入股合同所代替，原股权转让合同即终止，归于消灭。定金合同属于典型的意定金钱保，是为担保合同的履行，由当事人一方在合同订立时或订立后至履行前给付给对方的一定金额的金钱或替代物，属于从合同，与主合同具有主从关系，在效力上具有“依附性”，如果主债权债务合同无效，定金合同自当无效，如此才能最大限度地实现保证债权的功能。同时对于效力上的从属性，除非法律另有规定，当事人之间不能约定排除，具有法律的强制性。本案中，定金合同的主合同为股权转让合同。该股权转让合同被其后签订的增资入股合同所更替而终止。作为原股权转让合同的从合同的定金合同也随之消灭，如果新合同没有就定金作出约定，则不再适用定金罚则。

拓展思考

关于定金合同成立生效后，罚则的适用问题。定金罚则的适用前提是根本违约，不适用于合同主要目的未受影响的一般违约行为。债务人履行债务后，定金应当抵作价款或收回。给付定金的一方不履行债务，或履行债务不符合约定，致使不能实现合同目的的，无权请求返还定金；收受定金的一方不履行债务或履行债务不符合约定，致使不能实现合同目的的，应当双倍返还定金。如果当事人对继续履行和定金罚则同时提出主张，人民法院应告知其择一选择，并在当事人拒绝选择时根据案件具体情况作出判断，即定金和继续履行不可以并用。另外违约金与定金不得并用，只能择一选择。

（编者：郭超群　梁子旋）

第五章　票据法专题

一、超期丧失票据权利仍可主张民事权利

典型案例：李某与某公司票据利益返还请求权纠纷案

基本案情

（一）案件事实

2015 年 6 月 30 日，某公司向李某出具中国民生银行转账支票一张，支票号：30501130/04907612。支票金额为272 300元，出票人为某公司，出票日期为 2015 年 6 月 30 日。支票有“某公司财务专用章”和“孙某印”签章。诉讼中，李某称上述转账支票系某公司向其支付的油款，并提交了北京某石油化工有限公司出具的《情况说明》。《情况说明》载明：“自 2013 年起，我公司长期供油料给李某。2015 年间，李某给我公司数张出票人为某公司的支票，并表明以上支票是某公司向其支付的油款。其中金额为伍万贰仟柒佰伍拾壹元和伍万柒仟贰佰元整的转账支票，我公司已分别于 2015 年 5 月 13 日及 2015 年 6 月 26 日分别入账（附进账单影印件）。另有一张出票金额为壹拾壹万玖仟陆佰元整，出票日期为 2015 年 6 月 29 日的转账支票一直未取得票据利益。”李某称其在支票的有效期内去银行询问过，但银行称某公司账户上没有钱，但对该项主张其并未提交任何证据。李某认为其持有的该支票形式完备、要素齐全，是合法有效的票据，且票据取得来源合法。李某享有该票据民事权利，可以请求出票人返还其未支付的票据金额。因此请求法院：1. 判令某公司向李某返还支票所载金额272 300元；2. 判令某公司向李某支付自 2015 年 6 月 30 日起

至实际支付之日的相当于同期银行贷款利率的利息；3. 判令本案诉讼费用由某公司承担。

（二）审判结果

北京市××人民法院于2017年2月16日作出（2016）京××××民初××92号民事判决：1. 被告某公司于本判决生效之日起十日内给付原告李某272 300元；2. 驳回原告李某的其他诉讼请求。

（三）裁判理由

法院生效判决认为：李某所持银行转账支票记载事项符合法律规定，且系基于真实交易关系取得，系该支票的合法持有人。依据票据法的相关规定，持票人对支票出票人的权利，自出票日起六个月不行使即消灭，持票人因超过票据权利时效而丧失票据权利的，仍享有民事权利，可请求出票人或承兑人返还其与未支付票据金额相当的利益。本案中，李某持有的转账支票未能在出票日起六个月内兑付，故涉诉支票的票据权利已经消灭，但李某作为持票人仍享有民事权利。故对李某要求某公司支付272 300元的诉讼请求，本院予以支持。关于李某主张的利息部分，根据票据法的规定，持票人请求返还的利益系与未支付的票据金额相当的利益，故李某要求某公司支付利息的诉讼请求，于法无据，本院不予支持。被告某公司经本院传票传唤，无正当理由拒不到庭参加诉讼，视为其放弃答辩及质证的权利，不影响本院依据查明的案件事实，依法作出裁判。

案例评析

（一）裁判要旨

《中华人民共和国票据法》（本书以下简称《票据法》）第十八条规定："持票人因超过票据权利时效或者因票据记载事项欠缺而丧失票据权利的，仍享有民事权利，可以请求出票人或者承兑人返还其与未支付的票据金额相当的利益。"该条规定了持票人的票据利益返还请求权，以票据权利曾经有效存在为前提，规定了在票据上的权利因时效届满或记载事项欠缺而消灭的法定事由出现时，持票人有权请求出票人或承兑人在其所受利益限度内予以偿还的权利。因此持票人提起票据利益返还请求权纠纷诉讼时，需向法院证明其合法取得票据，且诉讼请求中主张的利益范围限于未支付票据金额利益限度范围。对于当事人在诉讼中主张利息，由于缺乏法律依据，依法应予驳回。

（二）典型意义

票据是指由出票人签发，无条件承诺自己或者委托付款人在见票时或指定的日期向收款人或持票人支付确定金额的有价证券。作为一种代表一定数量货币请求权的有价证券，一定程度上提高了流通速度与交易效率。基于票据的特殊性，《票据法》第十七条规定："票据权利在下列期限内不行使而消灭：（一）持票人对票据的出票人和承兑人的权利，自票据到期日起二年。见票即付的汇票、本票，自出票日起二年；（二）持票人对支票出票人的权利，自出票日起六个月；（三）持票人对前手的追索权，自被拒绝承兑或者被拒绝付款之日起六个月；（四）持票人对前手的再追索权，自清偿日或者被提起诉讼之日起三个月。"该规定中的票据权利相较一般民事权利而言，存在更为严格的形式要件和更短的权利保护时效期间，其目的在于督促持票人尽快行使票据权利。但持票人若因一时疏忽而丧失权利受到损失，对于该损失该怎么办？为平衡各方当事人的利益，基于公平原则，法律专门设定了持票人票据利益返还请求权这一救济性权利。票据权利的消灭并不意味着该权利背后基础关系的消灭，持票人仍可基于其基础关系享有的民事权利，请求出票人或者承兑人返还其与未支付的票据金额相当的利益，达到当事人之间利益平衡的效果。

拓展思考

关于票据利益返还请求权的"利益"范围。目前法律尚未明确规定票据利益返还请求权中的"票据利益"囊括范围。但由于该请求权是基于公平效率原则而产生的一种救济性权利，因此从实质公平的角度来说，可以选择以实际取得的利益为限，这样既能够平衡当事人之间的利益，又能防止无过错的出票人或承兑人承担不利后果。对于持票人以票据利益返还请求权主张利息能否得到支持，由于当事人行使票据利益返还请求权多出于持票人怠于行使权利而遭受损失，持票人存在过错，因此对于利息，持票人一般应自行承担。但若出票人或者承兑人有过错的，法院可以基于过错与损失相适应原则，判决出票人或承兑人是否应当支付利息。

（编者：郭超群　梁子旋）

二、更改票据金额、日期、收款人名称，违反法律的效力性强制规定当然无效

典型案例：某银行与某商贸公司、某公司金融借款合同纠纷案

基本案情

（一）案件事实

1. 关于合同签订及履行情况

2015 年 6 月 8 日，某银行（甲方）与某商贸公司（乙方）签订了《综合授信额度合同》，主要内容包括：第一条 乙方在本合同约定的授信额度使用期限内可向甲方申请使用的综合授信额度为人民币（大写）三亿伍仟万元整，人民币（小写）350 000 000.00元。第三条 本合同约定的综合授信额度的有效使用期限为一年，自 2015 年 6 月 4 日至 2016 年 6 月 4 日。第五条 乙方应于本合同生效之日起十二个月内向甲方申请使用授信额度，第十八条 甲、乙双方在签订本合同项下具体业务合同时，单独签订相应的担保合同。第二十二条 凡因本合同产生的及与本合同有关的争议，甲乙双方均应协商解决；协商不成的，双方均可向甲方住所地人民法院提起诉讼。合同还约定了其他内容。

同日，某商贸公司（借款人）与某银行（贷款人）签订了《流动资金借款合同》，主要内容包括：第一条 借款。1.2 借款金额（大写）：叁亿贰仟捌佰万元整。1.3 本合同项下的借款仅限用于煤炭采购。1.4 借款期限：自 2015 年 6 月 10 日至 2016 年 6 月 10 日。借款期限是指从本合同项下第一笔贷款发放之日起至借款人按合同约定还清本合同项下本息之日止的时间。第二条 借款利率及利息的计收。2.1 本合同项下利率适用以下第 1 项约定：2.1.1 固定利率，利率为 6.12%（年），在借款期限内该利率保持不变，不因国家利率的调整而调整。2.2 利息的计算。2.2.1 日利率=月利率/30，月利率=年利率/12。2.2.2 正常利息=本合同约定利率×放款金额×占用天数。占用天数从放款日计算至到期日。2.3 罚息及复利。2.3.1 如借款人未按本合同约定的用途使用借款，或者，借款人未按期还款且又未就展期事宜与贷款人达成协议（即构成借款逾期），贷款人有权对被挪用的借款或逾期的借款按照本合同约定的罚息利率计收罚息。对不能按时支付的利息，贷款人有权按本合同约定的罚息利率计收复利。2.3.2 贷款币种为人民币的，逾期贷款的罚息利率按本合同约定利率上浮 50%，挪用贷款的罚息利

率按本合同约定利率上浮 100%；浮动利率贷款逾期或挪用后遇人民银行调整基准利率的，贷款人有权相应调整本合同罚息利率，自人民银行利率调整日起适用新的罚息利率。第三条 借款的发放、支付与偿还。3.6 贷款人受托支付是指贷款人根据借款人的受托支付委托书，在按本合同约定发放贷款后，直接将贷款资金通过借款人账户支付给符合本合同约定用途的借款人交易对手。符合下列条件之一的，采用贷款人受托支付方式：（2）全额采取受托支付方式。采取贷款人受托支付方式的资金支付，借款人应另行向贷款人出具《贷款资金支付委托书》。贷款人对《额度使用申请书》《贷款资金支付委托书》、借款凭证及有关支付交易资料（包括但不限于商务合同、发票和收货单据等）进行审核，经审核符合本合同约定且与有关支付交易资料相符的，贷款人将贷款资金支付给符合合同约定用途的借款人的交易对手。借款人拟进行的支付不符合本合同或相应的商务合同约定或其他证明材料或有其他瑕疵的，贷款人有权拒绝支付，并退回借款人提交的支付委托书。贷款人同意支付的，如因借款人提供的信息有误而无法对外支付或发生支付退款的，借款人须在贷款人规定的时限内重新提交载有正确信息的相关凭证和资料。贷款人不承担支付不成功导致的借款人的损失。如因借款人提供的信息有误导致贷款人向错误对象支付的，贷款人不向借款人承担任何责任，借款人就错误支付的部分仍需按本合同约定偿还本金及利息。第四条 担保。下列合同为本合同的担保合同：（1）编号 2015 年恒银京借质字第 10×××0021 号的《汇票质押合同》，担保方式为质押，担保人为某商贸公司。第九条 违约责任。9.2 违约发生后，贷款人有权采取下列一项或多项措施：（9）以法律手续追偿借款本息，为实现债权而支付的一切费用（包括但不限于催收费用、诉讼费、仲裁费、财产保全费、执行费、律师代理费、办案费用、公告费、评估费、拍卖费等）由借款人承担。第十三条 法律适用和争议解决。本合同适用中华人民共和国法律。本合同项下争议向贷款人住所地的法院起诉。争议期间，各方仍应继续履行未涉争议的条款。第十五条 其他约定事项。本合同项下借款结息方式为利随本清，到期一次性收取。合同还约定有其他内容。

同日，某商贸公司（出质人）与某银行（质权人）签订了编号为 2015 年恒银京借质字第 10×××0021 号的《汇票质押合同》，主要内容包括：第一条 质押财产。1.1 本合同项下的质押财产为商业汇票（以下称“汇票”），该汇票的详细情况以本合同所附“汇票质押清单”为准。1.2 本合同项下质权的效力及于出质权利的从权利和孳息。第二条 担保的主债权及担保范围。2.1 担保的主债权为主合同项下的本金：（币种）人民币（大写金额）叁亿贰仟捌佰万元整；利率 6.12%；到期日 2016 年 6 月 10

日。2.2 担保范围为主合同项下本金及利息、复利、罚息、违约金、损害赔偿金、质押财产的保管费用、质权人实现债权和质权的费用等。质权人实现债权和质权的费用包括但不限于催收费用、诉讼费用（或仲裁费）、财产保全费、执行费、律师代理费、办案费用、公告费、评估费、拍卖费等。第三条 质押财产的移交和保管。3.1 出质人应在本合同签订之日起当日内将本合同项下作为质押财产的汇票移交质权人。3.2 依照相关法律规定，质押或者转让时应当背书的汇票，出质人在交付前应当在汇票上记载背书“质押”字样。第七条 保证条款。7.3 保证期间为主合同项下债务履行期限届满之日起两年。第十条 争议的解决。凡因履行本合同所发生的或与本合同有关的一切争议、纠纷，双方可协商解决；协商不成的，依下列第一种方式解决。争议期间，各方仍应继续履行未涉争议的条款。(1) 向质权人所在地的人民法院起诉。第十一条其他条款。11.2 本合同所附的“质押清单”为本合同不可分割的组成部分。合同还约定了其他内容。该合同所附商业承兑汇票质押清单载明：汇票号码从 0010006322××××73—0010006322××××91，汇票金额从1 100万元至1 950万元不等，合计35 000万元，出票日期均为 2015 年 6 月 3 日，汇票到期日均为 2015 年 12 月 3 日，承兑人均为某公司。

2015 年 6 月 10 日某银行向某商贸公司放款32 800万元。

借款期限届满后，2016 年 6 月 12 日某商贸公司向某银行归还利息4 446.42元，2016 年 6 月 21 日归还利息 3.59 元。2017 年 3 月 17 日某商贸公司向某银行归还本金6 500万元。

2. 本案诉争情况

诉讼中，某银行提交了查复日期为 2015 年 6 月 3 日、盖有某公司骑缝章的《某银行商业承兑汇票查询查复书》。内容为：“某公司：我行因接受某商贸公司的商业承兑汇票质押申请业务，需对贵单位签发的商业承兑汇票进行查询，查询内容如下：以下商业承兑汇票是否由你单位签发并承兑”。该查复书记载了 19 张汇票的汇票号码、汇票金额、出票日期、到期日期、付款人、出票人、收款人七项内容，与上述《汇票质押合同》所附质押清单的内容一致。该查复书的下方为：“查复方意见：一、上述商业承兑汇票由我单位签发并承兑，真实、有效，无挂失支付、无冻结。我公司将于汇票到期日无条件向持票人支付全部款项。”在查复方处盖有某公司的公章，经办处有署名为“任某”的签名。查复日期载明为 2015 年 6 月 3 日。某银行以该证据证明某银行已经就案涉汇票向某公司查询，某公司声明案涉汇票为其签发并承兑，承诺将于汇票到期日无条件向持票人支付全部款项。某公司对此拒不认可，认为查复书上没有记载承兑日期，与汇票上的记载不一致，该公司没有看到 19 张汇票，没有对改动后的 19 张票据进行查询。

诉讼中，某银行提交了：（1）2016年某公司向某银行出具的介绍信一封，载明：“兹介绍王某莉同志等1名前往你处查询我司在你处办理我司承兑商业汇票业务。希予接洽为盼。”（2）2015年12月3日某公司向某银行出具的《情况说明》，内容为：“致某银行北京分行：煤、焦炭贸易属于某公司（以下简称‘我公司’）的民品业务，经营多年，上下游客户稳定，某商贸公司是我公司的供货商，自2011年与我公司合作，交易记录良好。冬季是煤、焦炭的供货高峰，为此我公司大量采购冬煤销售，资金需求量大。目前，公司的主要下游客户由于有关部门的介入，处于配合阶段，其日常经营回款账户处于临时封禁状态，预计在2016年2月29日可以解禁，届时可以正常回款。鉴于上述临时原因，我公司特向贵行申请贵行持有我公司的3.5亿元商业汇票顺延提交，请在2016年2月29日再提交，近日我公司将大宗贸易货款及时入账，以待贵行提付。感谢贵行对我公司的大力支持。”（3）2016年2月2日某公司的函件一份，内容为：“致某银行北京分行：煤、焦炭贸易属于我公司（某公司）的民品业务，经营多年上下游客户稳定，某商贸公司是我公司的供货商，自2012年与我公司合作，交易记录良好。冬季是煤、焦炭的供货高峰，为此我公司大量采购冬煤销售，资金需求量大。目前，由于我公司的主要下游客户财务审计、核查等原因，其日常经营回款账户处于临时关闭状态，预计审计、核查近日完毕，账户即可使用，届时可正常回款。鉴于上述临时原因，我公司特向贵行申请给予我公司延期几日还款，暂不提交我公司质押给贵行的3.5亿元商业汇票，我公司承诺在2016年2月29日前回款入账。”某银行以上述三份证据证明汇票到期后，某银行曾多次向某公司提示付款，已履行法定义务，积极主张票据权利，某公司申请延缓付款，未依法履行票据义务。某公司认可证据的真实性，但认为不能证明系某银行履行了提示付款义务，因为是该公司给某银行的函，不是某银行给该公司的函，且由于主合同尚未到期，某银行不能主张实现质权。

诉讼中，某银行提交了汇票号码从0010006322××××73—0010006322××××91的19张商业承兑汇票。19张汇票正面承兑日期均载明为2015年6月3日，其中“6”字明显为从“12”涂改后所得。对于该项涂改，某银行陈述系出票时即由某公司自行涂改。某公司拒不认可，认为系某银行涂改，并提交黑龙江省××中级人民法院（2019）黑××刑初××2号刑事判决作为证据。该判决载明，证人朱某（某银行北京分行原客户经理、已判决）证言：“我未发现汇票有涂改情况。”证人费某（某银行北京分行工作人员）的证言：“我在某银行北京分行工作，负责票据初审工作。某商贸公司向某银行提供某公司 3.5 亿商业承兑汇票由我初审后交谷某复审，当时没有问题，票据没有涂改，后原件交李某处。我核对的汇票日期后来被别人改为 2015 年 6 月 3 日，与出票日期改为一天，我不知道原因及被谁改动的。”证人谷某（某银行北京分行工作人员）的证言：“我在某银行北京分行金融市场部工作，银行办理商业承兑汇票质押贷款业务应由营业部审核，但营业部人称不会，请我帮忙，我办理了某商贸公司在某银行贷款 3.28 亿元的复核工作，我审核时汇票原件没有被修改，我将汇票原件交给李某，之后日期为何被修改了我不知道。”

另外，19 张汇票背面背书人签章处有某商贸公司的财务专用章及其时任法定代表人王某强的名章以及质押章，时间为 2015 年 6 月 8 日。对质押章，某公司提出异议，认为该质押章是某银行自行盖上，并不是某商贸公司背书盖上的。称其单位工作人员王某莉到某银行查看商业汇票时并无质押章，某银行自行盖上质押章不具有效力，并提交王某莉手机拍摄时间为 2016 年 3 月 14 日照片的（2018）京海诚内民证字第××××81 号公证书，用以证明某公司员工王某莉拍摄案涉 19 张商业承兑汇票均未加盖质押章，因此不构成票据质押法律关系，某银行基于不洁票据存在重大过失，依法不享有质押权利。某银行认可王某莉到该行洽谈欠款一事，但否认向王某莉出示过 19 张汇票，认为照相机的照片不具有真实性，有可能是用某公司自己的其他汇票拍摄所致。

某公司另提交中国人民银行征信中心《企业信用报告》（银行版）及某银行贷中审查档案一份，用以证明某银行在 2015 年 6 月 10 日对某商贸公司进行贷中操作时，商业承兑汇票均未加盖质押章，在 2015 年 6 月 8 日商业承兑汇票进行质押时就更未加盖质押章。而 2015 年 6 月 3 日案涉汇票开具后，于当日某银行便取得汇票，此时汇票上并未记载质押字样，后汇票一直保存于某银行处，出质人某商贸公司根本不可能于 2015 年 6 月 8 日在票据上盖质押章，因此某银行在收到商业汇票的时候，收到的不是带有质押字样的商业承兑汇票，不构成票据质押法律关系，某银行依法不取得票据质权。该《企业信用报告》后附有案涉 19 张汇票的正面和背面，在汇票的背面背书人签章处均盖有某商贸公司的财务专用章及王某强的名章，但无“质押”字样。某银行认可证据的真实性，但认为该报告显示某商贸公司无逾期贷款、无不良记录，恰好说明 2015 年 6 月 10 日放款时某银行已对某商贸公司进行了征信审查。档案中的 19 张汇票系贷款审查时留存汇票复印件，不能说明放款时未加盖质押章，在放款时由某商贸公司加盖了质押章。且该档案与上述公证书中汇票有关照片一致，充分证明公证书中照片并非拍摄汇票原件，起不到证据的效力，无法证明汇票原件实际的情况。

3. 相关刑事案件情况

黑龙江省××中级人民法院（2019）黑××刑初1××号刑事判决中载明某商贸公司实际控制人孟某、某公司原总经理曹某利用商业承兑汇票实施贷款诈骗事实为：2015年初，被告人孟某从某银行北京分行信贷部朱某（另案处理）处获知可以用国企商业承兑汇票做质押从该分行贷款，遂找曹某提供某公司的商业承兑汇票。同年6月3日，曹某配合孟某出具虚假贸易合同等材料，后又在明知某公司无相应承兑能力的情况下，未经上级单位批准，擅自指示本公司财务人员以某公司名义给某商贸公司开具了11张，共计人民币3.5亿元的商业承兑汇票，孟某以此做质押，从某银行北京分行骗得贷款人民币3.28亿元。其中被孟某个人使用241 093 445.70元，用于归还贷款及利息48 055 967.53万元，用于其他支付38 720 950元。2017年3月17日归还某银行北京分行6 500万元，未归还2.63亿元。

证人赵某的证言及情况说明："因为孟某欠银行贷款到期，曾向我借过桥资金，他向我支付利息。2015年6月11日至6月25日，孟某转给某商贸A公司后又转给我的1.2亿元是孟某欠我的钱，转给某集团公司钱是让我帮着转款的钱。我和孟某之间的民间借贷利息2 127.19万元，其中1 310万元是2015年6月12日收取。"判决书载明2020年9月17日，侦查机关在证人赵某处扣押涉案钱款1 310万元。

该判决中被告人孟某的供述与辩解："用于办理某银行融资的煤炭贸易业务不是真实的，主要用途是归还之前贷款产生的债务。关于某银行的事情我违法了，从行为上我被某银行骗了，骗了贷款，我和曹某欺骗银行贷款。""这次贷款背景不是真实的，就是为了贷款缓解资金。""2015年6月11日，我给某商贸公司转过钱，这是我欠赵某的本金、利息，当时我和赵某约定的利息远超正常利息，我对侦查机关在赵某处扣押的1 310万元无异议。"

黑龙江省××中级人民法院认定：孟某、曹某向某银行出具的商业承兑汇票无贸易背景且无兑付能力，二人使用此承兑汇票质押给某银行套取贷款，用于偿还逾期贷款、个人欠款的行为，构成贷款诈骗罪。曹某明知某公司与某商贸公司之间无煤炭贸易，仍代表某公司违规出具商业承兑汇票，且虚构承兑能力，故该商业承兑汇票形式真实亦不能掩盖孟某、曹某虚构事实的诈骗手段。另认定：孟某、曹某共谋利用质押虚假商业承兑汇票诈骗某银行2.63亿元，孟某策划、协调银行办理贷款、曹某违规出具虚假贸易背景且无法兑付的承兑汇票，二被告人在贷款诈骗中均起主要作用，均系主犯，对该损失应承担共同退赔责任。在赵某处扣押的涉案钱款来源于诈骗某银行的贷款，依法应返还给被害单位。

黑龙江省××中级人民法院一审判决：被告人曹某犯贷款诈骗罪，判处无期徒刑，剥夺政治权利终身，并处没收个人全部财产；犯合同诈骗罪，判处有期徒刑十二年六个月，并处罚金人民币四百万元；犯骗取贷款罪，判处有期徒刑六年六个月，并处罚金人民币九百万元，决定执行无期徒刑，剥夺政治权利终身，并处没收个人全部财产。被告人孟某犯贷款诈骗罪，判处无期徒刑，剥夺政治权利终身，并处没收个人全部财产；犯合同诈骗罪，判处有期徒刑十二年，并处罚金人民币四百万元；犯骗取贷款罪，判处有期徒刑五年，并处罚金人民币八百万元，决定执行无期徒刑，剥夺政治权利终身，并处没收个人全部财产。同时判决侦查机关在赵某处扣押的涉案钱款1 310万元依法返还某银行，责令孟某、曹某两人共同退赔某银行人民币 2. 499 亿元。

经询问，某银行陈述其尚未收到上述刑事判决中应予返还及退赔的款项。

4. 其他事项

某银行提交了其与某律所签订的《委托代理合同》、中国建设银行单位客户专用回单、北京增值税普通发票以及国家税务总局全国增值税发票查验平台发票查验结果单，证明其就本案已支付律师费 25 万元。

某银行关于第一项诉讼请求的借款期内利息20 403 709. 99元的计算方式为：以借款本金328 000 000元为基数，自 2015 年 6 月 11 日起算至 2016 年 6 月 10 日，天数 366 天，按照年利率 6. 12%（日利率=月利率/30，月利率=年利率/12），计算出利息为 20 408 160 元，扣除已归还利息 4 450. 01 元（4 446. 42 元 + 3. 59 元），即为 20 403 709. 99元。

原告某银行请求法院判令：（1）被告一（某商贸公司）向原告支付借款本金 263 000 000元及借款期内利息20 403 709. 99元（借款期限 2015 年 6 月 10 日至 2016 年 6 月 10 日，年利率 6. 12%）、逾期罚息（以未还之借款本金为基数，利率为年利率上浮 50%即 9. 18%，期限自 2016 年 6 月 10 日起计，暂计至 2020 年 12 月 24 日为 115 834 770元，计算至实际支付日止）、复利（以20 403 709. 99元为基数，利率为年利率上浮 50%即 9. 18%，自 2016 年 6 月 10 日起计，暂计算至 2020 年 12 月 24 日为 8 663 181. 97元，计算至实际支付日止）；（2）本案律师费 25 万元由二被告承担；（3）被告二（某公司）向原告承担 19 张商业汇票350 000 000元票据付款责任及迟延付款相应利息（利息以350 000 000元为基数，自汇票到期日 2015 年 12 月 3 日起算，利率按人民银行 5 年以上贷款年利率 4. 9%计算，暂计算至 2020 年 12 月 24 日为86 830 684. 93 元，计算至实际支付之日）；（4）本案的诉讼费用由二被告承担。

（二）审判结果

北京市高级人民法院于2022年6月30日作出（2017）京民初××4号民事判决：1. 某商贸公司于本判决生效之日起十日内向某银行支付借款本金263 000 000元及借款期内利息20 403 709.99元；支付逾期罚息（以本金328 000 000为基数，按年利率9.18%自2016年6月11日起算至2017年3月17日；以本金263 000 000元为基数按年利率9.18%自2017年3月18日起算至实际支付完毕之日止）；支付复利（以20 403 709.99元为基数按年利率9.18%自2016年6月11日起算至实际支付完毕之日止）（根据相关刑事判决予以返还和退赔的钱款已经执行的部分则相应扣除）；2. 某商贸公司于本判决生效之日起十日内向某银行支付本案律师费250 000元；3. 驳回某银行其他诉讼请求。

一审判决后，当事人服判息诉。

（三）裁判理由

法院生效判决认为，《〈民法典〉时间效力规定》第一条第二款规定："民法典施行前的法律事实引起的民事纠纷案件，适用当时的法律、司法解释的规定，但是法律、司法解释另有规定的除外。"本案系因某商贸公司在民法典施行前因借贷合同和票据质押的履行及偿还而引起的法律纠纷，故本案应当适用合同法及票据法的规定。

关于本案合同效力问题。根据黑龙江省××中级人民法院（2019）黑××刑初1××号刑事判决的认定，可以看出，本案诉争借款合同所涉款项与某商贸公司实际控制人孟某和某公司原总经理曹某共谋利用质押虚假商业承兑汇票实施诈骗行为所涉款项系同一款项，孟某和曹某构成贷款诈骗罪。但本案系某银行根据借款合同要求某商贸公司承担民事责任，本案与上述刑事案件虽然涉及同一笔借款，但两案法律关系并不完全同一，且承担民事责任和刑事责任的主体并不完全相同。而且孟某和曹某的诈骗行为在合同法上构成单方欺诈。根据《合同法》第五十四条第二款"一方以欺诈、胁迫的手段或者乘人之危，使对方在违背真实意思的情况下订立的合同，受损害方有权请求人民法院或者仲裁机构变更或者撤销"之规定，某银行对案涉借款合同享有撤销权。因某银行未按照该条规定主张撤销合同，故应当认定本案借款合同有效。其次，案涉刑事判决并未认定某银行的相关工作人员共同构成贷款诈骗罪，某银行在本案贷款操作中虽有不规范，但不能就此认定某银行与某商贸公司存在恶意串通损害国家利益和某公司利益的情形，案涉借款合同也不存在《合同法》第五十二条规定的其他导致合同无效的情形。故某公司主张案涉借贷合同无效的主张，本院不予支持。

本案中借款合同实际已经履行，某银行已经发放贷款金额，某商贸公司已经实际获得贷款利益，某商贸公司虽支付了部分贷款和利息，但未按约定偿还剩余本金及利息，已经构成违约，应当按合同约定返还剩余借款及相应利息、罚息及复利。经核算，某银行主张的本金、期内利息及罚息符合合同的约定，本院予以支持。关于复利，某银行系以期内利息作为基数主张逾期罚息的复利，鉴于期内利息的金额少于应当支付的罚息金额，不损害债务人及担保人的利益，故本院予以支持。因黑龙江省××中级人民法院的刑事判决已经判决扣押的涉案钱款1 310万元返还某银行并判决孟某和曹某退赔某银行人民币 2. 499 亿元，对于刑事判决已经执行的部分则应当相应扣除。

根据某银行与某商贸公司签订的借款合同的约定，某银行要求某商贸公司支付律师费的主张有合同依据，本院予以支持。

关于某银行主张某公司应承担汇票责任是否能够得到支持的问题。《票据法》第九条规定："票据金额、日期、收款人名称不得更改，更改的票据无效。对票据上的其他记载事项，原记载人可以更改，更改时应当由原记载人签章证明。"本案中，案涉汇票的承兑日期明显涂改，该事项属于不得更改事项，且没有证据证明该项涂改系由出票人某公司作出，也没有某公司签章证明，故该票据无效。某银行不能取得涉案票据的权利，其向某公司主张质权担保本院不予支持。

案例评析

（一）裁判要旨

票据在流通过程中，可能存在一些人为达到不法目的对票据上票据金额、日期、收款人名称进行更改的事实。根据法律规定票据金额、日期、收款人名称不得更改，更改此内容的票据因违反法律的效力性强制规定当然无效。

（二）典型意义

票据是按照一定形式制成、写明有付出一定货币金额义务的票证，是出纳或运送货物的凭证，包括汇票、本票和支票。票据具有汇兑、支付、结算、信用、流通和融资功能。票据在流通过程中，可能存在一些人为达到不法目的对票据上票据金额、日期、收款人名、签章和其他记载事项进行更改、伪造、变造事实。那么更改、伪造、变造的行为是否具有法律效力？根据《票据法》第九条和第十四条的规定，对票据金额、日期、收款人名称更改的票据直接无效。对伪造、变造的签章和其他事项的，依票据行为的独立性，票据上有伪造、变造的签章和其他事项的，不影响票据上其他真实签章的效力，伪造、变造人，应依票据法和刑法相关规定承担刑事责任，若给其他票据当事人造成经济损失则还要承担民事赔偿责任。

本案中，案涉汇票的承兑日期明显涂改，该事项属于不得更改事项，且没有证据证明该项涂改系由出票人某公司作出，也没有某公司签章证明，故该票据因涂改法律禁止的事项而当然无效。某银行不能取得涉案票据的权利，故某公司不应承担质权担保的责任。

随着市场经济高度发展，经济往来中结算工具从单一的货币形式向多元化形式发展，票据因具有自身的优势和功能，常作为汇兑、支付、结算、融资等手段。市场经济应当是信用经济，市场主体应当遵守诚实信用的基本原则。本案是一起典型的违反诚实守信的案例，其行为不利于信用经济的秩序的建立。本案依法认定更改票据主要事项（即承兑日期）属于无效行为，对失信的市场主体予以警醒，对守信的市场主体予以司法上的认同和保护，从而有利于市场经济健康高速地发展。

拓展思考

目前法律中对管理性强制规定和效力性强制规定并没有明确规定，但一般理解为：管理性强制规定是指法律及行政法规未明确规定违反此类规定将导致合同无效的规定，其仅是为了实现管理的需要，并非针对行为内容本身。效力性强制规定是指法律及行政法规明确规定违反该类规定将导致合同无效的规定，或者虽未明确规定违反之后将导致合同无效，但若使合同继续有效将损害国家利益和社会公共利益的规定，因此其不仅以管理需要为目的，行为内容本身为法律法规所禁止或损害国家利益和社会公共利益。

正确理解、识别、区分管理性强制性规定与效力性强制性规定，不但关系到民商事合同在法律上效力的认定，而且影响市场交易的安全、稳定与市场主体对其行为的预判。判断某项法律法规的规定是属于何种强制性规定，其根本在于违反该规定是否严重侵害国家、集体和社会公众利益，是否需要国家权力对当事人意思自治行为予以干预。

（备注：《民法典》实施后，《合同法》已废止）

（编者：张永红）

三、商业汇票票据到期日前提示付款是否属于有效的提示付款

典型案例：A 公司与 B 公司、C 公司等票据追索权纠纷案

基本案情

（一）案件事实

一审法院认定事实：2018 年 3 月 12 日，A 公司与 E 公司签订购销合同，由 A 公司给 E 公司销售外墙 EPS 线条供货。2018 年 7 月 3 日，E 公司向 A 公司背书转让电子银行承兑汇票一份用于支付材料款。出票人为甲公司，收票人为乙公司，承兑人为丙公司，出票日期为 2018 年 2 月 24 日，汇票到期日为 2019 年 2 月 24 日，承兑日为 2018 年 2 月 24 日，该汇票已经承兑，到期无条件付款。票据金额为 10 万元。该汇票到期后，A 公司通过电子商业汇票系统于 2019 年 2 月 22 日向承兑人丙公司提示付款，丙公司至今未付款。该票据背书流转顺序为乙公司、丁公司、B 公司、C 公司、D 公司、E 公司、A 公司。

二审法院认定事实与一审一致。

河南省高级人民法院再审除对一审法院认定的案件基本事实予以确认外，另认定如下事实：A 公司再审庭审中提交的上海票据交易所《票交所关于规范电子银行承兑汇票提示付款应答的通知》载明，“经中国人民银行同意，自 2021 年 1 月 11 日起，上海票据交易所进一步规范电子银行承兑汇票提示付款应答处理…… 一、关于系统处理规则（一）票据到期日在 2021 年 1 月 11 日及之后的电子银行承兑汇票处理规则……持票人在票据到期日前提出付款、承兑人在票据到期日的次日（遇法定休假日、大额支付系统非营业日、电子商业汇票系统非营业日顺延）仍未兑付的，电子商业汇票系统于日终时变更票据状态为拒付状态。（二）票据到期日在 2021 年 1 月 11 日之前的电子银行承兑汇票处理规则。承兑人应当在收到持票人发起的提示付款请求的当日至次日（遇法定休假日、大额支付系统非营业日、电子商业汇票系统非营业日顺延）自主进行兑付，系统不自动变更。”

（二）审判结果

河南省××人民法院于 2020 年 5 月 28 日作出（2020）豫××××民初 1 号民事判决：驳回 A 公司的诉讼请求。

A 公司不服一审判决结果，提起上诉。

河南省××中级人民法院于 2020 年 9 月 11 日作出（2020）豫××民终××13 号民事判决：驳回上诉，维持原判。

A 公司不服二审判决结果，申请再审。

河南省高级人民法院于 2021 年 4 月 23 日作出（2021）豫××民申××50 号民事裁定，提审本案。河南省高级人民法院作出（2021）豫××民再××5 号民事判决：1. 撤销河南省××中级人民法院（2020）豫××民终××13 号民事判决和××人民法院（2020）豫××××民初××1 号民事判决；2. B 公司、C 公司、D 公司于本判决生效后十日内连带给付 A 公司人民币 10 万元及利息；3. 驳回 A 公司的其他诉讼请求。

（三）裁判理由

再审法院生效裁判认为，本案再审争议的焦点为 A 公司对 B 公司、C 公司、D 公司是否享有追索权。

首先，《电子商业汇票业务管理办法》第五十九条："持票人在票据到期日前提示付款的，承兑人可付款或拒绝付款，或于到期日付款。承兑人拒绝付款或者未予应答的，持票人可待票据到期后再次提示付款。"根据该规定可知，持票人在票据到期日前提示付款的，对于承兑人来说在其享有期限利益的情况下，有权选择向持票人在票据到期日前付款、拒绝付款或者到期日进行付款。如果承兑人在票据到期日前拒绝付款或者未予应答的，那么持票人是"可以"待票据到期后再次提示付款，这里并未要求持票人必须或者应当再次提示付款。也就是说，持票人期前提示付款，票据到期日后十日内承兑人拒绝付款或者未予应答，强调的是一种状态而非一种行为。A 公司于案涉汇票到期日前两天通过电子商业汇票系统向丙公司提示付款，在丙公司未签收未付款的情况下，A 并非必须再次提示付款，已经提示付款未签收未付款的状态一直持续到票据到期日后十日内，并未因票据到期或期满而消除，故其提前提示付款的效力及于票据到期日后，应视为在汇票到期日后的法定期限内进行了提示付款。

其次，《票据法》第六十一条第一款："汇票到期被拒绝付款的，持票人可以对背书人、出票人以及汇票的其他债务人行使追索权。"《电子商业汇票业务管理办法》第六十五条："追索分为拒付追索和非拒付追索。拒付追索是指电子商业汇票到期后被拒绝付款，持票人请求前手付款的行为。非拒付追索是指存在下列情形之一，持票人请求前手付款的行为：（一）承兑人被依法宣告破产的；（二）承兑人因违法被责令终止业务活动的。"第六十六条："持票人在票据到期日前被拒付的，不得拒付追索。持票人在提示付款期内被拒付的，可向所有前手拒付追索。持票人超过提示付款期提示付款被拒付的，若持票人在提示付款期内曾发出过提示付款，则可向所有前手拒付追索；若未在提示付款期内发出过提示付款，则只可向出票人、承兑人拒付追索。”本案中，A公司主张在提示付款期内被拒付，B公司主张A公司不能出示拒绝证明，丧失对前手的追索权。本院认为，案涉票据为电子商业汇票，且能够证明本案提示付款行为发生于2021年1月11日之前，依据A公司再审提交的《票交所关于规范电子银行承兑汇票提示付款应答的通知》，承兑人接到提示付款申请时需自主进行应答，电子汇票系统尚不具备自动变更为“拒付”的功能。若承兑人对持票人的提示付款不予应答，持票人客观上无法通过电子商业汇票系统取得拒付证明。但案涉汇票在长达数月的时间内一直处于“提示付款待签收”状态，承兑人的行为已表明其实际为变相拒绝付款，A公司具备拒付追索的条件。且在A公司向丙公司发出催款通知书、律师催告函后，丙公司给A出具兑付说明，称资金困难建议分期兑付。直至本案诉讼，丙公司仍未向A公司履行相关义务，综合判断可认定丙公司事实上已符合“拒绝付款”情形，A公司享有拒付追索权。《票据法》第十七条第一款第三项“持票人对前手的追索权，自被拒绝承兑或者被拒绝付款之日起六个月”内不行使而消灭，A公司于票据到期日起六个月的期限届满前行使票据追索权，符合该规定，依法产生票据追索的法律效力。因此，A公司可向B公司、C公司、D公司行使拒付追索权。

再次，《票据法》第六十一条规定，持票人依据下列情形之一可行使非拒付追索权，一是汇票被拒绝承兑的，二是承兑人或者付款人死亡、逃匿的，三是承兑人或者付款人被依法宣告破产或者因违法被责令终止业务活动的。《电子商业汇票业务管理办法》第六十五条规定，承兑人被依法宣告破产的，或者承兑人因违法被责令终止业务的，持票人可以进行非拒付追索，请求前手付款。根据丙公司发布的公告及另案裁判文书所载明情况，丙公司负责人涉嫌刑事犯罪且出现了票据违约，在此情况下，A公司符合非拒付追索的条件，亦享有非拒付追索权，其选择行使拒付追索权系对自己权利的处分。

案例评析

（一）裁判要旨

持票人在票据到期日前在电子票据系统提示付款，承兑人不予签收，致使票据状态一直处于“提示付款待签收”，且该状态一直延续至法定的提示付款期限。结合电子票据系统的特点，电子商业汇票的提示付款行为强调的是一种状态，具有持续性，承兑人虽对到期日前的提示付款行为不作拒绝付款之操作，汇票到期后仍发生到期日已提示付款的效力。

（二）典型意义

本案结合电子票据系统票据每一操作行为均具有存储的特点，认定电子商业汇票的提示付款行为具有持续性，承兑人虽对到期日前的提示付款行为做不签收不拒付的放任状态，汇票到期后仍发生到期日已提示付款的效力。结合持票人线下追索的事实和出票人的实际情况，得出出票人已经以实际行为作出拒付的意思表示，既减轻了持票人的举证压力，也符合立法本意，减少讼累，节约司法资源。本案经历一审、二审、再审，再审法院结合电子票据系统的特点，最终确立了票据到期前提示付款具有法定提示付款的效力，对完善电子票据系统的操作行为、规范电子票据系统都具有重要指导意义，对明确和统一票据纠纷裁判规则也具有重要的参考价值。

拓展思考

根据《电子商业汇票业务管理办法》第三条、第五条的规定，电子商业汇票系统是经中国人民银行批准建立，依托网络和计算机技术，接收、存储、发送电子商业汇票数据电文，提供与电子商业汇票货币给付、资金清算行为相关服务的业务处理平台。《电子商业汇票业务管理办法》作为调整电子商业汇票交易的行为规范，确立了电子商业汇票出票、承兑、背书、保证、提示付款、追索等业务全部通过电子商业汇票系统办理。持票人在开具银行账户时，一般均与开户行签订协议接入电子商业汇票系统，从而进行电子商业汇票的一系列操作行为。

付款请求权是持票人享有的第一顺序权利，追索权是持票人享有的第二顺序权利，提示付款行为是持票人行使票据请求权的重要表现，也是能否行使追索权以及固定追索对象范围的前置程序。实践中，由于持票人并不熟悉电子商业汇票系统的操作规则，在承兑人余额充足的情况下，一些持票人通过提前提示付款可以及早实现票据兑付，却忽视了一旦承兑人不签收、不拒付可能带来的风险。而且，部分接入银行可以设置自动发送提示付款行为，也导致持票人忽略依法发起提示付款的重要步骤。

一旦持票人未遵循电子商业承兑汇票操作规则，在票据到期前发起提示付款，如果承兑人在提示付款期限届满后予以拒付，持票人很可能在电子商业汇票系统丧失对出票人、承兑人及保证人外的其他前手的追索权，只得通过线下方式发起追索。由于目前各地法院对于线上、线下追索的效力裁判规则不一，从而会损害持票人的追索权或出现票据无法返还的问题，即电子商业汇票系统记载的权利人与法律文书认定的权利人不一致的情形，后者也会极大地损害电子商业汇票系统确立的初衷和意义。为此，亟待在立法、司法等领域结合审判经验和票据流通特点不断调整和完善。

河南省高级人民法院的判例虽然肯定了电子商业汇票的提示付款行为具有持续性，承兑人虽对到期日前的提示付款行为做不签收不拒付的放任状态，汇票到期后仍发生到期日已提示付款的效力。并且各地部分法院也认可持票人在票据到期日前提示付款，没有在到期日后再次提示付款，持票人对出票人、承兑人之外的其他前手仍具有追索权。如（2022）京××民终××9号、（2020）苏××民终××32号、（2022）鲁××民终××44号、（2021）川××××民初××56号等。但该裁判规则并不具有普适性，也有部分法院认为持票人在票据到期日前提示付款，没有在到期日后再次提示付款，持票人对出票人、承兑人之外的其他前手丧失追索权。如（2022）京××民终××52号、（2020）粤××民终××59号、（2022）粤××××民初××17号、（2022）粤××民初××6号等。

因此对于持票人期前提示付款行为是否属于有效的提示付款，目前在审判领域裁判规则不一。对于持票人而言，应审慎注意行使第一顺位的票据付款请求权的时限，尽可能遵守票据法律法规确定的提示付款法定期限，避免因提前提示付款、逾期提示付款等行为被认定为不构成有效提示付款，从而丧失对背书人的追索权，损害自己的权益。

（编者：田跃辉）

四、商业汇票到期后在法定期限内提示付款被拒付，持票人如何行使追索权

典型案例：甲公司与浙江乙公司等票据追索权纠纷案

基本案情

（一）基本事实

原告甲防腐材料公司分别于2021年4月22日、2021年4月27日、2021年6月12日与案外人J公司签订了三份《工业品买卖合同》，合同货物金额为147 500元、353 500元、300 600元，均约定使用商业承兑汇票付款。J公司于2021年7月29日将

电子商业承兑汇票（票号23042410129142020121××××××，出票日期为2020年12月17日，汇票到期日为2021年12月16日，汇票金额为763 123.35元）背书转让给原告用于支付部分货款。原告于2021年12月16日向承兑人提示付款，但承兑人拒付，后原告于2022年1月6日向前手即被告浙江乙公司发出拒付追索通知，2022年3月15日向其余被告发起拒付追索，目前票据状态为拒付追索待清偿。上述电子商业承兑汇票显示：由肇东市A有限公司于2020年12月17日开出，收款人为被告浙江乙公司，依次转让背书给被告绍兴B公司、被告江苏C公司、被告齐齐哈尔D公司、被告深圳E公司、被告长沙F公司、案外人江苏G公司、案外人盐城H公司、案外人盐城市I经营部、案外人J公司以及原告。

以上事实，有原告提交的《工业品买卖合同》、发货单、发票、电子商业承兑汇票、《企业信用信息公示报告》以及庭审笔录予以佐证，足以证实。

（二）审判结果

广东省××人民法院（2022）粤××××民初××81号民事判决：被告浙江乙公司、被告绍兴B公司、被告江苏C公司、被告齐齐哈尔D公司、被告深圳E公司、被告长沙F公司应于本判决生效之日起五日内连带向原告甲防腐材料公司支付电子商业承兑汇票金额763 123.35元（票号23042410129142020121××××××），并支付该汇票金额自2021年12月16日起至清偿日止，按照全国银行间同业拆借中心发布的贷款市场报价利率计算的利息。

（三）裁判理由

法院生效判决认为，本案为票据追索权纠纷。《票据法》第六十一条规定：“汇票到期被拒绝付款的，持票人可以对背书人、出票人以及汇票的其他债务人行使追索权。”第六十八条规定：“汇票的出票人、背书人、承兑人和保证人对持票人承担连带责任。”第七十条规定：“持票人行使追索权，可以请求被追索人支付下列金额和费用：（一）被拒绝付款的汇票金额；（二）汇票金额自到期日或者提示付款日起至清偿日止，按照中国人民银行规定的利率计算的利息；（三）取得有关拒绝证明和发出通知书的费用。”在本案，原告基于买卖合同关系取得涉案电子商业承兑汇票，享有票据权利。汇票到期被拒付，其可向汇票前手行使追索权，汇票前手应承担连带责任。故对被告答辩意见不予认可，原告诉请支付电子商业承兑汇票金额763 123.35元以及利息（按照全国银行间同业拆借中心发布的贷款市场报价利率计算利息，从2021年12月16

日起计至清偿之日止)，于法有据，本院予以支持。

案例评析

(一) 裁判要旨

原告基于合法的买卖关系取得电子商业承兑汇票，享有票据权利。票据到期被拒付，其可向前手行使追索权，汇票前手应承担连带责任。

(二) 典型意义

本案原告作为持票人，各阶段票据行为都符合票据法规定，尤其是票据提示付款、发起拒付追索、公司开户行接入的电票系统等都比较合乎流程。涉案票据在2021年12月16日到期，同日持票人向承兑人提示付款。拒付后在2022年1月6日、3月15日向前手发起线上拒付追索，最终票据状态演变为拒付追索待清偿。这一系列的票据行为很好地遵照了《票据法》第五十三条、第十七条、第六十一条的规定。对于法官正确适用法律、票据持票人正确操作票据行为维护己方权利都具有借鉴意义。在票据追索权诉讼中，票据原件的核对一直是一个较为麻烦的事情，持票人在法庭上顺利展示票据正、反面（一般是背书过程)，提示付款、拒付追索等关键的操作信息将极大地帮助法官查明事实。

拓展思考

持票人行使追索权一般需要以下步骤：首先在票据到期的法定期限内向承兑人提示付款；其次，如提示付款遭到拒付，需要在法定期限内行使拒付追索权。

关于法定提示付款期限，根据《票据法》第五十三条的规定，定日付款、出票后定期付款或者见票后定期付款的汇票，自到期日起十日内向承兑人提示付款。票据市场流通的商业汇票一般是一年期或半年期，因此对于持票人向承兑人发出提示付款的时限要求为票据到期日起十日内。

至于票据到期日当天能否进行提示付款，本书认为，对法律的解释应当符合其文义、体系和目的。从字面意思理解，持票人当然可以在票据到期日当天行使权利。虽然《民法典》规定开始当天不计入期间，从立法目的而言，并非排除权利人在当天行使权利，而是为了明确期间的最后时间，即法定的提示付款截止时间为票据到期日次日起算十天。实务中，持票人在票据到期日当天提示付款是符合票据行权规范的。

拒付后拒付通知发出的时限要求及后果。《票据法》第六十六条规定："持票人应当自收到被拒绝承兑或者被拒绝付款的有关证明之日起三日内，将被拒绝事由书面通知其前手；其前手应当自收到通知之日起三日内书面通知其再前手。持票人也可以同时向各汇票债务人发出书面通知。"结合电票系统的特点，持票人提示付款遭到拒付后，应当在电票系统收到拒付通知时，在系统内（线上）发起对其他前手的拒付追索。拒付事由、拒付证明五花八门，拒付理由一般为：承兑人账户余额不足、被驳回、票据到期后承兑人超三日未应答，开户行代客户拒付等。持票人虽然可以通知其前手也可以通知所有背书人及出票人，但是结合拒付追索权六个月的时效限制，实务中持票人最好直接通知出票人、背书人等全体债务人。

而实际上持票人很少有在拒付之日起三日内发起拒付追索的，因此该条同时规定了未按照前款规定期限通知的，持票人仍可以行使追索权。因延期通知给其前手或者出票人造成损失的，由没有按照规定期限通知的汇票当事人，承担对该损失的赔偿责任，但是所赔偿的金额以汇票金额为限。实践中部分法院认为由于负有通知义务的持票人在汇票被拒绝付款后没有在规定的期限通知其前手，期间的利息损失不应由背书人负担，故利息的起算应从持票人行使追索权之日开始计算。

（编者：田跃辉）

五、取得商业汇票涉嫌民间贴现，持票人是否享有票据权利

典型案例：甲化工公司与B公司等票据追索权纠分案

基本案情

（一）基本事实

原告甲化工公司于2020年8月27日自F公司处受让电子商业承兑汇票1张，票号23013910001472020081370037××××；出票日期为2020年8月13日，汇票到期日为2021年8月13日；出票人为A公司，收票人为B公司；票面金额为543 663.71元。该汇票背书情况依次为：C公司、D公司、E公司、F公司，并最终背书给原告。票据到期后，原告向出票人提示承兑遭拒付，至今未得到兑付。原告作为最后持票人向各被告行使票据追索权，要求各被告支付票据金额、利息损失及相关费用。原告为证明其是合法持票人，向本院提交《情况说明》、借条及银行转账记录27页。《情况说明》由

原告出具，载明："因 G 公司向原告借款共计9 830 000元，该借款由 F 公司承担连带还款责任。原告收到 F 公司还款11 920 000元，还款方式均为商业承兑汇票。"借条载明："截至 2020 年 4 月 30 日，G 公司共计向原告借款 983 万元，于 2020 年 12 月 31 日前全部还清。该借款由 F 公司承担连带还款责任。"银行转账记录显示 2019 年 11 月 6 日至 2020 年 4 月 22 日期间，原告向 G 公司转账 27 次，合计金额 983 万元。

（二）审判结果

江苏省××人民法院（2021）苏××××民初××31 号之一民事裁定：驳回原告甲化工公司的起诉。

（三）裁判理由

法院经审查认为，包括本案票据在内，原告自 F 公司处受让票据 16 张，合计金额4 166 529. 47元，所涉票据数量较多、金额较大。原告所提交的证据亦不能充分反映其与 F 公司之间存在真实的交易关系。票据贴现属于国家特许经营业务，原告及 F 公司并无法定贴现资质，案涉当事人可能以"贴现"为业，涉嫌犯罪。综上，人民法院审理案件中，发现不属于民事纠纷案件而有经济犯罪嫌疑的，应当裁定驳回起诉并将有关材料移送公安机关。依照《最高人民法院关于在审理经济纠纷案件中涉及经济犯罪嫌疑若干问题的规定》第十一条及《中华人民共和国民事诉讼法》第一百一十九条、第一百五十四条第一款、《民诉法解释》第二百零八条第三款规定，裁定驳回原告甲化工公司的起诉。

案例评析

（一）裁判要旨

原告甲化工公司所提交的证据亦不能充分反映其与 F 公司之间存在真实的交易关系。票据贴现属于国家特许经营业务，基于违法民间贴现而取得票据的当事人不享有票据权利，在汇票被拒付后，其无权向票据前手追索票据款本息。原告及 F 公司并无法定贴现资质，案涉当事人可能以"贴现"为业，涉嫌犯罪。

（二）典型意义

随着我国金融市场改革发展的不断深化，产生了越来越多的金融产品和金融服务。

很多商业主体看到了商业汇票的投融资功能、营利性，产生了游离于法律边缘的民间贴现业务，尤其是经济发达城市区域，产生了一些俗称“票贩子”的民间贴现群体。但是民间贴现行为是《票据法》《九民纪要》所否定的违法甚至犯罪行为。尽管立法领域、司法实践对票据的民间贴现行为罪与非罪的认定仍然存在争议，但是对待民间票据贴现，我们仍应当保持谨慎态度，严格审查是否绝对合法合规。

拓展思考

票据民间贴现也称票据买卖，一般是后手以打几折的价格从前手购票，前手获取后手转来的款项后将票据背书给后手，完成交易。后手获取票据之后，可通过多种方式继续处置票据，或存在真实交易的再背书转让，或民间贴现形式再背书转让，或向银行申请贴现，或等待票据到期被拒付后向法院提起追索诉讼。

持票人民间贴现不具有票据权利。《票据法》第十条规定：“票据的签发、取得和转让，应当遵循诚实信用的原则，具有真实的交易关系和债权债务关系。”而且，民间贴现行为也损害了国家金融管理秩序，损害社会公共利益，属于民法规制的违反社会公序良俗的无效行为。尤其是《九民纪要》出台后，第一百零一条规定对民间贴现行为的效力明确定性，“票据贴现属于国家特许经营业务，合法持票人向不具有法定贴现资质的当事人进行‘贴现’的，该行为应当认定无效”。因此，持票人通过民间贴现方式取得的票据因违反上述规定而不享有票据权利。

民间贴现不享有票据权利时持票人的救济途径。《九民纪要》第一百零一条规定，民间贴现行为无效，贴现款和票据应当相互返还。当事人不能返还票据的，原合法持票人可以拒绝返还贴现款。至于贴现利息，实务中一般认为，根据《民法典》第一百五十七条的规定，民事法律行为无效，“各方都有过错的，应当各自承担相应的责任”。民间贴现双方均明知进行的系票据民间贴现行为，其自身对该行为的无效后果应承担一定过错责任，无效的法律后果应当是恢复交易之前的状态，对于利息的请求，于法无据。

票据中间背书环节存在民间贴现对持票人享有票据权利的影响。实务中，一些背书人在票据诉讼中主张其与其他背书人存在民间贴现背书票据的事实，甚至提供了充分的证据证明前述主张，借此达到持票人不享有票据权利的目的。对此，在持票人不知晓前述背书有民间贴现行为时，根据《票据法》第十三条的规定，票据债务人不得以自己与出票人或者与持票人的前手之间的抗辩事由，对抗持票人。同时，《九民纪要》第一百零一条也规定，根据票据行为无因性原理，在合法持票人向不具有贴现资质的主体进行“贴现”，该“贴现”人给付贴现款后直接将票据交付其后手，其后手支付对价并记载自己为被背书人后，又基于真实的交易关系和债权债务关系将票据进行背书转让的情形下，应当认定最后持票人为合法持票人。对此，多数法院在审理票据纠纷遇到背书环节存在民间贴现行为时，直接以前述法律规定为由，认定其主张于法无据。

（编者：田跃辉）

六、取得商业汇票基础法律关系存在瑕疵是否影响持票人作为合法持票人并享有票据权利

典型案例：甲贸易公司与B公司等票据追索权纠纷案

基本案情

（一）案件事实

涉讼电子商业承兑汇票的信息为：票据编号为231058100030820210125×××，出票日期为2021年1月25日，到期日为2022年1月25日，金额为1 000 391.84元，出票人及承兑人均为A房地产开发有限公司，收票人为B公司。出票人、承兑人承诺本汇票到期无条件付款。

此后该汇票陆续经背书转让给C公司、D公司、E公司、F商行、G公司、H公司，甲贸易公司于2022年1月24日从H公司处背书取得，甲贸易公司于2022年1月25日、2022年1月29日通过票据系统向A房地产开发有限公司申请付款，均因“承兑人账户余额不足”提示付款拒付。后甲贸易公司向B公司、C公司、D公司、E公司、F商行、G公司追索均被拒付。

甲贸易公司提供《购销合同》和销售出库单，主张H公司于2022年1月21日向其购买激光二极管、加速度传感器等，货款为1 002 000元，H公司用涉案票据支付货款，甲贸易公司于2022年1月27日向H公司交付货物。甲贸易公司于2022年2月22日向本院提起诉讼。C公司、B公司称甲贸易公司在2022年1月25日提示付款被拒后仍于2022年1月27日向H公司交付货物，且在本案未起诉H公司，故认为甲贸易公司与H公司的交易不真实。

（二）审判结果

广东省××人民法院（2022）粤××××民初××40号民事判决：被告B公司、

C 公司、D 公司、E 公司、F 商行、G 公司应于本判决生效之日起五日内连带向原告甲贸易公司支付票据款项1 000 391. 84元及利息（利息以1 000 391. 84元为基数，自 2022 年 1 月 25 日起至付清之日止按照同期全国银行间同业拆借中心公布的一年期贷款市场报价利率计算）。

（三）裁判理由

法院认为，甲贸易公司持有票据编号为 2310581000308202l0125×××的电子商业承兑汇票，并对该票据来源进行了合理解释并提交了证据予以佐证，可确认甲贸易公司为涉讼票据的合法持有人。涉讼票据背书连续，甲贸易公司在涉讼票据到期被拒绝付款，有权向其任一前手、数名前手或全部前手行使追索权。因此，甲贸易公司要求 B 公司、C 公司、D 公司、E 公司、F 商行、G 公司承担支付票据款1 000 391. 84元，符合法律规定，本院予以支持。甲贸易公司主张自票据到期日起至付清之日止按照全国银行间同业拆借中心公布的贷款市场报价利率计算利息，符合法律规定，本院予以支持。

B 公司、C 公司称甲贸易公司在 2022 年 1 月 25 日提示付款被拒后仍于 2022 年 1 月 27 日向 H 公司交付货物，且在本案未起诉 H 公司，故认为甲贸易公司与 H 公司的交易不真实。对此本院认为，第一，根据票据的无因性，甲贸易公司与 H 公司通过买卖合同的基础关系取得票据，买卖合同的履行问题不影响甲贸易公司在票据被拒付后取得对任一前手的票据追索权；第二，买卖合同明确约定甲贸易公司须在 2022 年 1 月 27 日交付货物，甲贸易公司依约履行买卖合同，合理合法，且甲贸易公司交货时尚未超过十天的票据提示付款期，甲贸易公司仍有可能通过再次提示付款的方式实现票据权利；第三，甲贸易公司有权对票据债务人的其中任何一人、数人行使追索权，甲贸易公司未向 H 公司主张权利，是对其权利的自行处分，并无不当。至于被告 B 公司、C 公司主张甲贸易公司与 H 公司存在票据贴现行为，但未提供证据证明其主张。故对 B 公司、C 公司的上述抗辩意见，本院不予采纳。

案例评析

（一）裁判要旨

甲贸易公司持有票据编号为 231058100030820210125×××的电子商业承兑汇票，并对该票据来源进行了合理解释并提交了证据予以佐证，可确认甲贸易公司为涉讼票据的合法持有人；根据票据的无因性，甲贸易公司与H公司通过买卖合同的基础关系取得票据，买卖合同的履行问题不影响甲贸易公司在票据被拒付后取得对任一前手的票据追索权。

（二）典型意义

本案审理法院明确认定了合法持票人的界限，重申了票据无因性的基本原理，对于保护合法持票人的票据权利具有重要的意义，同时对在实际贸易背景存在瑕疵，但是仍需要通过贸易背景证据证明票据合法来源的审判案例提供了参考。

拓展思考

（一）票据无因性的基本原理

承兑汇票系一种高度信用的无因性有价证券，票据的无因性即票据行为成立后，票据行为的基础关系与票据法律关系相分离，票据行为的基础法律关系是否有效、是否存在，对已经成立的票据不产生影响，持票人与直接前手之间、票据债务人与出票人或者持票人的前手之间的基础法律关系并不导致票据行为无效。因此票据的最后背书人和持票人，只要票据真实有效，背书连续，持票人即享有票据权利，除非票据债务人能够举证证明持票人具有法定的票据无因性的例外情形。

我国票据法中虽然规定了票据的签发、取得和转让应具有真实的交易关系和债权债务关系，但不能因此无视票据具有无因性的典型特点，不能片面强调基础关系和票据关系的联系。为此，依据《最高人民法院关于审理票据纠纷案件若干问题的规定（2020年修正）》第十三条“票据债务人以票据法第十条、第二十一条的规定为由，对业经背书转让票据的持票人进行抗辩的，人民法院不予支持”的规定，同时，根据《票据法》第十三条第二款规定，债务人只能对与自己有直接债权债务关系的直接前手抗辩，所以，背书人以质疑持票人交易的真实性为由对票据权利进行抗辩，缺乏法律及事实依据。

（二）法定的票据无因性的例外情形

票据虽然具有无因性特征，但并不是绝对的，为此票据法仍然规定了不适用无因性的例外情形。结合《最高人民法院关于审理票据纠纷案件若干问题的规定（2020修正）》第八条、第九条、第十四条规定，无因性的例外情形大致分以下几种：（1）票据的出票、承兑、交付、背书转让涉嫌欺诈、偷盗、胁迫、恐吓、暴力等非法行为；（2）或者明知有前列情形，出于恶意取得票据的；（3）持票人因重大过失取得不符合本法规定的票据的；（4）与票据债务人有直接债权债务关系并且不履行约定义务的；（5）明知票据债务人与出票人或者与持票人的前手之间存在抗辩事由而取得票据的；（6）其他依法不得享有票据权利的，比如民间贴现。

（三）持票人对取得票据的基础法律关系的举证标准

近年来票据纠纷呈现稳步增长的态势，票据纠纷中，尤其以票据追索权纠纷为主，而伴随着个别知名房企爆雷后，票据追索权纠纷在行业分布上主要集中在建筑业。

尽管最高人民法院的司法解释已经明确，票据债务人不得以《票据法》第十条对抗业经背书的票据所对应的持票人的权利。但几乎票据诉讼各方都会以交易真实性进行辩论，尤其是作为被告的票据债务人，该条仍是引用较多的条款，仿佛是整部限制抗辩权的票据法中票据债务人的一根救命稻草。而目前司法实践中，法院是否应当主动审查交易关系的真实性，或者在被告方提出合理质疑后是否审查、审查至何种程度，各地裁判尺度不一。

房企爆雷以来，众多票据追索权纠纷，在案情相似的情况下，对基础交易的审查，不同法院采取了截然不同的审查尺度。在持票人提交了买卖合同、送（收）货单的情况下，A 法院认为“原告虽提交了有前手盖章的购销合同及收货确认书，但原告未向其前手开具发票。据此，本院无法认定涉案购销合同已实际履行，案外人将涉案汇票转让背书给原告系用于支付货款的事实。也即，原告提交的证据不足以证明其取得涉案汇票系基于真实的交易关系和债权债务关系。”B 法院认为“原告提供了与前手之间的购销合同、送货单、入库单，上述证据加盖有原告及前手的公章，证据内容也可以证明原告与前手之间交易的金额、原告送货情况等事实，被告虽提出异议但未能举证推翻上述证据的证明力，应承担举证不能的不利后果，且开具发票并非证明交易的必要证据，被告的该项抗辩理由亦依据不足，故本院对原告取得涉案票据的合法有效性予以认可。”甚至 A 法院另一类案件也有不同的审查尺度：“本院认为，原告提交的购销合同、供货清单证明原告与案外人存在买卖合同关系，原告基于上述交易取得的涉案商业承兑汇票合法。被告未提交反驳证据推翻上述合同的真实性，又未提供充分证据证明原告存在民间贴现行为，现以此为由主张原告不享有票据权利的抗辩理由，本院不予采纳。该涉案汇票记载事项完整、背书连续，系合法、有效票据，原告依法享有票据权利。”

房地产行业是使用商业票据交易的集中地，商业票据的发行规模更是远超想象。进入票交所时代后，签发电子商业承兑汇票使得交易更加高效透明，进一步加强了票据的流通性。商业票据的不断背书转让，正是体现了票据的流通性特点。一张商业票据往往涉及多方交易主体（如若干前手、保证人、承兑人等），当持票人提起追索权诉讼，如要求每一次背书转让的交易背景都是真实，无异于苛求，增加了很多成本，持票人也无从调查核实。因此，票据的无因性是商业票据流通的基础，基础法律关系的举证标准过于苛刻也必然会打击持票人接受、持有商业票据商票的积极性。

实务中，取得票据的基础关系有很多，可以基于交易关系，也可以基于借贷、赠与、代偿、保证等关系，还可以是信托等关系。持票人对基础关系的证明不必非常准确，比如实践中常见的买卖关系，只要提供初步证据证明双方之间存在基础关系即可，比如对账单、送货单、收货单、发货单、出库单、交易合同、发票等一项或多项。实际交易过程中，受制于公司规模、高管认知、公司规范程度、交易习惯、交易标的等因素，交易细节千奇百怪，每一项证据比如单据或发票并非证明交易的必要证据或必然在交易过程中产生。非持票人直接前手的票据债务人进行交易关系抗辩，不仅没有法律依据，而且对持票人身份举证责任要求过于苛刻。

（编者：田跃辉）

七、未发起线上拒付追索，持票人能否行使票据追索权

典型案例：A 银行深圳分行与 B 公司等票据追索权纠纷案

一 基本案情

（一）案件事实

甲公司为向乙公司支付购买 800 台 TEG6110EV05 型 11 米通勤车的货款，向乙公司开具了案涉 132 张电子商业承兑汇票。出票人及承兑人为甲公司，出票日期为 2018 年 2 月 5 日，汇票到期日为 2018 年 11 月 29 日（除票据号 2104376500012018×××外的案涉 131 张票据）、2019 年 2 月 5 日［票据号 2104376500012018×××，一审案号（2019）粤××××民初××86 号］，收款人为乙公司，汇票可再转让，出票人、承兑人承诺汇票到期无条件付款。2018 年 2 月 9 日，乙公司将案涉汇票背书转让给了 B 公司。2018 年 3 月 17 日，B 公司将上述汇票背书转让给自己后又将案涉票据质押背书

给A银行深圳分行，作为相应贷款的担保。案涉票据到期后，A银行深圳分行在提示付款期内向甲公司提示付款，甲公司分别于2018年12月3日（对应除票据号2104376500012201 8×××外的案涉131张票据）、2019年2月15日［对应票据号2104376500012201 8×××，一审案号（2019）粤××××民初××86号］拒绝付款，拒付理由：票据到期后承兑人超三日未应答，开户行代客户拒付。A银行深圳分行遂于2018年12月4日［（2019）粤××××民初××83-××13号］、2019年4月18日［（2019）粤××××民初××11号］向B公司、乙公司发出《行使追索权通知函》，要求在收到通知函后3日内支付案涉汇票票据款，B公司、乙公司确认收到该通知函，但未予理会。A银行深圳分行于2019年4月25日［（2019）粤××××民初××83-××13号］、2019年5月27日［（2019）粤××××民初××11号］向一审法院提起诉讼，要求甲公司、乙公司、B公司连带清偿票据款及利息。但自2018年12月3日、2019年2月15日被拒付之日起6个月内，A银行深圳分行没有通过电子商业汇票系统向前手发出追索通知的指令（数据电文）。2019年12月20日，A银行深圳分行才通过电子商业汇票系统向甲公司发起追索，现票据状态为：拒付追索待清偿。

（二）审判结果

广东省××人民法院（2019）粤××××民初××83-××13、××11号民事判决：1. 甲公司于判决生效之日起十日内支付A银行深圳分行票据汇票款，并以汇票款为基数，支付相应利息；2. 驳回A银行深圳分行的其他诉讼请求。

一审判决后，A银行深圳分行向深圳市中级人民法院提起上诉，广东省××中级人民法院作出（2021）粤××民终×33-×63、××48号民事判决：驳回上诉，维持原判。

（三）裁判理由

法院生效裁判认为：本案争议焦点为线下行使电子商业汇票追索权的法律效力问题，这一问题至少需要考量三个因素：其一，《电子商业汇票管理办法》能否作为本案的裁判依据；其二，电子商业汇票线下追索是否满足票据的要式性；其三，电子商业汇票线下追索的法律后果。具体分析如下：

首先，《电子商业汇票管理办法》能否作为本案的裁判依据。《票据法》第一百零九条规定："票据管理的具体实施办法，由中国人民银行依照本法制定，报国务院批准后施行。"中国人民银行依据该授权，于2009年10月16日以中国人民银行令〔2009〕第2号颁发并实施《电子商业汇票业务管理办法》，并随后下发系列配套管理办法。

《电子商业汇票业务管理办法》系中国人民银行在职责权限范围内，为规范电子商业汇票业务，保障电子商业汇票活动中当事人的合法权益，促进电子商业汇票业务发展的实际需要，依据《票据法》的直接授权而制定。《最高人民法院关于审理票据纠纷案件若干问题的规定（2000年）》第六十三条规定，“人民法院审理票据纠纷案件，适用票据法的规定；票据法没有规定的，适用《中华人民共和国民法通则》、《中华人民共和国合同法》、《中华人民共和国担保法》等民商事法律以及国务院制定的行政法规。中国人民银行制定并公布施行的有关行政规章与法律、行政法规不抵触的，可以参照适用”［《最高人民法院关于审理票据纠纷案件若干问题的规定（2020年修正）》中为第六十二条，具体内容为：“人民法院审理票据纠纷案件，适用票据法的规定；票据法没有规定的，适用《中华人民共和国民法典》等法律以及国务院制定的行政法规。中国人民银行制定并公布施行的有关行政规章与法律、行政法规不抵触的，可以参照适用。”］。在其他法律法规均未就电子商业汇票管理作出规定的情形下，鉴于电子商业汇票的特殊性，《电子商业汇票业务管理办法》作为专门规范电子商业汇票的部门规章，在立法目的正当、程序合法且与上位法不冲突的情况下，可以作为审理案件的裁判依据。一审法院认为《电子商业汇票业务管理办法》作为专门规范电子商业汇票的部门规章，在立法目的正当、程序合法的情形下，理当优先适用，作为案件审理的实体法依据之一，法律适用正确，本院予以维持。

其次，电子商业汇票线下追索是否满足票据的要式性。票据行为具有法定的形式，凡违反票据法关于票据行为要式规定的，除法律另有明确规定者外，所为行为无效。票据的签章系票据行为要式性的重要表现形式之一。《票据法》第四条规定：“票据出票人制作票据，应当按照法定条件在票据上签章，并按照所记载的事项承担票据责任。持票人行使票据权利，应当按照法定程序在票据上签章，并出示票据。其他票据债务人在票据上签章的，按照票据所记载的事项承担票据责任。”《电子商业汇票业务管理办法》第十四条规定：“票据当事人在电子商业汇票上的签章，为该当事人可靠的电子签名。电子签名所需的认证服务应由合法的电子认证服务提供者提供。可靠的电子签名必须符合《中华人民共和国电子签名法》第十三条第一款的规定。”电子商业汇票是以数据电文形式制作的票据，需要通过特定的信息系统的记录、解读才能以被人理性感知的形式呈现，必须依赖电子商业汇票系统这一载体来运行和完成，电子商业汇票业务活动中应当使用数字证书作为票据活动的电子签名，通过电子商业汇票系统审核的电子签名系电子商业汇票唯一合法有效的签章。《电子商业汇票业务管理办法》第五条规定：“电子商业汇票的出票、承兑、背书、保证、提示付款和追索等业务，必须通过电子商业汇票系统办理。”因此，电子商业汇票的线下追索因不具备有效签章，不符合《电子商业汇票业务管理办法》第十四条、第五条关于电子商业汇票签章和追索等票据行为要式性的要求而无效。一审判决对电子商业汇票的“签章”和“出示票据”的法定程序必须通过电子商业汇票系统操作才能成立以及A银行深圳分行在案涉电子商业汇票纸质打印件上加盖实物印章的行为不具备签章效力的理由已进行详细阐述，本院不再赘述。A银行深圳分行主张票据追索不属于票据行为，行使票据权利无需满足票据要式性的理由于法无据，本院不予支持。

最后，电子商业汇票线下追索的法律后果。《票据法》第七十条第二款规定：“被追索人清偿债务时，持票人应当交出汇票和有关拒绝证明，并出具所收到利息和费用的收据。”如果电子商业汇票采用线下追索的方式，则可能产生以下后果：1. 因持票人客观上无法依法交付票据，导致被追索人清偿后无法获得相应票据，无法行使再追索权；2. 因线下追索未被电子商业汇票系统记载，导致电子商业汇票系统默认持票人已对除出票人、承兑人、保证人等外的前手丧失追索权；3. 如果在电子商业汇票系统之外以司法判决的形式另行确立、确认其他票据状态，导致法院判决认定的票据状态与电子商业汇票系统中登记的票据状态不一致，造成该票据脱离中国人民银行及其他金融监管机构对电子商业汇票领域的监管，加大电子商业汇票参与者的经营风险，冲击甚至破坏已经建立的电子商业汇票规则和市场秩序，威胁票据金融市场安全等不良后果。一审判决基于上述法律后果，考虑A银行深圳分行作为金融机构，不仅是电子商业汇票系统的接入机构，其还为其他电子商业汇票参与者提供服务，也与上海票据交易所签署了会员服务协议，对必须通过电子商业汇票系统办理追索业务这一规定是明知的，应当对《电子商业汇票业务管理办法》负有更高的注意义务和严格遵守的示范义务，有理有据，本院予以维持。

案例评析

（一）裁判要旨

追索权的行使方式分为线上追索和线下追索。在电子商业承兑汇票到期被拒付后，存在持票人未在电子商业汇票系统进行线上追索，而直接以发催款函、律师函或向人民法院提起诉讼等线下方式向票据债务人行使追索权。上述案例中，就仅线下追索的法律效力问题，认为线下追索不成立或无效，持票人未在票据权利时效内通过电子商业汇票系统行使追索权的，票据权利消灭。

（二）典型意义

确立了持票人在法定提示付款期限内提示付款被拒付后，通过电子商业汇票系统发起线上拒付追索的票据行为、办理拒付追索业务是持票人有效行使拒付追索权的必要前提条件。《电子商业汇票业务管理办法》第十一条规定：“电子商业汇票信息以电子商业汇票系统的记录为准”。作为专门规范电子商业汇票的部门规章在本案例中得到明确地遵守是规范票据市场的重要举措。经济发达城市电子商业汇票交易市场较为活跃，从而也会引发众多问题，通过线上追索对于保障清偿人持有票据从而行使再追索权、规范和维护电子商业汇票规则和市场秩序具有重要的推动和指导作用。

拓展思考

影响本案追索权的重要因素有两个：（一）六个月在法律上是诉讼时效还是除斥期间；（二）线上拒付追索发起与否对行使票据权利的影响。

（一）六个月在法律上是诉讼时效还是除斥期间

《票据法》第十七条规定：“票据权利在下列期限内不行使而消灭：……（三）持票人对前手的追索权，自被拒绝承兑或者被拒绝付款之日起六个月……”

《最高人民法院关于审理票据纠纷案件若干问题的规定（2020 修正）》第十九条规定：“票据法第十七条规定的票据权利时效发生中断的，只对发生时效中断事由的当事人有效。”

《票据法》第十八条规定：“持票人因超过票据权利时效或者因票据记载事项欠缺而丧失票据权利的，仍享有民事权利……”

《电子商业汇票业务管理办法》第六十八条规定，持票人因电子商业汇票到期后被拒绝付款或法律法规规定其他原因，拥有的向票据债务人追索的权利时效规定如下：“（二）持票人对其他前手的追索权利时效，自被拒绝付款之日起6个月……”

通过上述规范票据法律关系的法律法规分析，六个月时间应当理解为行使票据追索权（票据权利）的诉讼时效，应当适用《民法典》第一百九十五条规定，提起诉讼是时效中断的法定情形之一。但结合笔者操作过的各大银行电子商业汇票系统，超过六个月后再在电子商业汇票系统内向出票人以外的其他前手发起拒付追索，多数会导致追索失败，电子商业汇票系统一定程度上阻碍了持票人通过线下方式中断了诉讼时效后再以线上方式发起拒付追索的操作空间，致使持票人的票据权利无法实现。

（二）线上拒付追索发起与否对行使票据权利的影响

随着电子商业汇票交易的逐年增多，尤其是恒大、融创等地产商爆发危机以来，类似的票据纠纷案件众多，目前与深圳市中级人民法院前述判例持类似观点的有湖南株洲、河北邢台等地法院；但是上海、山东、重庆、四川、福建、山西、河南、海南等多地法院认为线下诉讼方式追索是有效追索，甚至诉讼中法庭调查时并不会问及有无发起线上追索。

在大量的此类案件中，很多票据当事人对《票据法》《电子商业汇票业务管理办法》等的规定和电子商业汇票系统的实操规则并不完全了解，实践中一般的企业也很少接触到商业汇票，甚至陷入票据几经流转后最后持票人对票据完全不懂如何行使票据权利的窘况。因此，从实务中总结经验，进一步优化电子商业汇票系统的操作程序、完善法律法规与之相衔接，兼顾对票据当事人合法权益的保护，促进电子商业汇票业务的发展极具现实意义。

（编者：田跃辉）

八、商业汇票持票人行使再追索权构成要件

典型案例：甲贸易公司与 B 公司等票据追索权纠纷案

基本案情

（一）案件事实

案涉电子商业承兑汇票记载事项如下：票号 210558690001620200724×××，出票日期 2020 年 7 月 24 日，汇票到期日 2021 年 7 月 24 日，票面金额398 730.36元，出票人及承兑人为 A 公司，收票人为被告 B 公司，承兑日期 2020 年 7 月 24 日，背书路径为：被告 B 公司—被告 C 公司—被告 D 公司—案外人 E 公司—被告 F 公司—案外人 G—原告甲贸易公司—案外人 H 公司—案外人 I 公司。

2021 年 7 月 24 日，案外人 I 公司作为持票人向出票人及承兑人 A 公司提示付款，A 公司予以拒付。2021 年 10 月 8 日，案外人 I 公司向其前手案外人 H 公司发起追索，案外人 H 公司于 2021 年 10 月 15 日予以签收并同意清偿。案外人 H 公司向其前手即本案原告发起再追索，原告予以签收并同意清偿，于 2021 年 10 月 22 日向案外人 H 公司

支付398 730.36元。原告于2021年12月2日提起本案诉讼。

（二）审判结果

广东省××人民法院（2021）粤××××民初××13号民事判决：1. 被告B公司、被告C公司、被告D公司、被告F公司应于本判决生效之日起五日内连带向原告甲贸易公司支付票据款398 730.36元及利息（利息以398 730.36元为基数，自2021年10月22日起按全国银行间同业拆借中心公布的贷款市场报价利率计至款项实际清偿之日止）；2. 驳回原告的其他诉讼请求。

（三）裁判理由

法院生效判决认为，本案为票据追索权纠纷。案涉电子商业承兑汇票的记载事项符合法律规定，系有效票据，I公司通过连续背书取得上述汇票，为合法的票据权利人。依据《票据法》第六十八条之规定，持票人可以不按照汇票债务人的先后顺序，对其中任何一人、数人或者全体行使追索权。上述汇票被拒绝付款，持票人I公司向H公司行使追索权，H公司向原告行使再追索权，均符合法律规定。原告作为被追索人向H公司清偿后，依法与持票人享有同一权利，可向其他汇票债务人行使再追索权，请求其他汇票债务人支付已清偿的全部金额以及自清偿日起至再追索清偿日止按中国人民银行规定的利率计算的利息等款项。因此，原告诉请四被告给付票据款398 730.36元及利息损失，有事实和法律依据，本院予以支持。利息以398 730.36元为基数，自2021年10月22日起按全国银行间同业拆借中心公布的贷款市场报价利率计至款项实际清偿之日止。

案例评析

（一）裁判要旨

持票人行使追索权均符合法律规定，原告作为被追索人向持票人清偿后，依法与持票人享有同一权利，可向其他汇票债务人行使再追索权，请求其他汇票债务人支付已清偿的全部金额以及自清偿日起至再追索清偿日止按中国人民银行规定的利率计算的利息等款项。

（二）典型意义

商业汇票因信用而存在、因支付而发生、因融资而发展。随着商业汇票背书人的增加，汇票的信用不断积累。持票人在拒付后可以通过行使追索权维护持有票据权利，同样，被追索人通过《票据法》第七十一条再追索权获得保障，鼓励被追索人主动清偿，促进票据流通，维护票据市场票据行为秩序。

拓展思考

（一）再追索权的构成要件

持票人行使票据追索权的依据是《票据法》第六十一条："汇票到期被拒绝付款的，持票人可以对背书人、出票人以及汇票的其他债务人行使追索权。"票据再追索权根据《票据法》第七十一条规定，是指被追索人依照《票据法》第七十条规定清偿后，可以向其他汇票债务人行使再追索权，请求其他汇票债务人支付票据金额、利息和费用的权利。因此票据再追索权，应当具有实体和程序两个构成要件：1. 清偿票据并持有票据。被追索人在持票人行使追索权时，双方通过操作同意清偿、同意清偿签收等票据行为可以将票据交付到被追索人账户内，此时被追索人成为新的持票人，持有票据；清偿票据是享有票据权利的基础，被追索人只有将票据金额及利息支付给持票人，才能享有票据权利并向其他汇票债务人行使追偿权；2. 持票人对其他前手的再追索权利时效为自清偿日或被提起诉讼之日起三个月。根据《票据法》第十七条的规定"持票人对前手的再追索权，自清偿日或被提起诉讼之日起三个月"，被追索人在清偿了票据之后，应当在清偿之日起三个月内向其他汇票债务人发起线上追索。部分地区法院裁判规则也认可前述期限内进行线下追索的方式主张再追索权。

（二）再追索权的权利行使范围

《票据法》第七十一条的规定："被追索人依照前条规定清偿后，可以向其他汇票债务人行使再追索权，请求其他汇票债务人支付下列金额和费用：（一）已清偿的全部金额；（二）前项金额自清偿日起至再追索清偿日止，按照中国人民银行规定的利率计算的利息；（三）发出通知书的费用。"但由于《票据法》对"已清偿的全部金额"的范围未作出明确规定，因此实践中存在争议，尤其是对票据追索权案件中的案件诉讼费、保全费、执行费及迟延履行金等是否属于再追索权范围问题存在不同看法。实践中主流观点认为，票据再追索权的范围为当事人已支付的票据本金、利息及前述本金与利息自清偿日起至再追索清偿日止的利息。案件诉讼费、保全费、执行费及迟延履行金不属于可以基于票据关系行使再追索权的范围，均系被追索人怠于履行票据责任和法院生效判决所产生的扩大损失，应由被追索人自行承担。

（三）再追索权的行使对象

《票据法》第六十八条规定："汇票的出票人、背书人、承兑人和保证人对持票人承担连带责任。持票人可以不按照汇票债务人的先后顺序，对其中任何一人、数人或者全体行使追索权。持票人对汇票债务人中的一人或者数人已经进行追索的，对其他汇票债务人仍可以行使追索权。被追索人清偿债务后，与持票人享有同一权利。"因此，被追索人清偿债务后，与持票人享有相同的权利，获得再追索权，可以以汇票的其他出票人、背书人、承兑人和保证人作为行使再追索权的对象。但是，《票据法》第六十九条的规定又对追索权的对象进行了限制，即持票人为出票人的，对其前手无追索权。持票人为背书人的，对其后手无追索权。实践中，一般被追索人清偿票据后，应当向出票人、承兑人、保证人及其前手背书人行使再追索权。通过《票据法》第六十九条确定的追索原则，符合追索权的立法目的，避免票据当事人陷入反复追索与被追索的讼累。

（四）非出票人和承兑人的背书人作为被追索人时的审慎注意义务

非出票人和承兑人的票据当事人被持票人追索时，根据《票据法》《最高人民法院关于审理票据纠纷案件若干问题的规定（2020 修正）》《电子商业汇票业务管理办法》等相关规定，应审查持票人持票来源是否合法、是否在法定期限内提示付款、是否在法定期限内发起拒付追索等事宜。如持票人的票据取得涉嫌欺诈、偷盗、胁迫、恐吓、暴力等非法行为或以民间贴现方式取得票据的均不享有票据权利；如持票人存在期前或逾期提示付款的，结合票据法规定及目前的司法裁判规则，可能会导致持票人无权向除出票人和承兑人外的票据前手追索。被追索人在清偿持票人时，应当在合理的范围内审查可能导致持票人不享有票据权利或者不享有再追索权的情形，避免己方清偿票据后，无法行使再追索权。如果票据被追索人由于未审查到位，向持票人清偿了票据，则该被追索人对持票人或享有不当得利请求权，而非取得对其他票据前手的再追索权。

（编者：田跃辉）

第六章　破产法专题

一、个人破产制度的实施

典型案例：梁某个人破产重整案

基本案情

（一）案件事实

2018年至2020年间，梁某先后成立两家公司。由于无法获得稳定的客户资源，未能实现盈利，一直借款维持经营。2020年，受到新冠疫情的影响，梁某背负的债务越来越多，欠债达到75万元，无法偿还全部债务。2021年3月10日，梁某向深圳中院申请个人破产。2021年5月11日，深圳中院受理了梁某个人破产重整申请，并依法指定广东某律师事务所为破产管理人。经管理人调查，梁某与其母亲、妻子和两个小孩共同居住在35平方米的出租屋内。目前，梁某在一家公司担任工程师，每月收入约2万元，其妻子每月收入约6 000元，两个小孩尚在上学期间。梁某的主要财产为银行卡中的余额79 507.77元第三方支付平台账户余额4.76元、住房公积金账户余额5 619.9元、房屋租赁押金1 500元、两项对外股权投资、两项有效知识产权（1项外观设计和1项实用新型专利）。除此之外，还有手机、电脑、电动单车、空调、冰箱等工作、生活、孩子学习基本物品。管理人共收到11家债权人申报的30笔债权，申报债权总额为648 289.02元。经管理人审查，确认了10家债权人申报的债权合计564 216.91元，其中本金500 622.87元、利息和违约金等63 594.04元，债权性质均为普通债权。梁某向债权人会议提出了重整计划草案，承诺在3年内偿还所有借款本金，所欠利息及滞纳金等在还清借款本金后予以免除，梁某一家每月保留7 700元的基本生活费用，同时保留生活必需品。经管理人测算，在破产清算状态下，普通破产债权的受偿率约33.34%，在重整状态下，普通破产债权的受偿率约88.73%，符合《深圳经济特区个人破产条例》关于重整清偿比例不低于破产清算清偿比例的规定。债权人会议经表决，通过了重整计划草案。2021年7月16日，××中院裁定批准梁某重整计划并终结梁某个人破产重整程序。

（二）审判结果

广东省××中级人民法院于2021年7月16日作出（2021）粤××破×30号（个1）之二民事裁定：1. 批准梁某重整计划；2. 终结梁某个人破产重整程序。同时作出了（2021）粤××破×30号（个1）民事决定：解除对梁某采取的限制消费行为措施。

（三）裁判理由

法院生效判决认为，梁某重整计划草案的内容和表决程序符合《深圳经济特区个人破产条例》的有关规定，且未违反法律、行政法规的强制性规定。梁某申请批准重整计划，符合个人破产有关法律法规规定。

案例评析

（一）裁判要旨

本案系个人破产重整案件。根据《深圳经济特区个人破产条例》规定，在深圳经济特区居住，且参加深圳社会保险连续满三年的自然人，因生产经营、生活消费导致丧失清偿债务能力或者资产不足以清偿全部债务的，可以依照本条例进行破产清算、重整或者和解。因此符合该条例第二条规定的债务人申请个人破产，应当严格履行破产申请受理的相关义务，如实申报破产信息，配合管理人调查，接受债权人监督等规则。经破产清算、重整或者和解后，可以依照该条例免除其尚未清偿的债务。

（二）典型意义

本案是《深圳经济特区个人破产条例》实施后深圳中院受理的首例个人破产案件，也是我国境内法院裁定生效的首例个人破产案件。深圳中院贯彻“以重整、和解类再建型破产为主导，以清算类分配型破产为兜底”的裁判原则，通过充分发挥个人破产制度的拯救功能，促进社会诚信体系建构以及金融安全体系建设，优化法治化营商环境，实现个人破产制度价值。本案在为债务人梁某及其抚养家属保留必需的基本生活及权利基础上，保障债权人利益最大化，体现个人破产制度对人权尊重与保障的法理精神。通过个人破产重整程序，既能保障债务人债务得以减免从而达到债务纾缓的目的，又能促使债权人最大限度收回债权，实现利益最大化。尽力偿债，是债务人应尽的义务，债务人除豁免财产外的未来收入都应当用于偿债。多数债权人对梁某所提出的重整计划草案较为满意，并通过了债权人会议。经测算，重整计划执行完毕后，普通破产债权的受偿率比在破产清算情形下的受偿率高 1.5 倍以上。该方案满足债务出清理论，基于平等观念，合理兼顾债务人、债权人以及其他利害关系人的合法权益，实现了债权人与债务人的“双赢”，进一步增进社会经济关系的稳定性。对于债务人而言，个人破产制度还存在保护救济“诚实而不幸”的债务人的重要价值，一定程度地保障债务人生存权益，有助于化解债务清偿，引导社会树立正确的个人破产价值理念，释放市场主体经济活力，促进诚信经济，优化法治化营商环境。

拓展思考

如何判定债务人符合“诚实而不幸”的标准，这是启动个人破产制度的首要条件，也是防止对恶意债务人的纵容，谨防以个人破产制度恶意逃债的有效标准。

以该案为例，可从以下几个角度判断梁某是否符合“诚实而不幸”的标准。第一，梁某因创业失败从而背负沉重债务，这是由市场商业波动下的风险所致；第二，经法院、管理人对债务人财产状况进行调查核实，证实梁某所陈述的破产原因及损失的真实性，经审查其损失及支出与债务数额基本吻合；第三，梁某破产申请被法院正式受理后，其本人和家属积极配合调查工作，依法参与破产程序，保证案件程序顺利推进，其间梁某还积极遵守限制消费行为的决定等义务；第四，梁某创业失败后，主动尽力偿还债务，没有逃避债务的意思与行为。以上可以认定梁某主观不具恶意，符合“诚实而不幸”的债务人标准。

在对上述四点认定的过程中，还应保证债权人在对审查过程监督下的知情权与参与权，减少债权人对该制度设计的担忧，这也是重整计划草案能够顺利通过的原因。在宣告破产后，债务人还需经历免责考察期，只有通过考察期的债务人才能真正获得法律所给予的余债免责的权利。通过事前调查、事后考察，以及对债权人监督权利的保障，实现对债务人“诚实而不幸”标准的综合考察判断，确保破产审判的公信力。

从而在防止债务人恶意逃债的前提下，实现对各方合法权益的兼顾，促进个人破产制度对社会经济发展意义的实现。

（编者：郭超群　梁子旋）

二、破产申请受理前六个月外，债务人与债权人达成的债务抵销，管理人能否主张撤销

典型案例：四川某房地产开发有限公司管理人与邓某撤销个别清偿行为纠纷案

基本案情

（一）案件事实

2016年9月7日，邓某与四川某房地产开发有限公司签订《租赁合同》，约定邓某承租四川某房地产开发有限公司开发建设的商场，租期5年，租金155万元/年，按季度支付。2019年6月25日，邓某与四川某房地产开发有限公司签订《补充协议》，协议约定年租赁由155万元变更为136万元，四川某房地产开发有限公司因急需完善电力、消防设施，缺乏资金，向邓某借款200万元，借款月利率1%，借款本金及利息在租赁合同内按季度扣除；如四川某房地产开发有限公司没有在2019年7月30日完成消防验收、2019年8月30日完成电力验收，邓某借给四川某房地产开发有限公司的200万元作为后面2年的全部房屋租金。《补充协议》签订后，邓某分别于2019年6月30日、7月2日、8月1日向四川某房地产开发有限公司支付50万元、100万元以及50万元。2020年1月23日至2021年10月17日，邓某另外陆续转账借款给四川某房地产开发有限公司。期间，四川某房地产开发有限公司与邓某达成《邓某借款、利息、租金结算表》，以借款本息17 686 87. 89元抵扣2021年7月1日至2022年12月31日的部分房屋租金。

2022年1月24日，四川省××人民法院作出（2022）川××××破申××号民事裁定书，裁定受理四川某房地产开发有限公司破产重整一案，并于同日指定四川某房地产开发有限公司清算组担任管理人。四川某房地产开发有限公司管理人认为四川某房地产开发有限公司与邓某约定以房租抵扣借款的行为构成对邓某的个别清偿，有违公平清偿原则，依据《中华人民共和国企业破产法》第二条、第十六条、第三十二条之规定，于2023年4月11日向四川省××人民法院提起诉讼，请求撤销四川某房地产

开发有限公司以 2021 年 7 月 24 日至 2022 年 12 月 31 日租金抵扣借款、对邓某个别清偿的行为。

邓某答辩称：1. 本案应为破产抵销权纠纷，而非撤销个别清偿行为纠纷。2. 四川某房地产开发有限公司管理人诉请撤销四川某房地产开发有限公司以 2021 年 7 月 24 日至 2022 年 12 月 31 日的租金抵扣借款、对邓某个别清偿的行为不符合法律规定。(1) 四川某房地产开发有限公司与邓某以租金抵销借款的行为是《中华人民共和国企业破产法》第四十条、《最高人民法院关于适用〈中华人民共和国企业破产法〉若干问题的规定（二）》（本书以下简称《适用〈企业破产法〉若干问题的规定（二）》）第四十四条规定的抵销行为，不是《中华人民共和国企业破产法》第三十二条规定的个别清偿行为。故本案应当适用《中华人民共和国企业破产法》第四十条、《适用〈企业破产法〉若干问题的规定（二）》第四十四条的规定，不适用《中华人民共和国企业破产法》第三十二条的规定。(2) 根据《适用〈企业破产法〉若干问题的规定（二）》第四十四条规定，四川某房地产开发有限公司管理人如对抵销有异议，可起诉主张抵销无效，不能主张撤销抵销行为。(3) 四川某房地产开发有限公司与邓某之间的抵销发生在四川某房地产开发有限公司破产申请受理前六个月外，当时四川某房地产开发有限公司不具有破产原因，且抵销的债权债务不属于《中华人民共和国企业破产法》第四十条第（二）（三）项规定的不得抵销的情形之一，四川某房地产开发有限公司管理人也没有在四川某房地产开发有限公司破产申请受理之日起三个月内向人民法院提起诉讼，故四川某房地产开发有限公司管理人的主张不应支持。(4) 抵销是《中华人民共和国企业破产法》第四十条赋予债权人的权利，合法的抵销不损害其他债权人利益，不违背公平清偿原则。退一步讲，即便人民法院否定了四川某房地产开发有限公司与邓某之间的抵销行为，邓某也可以依据《中华人民共和国企业破产法》第四十条的规定向管理人主张抵销。所以，四川某房地产开发有限公司管理人主张否定四川某房地产开发有限公司与邓某之间的抵销行为，没有实质意义。

（二）审判结果

四川省××人民法院于 2023 年 5 月 29 日作出（2023）川××××民初××70 号民事判决：驳回四川某房地产开发有限公司管理人的诉讼请求。

（三）裁判理由

法院生效判决认为：人民法院受理破产申请前六个月内，债务人存在资产不足以清偿全部债务或者明显缺乏清偿能力的情形，仍对个别债权人进行清偿的，管理人有权请求人民法院予以撤销。但是，个别清偿使债务人财产受益的除外。四川某房地产开发有限公司管理人基于撤销个别清偿行为提起本案诉讼，并未依据《适用〈企业破产法〉若干问题的规定（二）》第四十四条的规定主张抵销行为无效，故本案案由应为撤销个别清偿行为纠纷。关于本案抵销是否构成债务人对债权人的个别清偿并应予以撤销的问题，根据《中华人民共和国企业破产法》第三十二条的规定，债务人资产不足以清偿其全部债务，在人民法院受理破产申请前六个月内，债务人仍对个别债权人进行债务清偿，这是管理人请求撤销该个别清偿行为的前提条件，对个别债权人进行清偿的行为须发生在人民法院受理破产申请前六个月内，这是可以行使撤销权的破产临界期。本案中，本院作出受理四川某房地产开发有限公司破产申请裁定的时间为2022 年 1 月 24 日，而四川某房地产开发有限公司与邓某签订《补充协议》的时间为2019 年 6 月 25 日，该《补充协议》中双方就以借款抵销租金事宜进行了明确约定："如甲方没有在 2019 年 7 月 30 日完成消防验收、2019 年 8 月 30 日完成电力验收，乙方借给甲方的 200 万元（贰佰万元整）作为后面 2 年的全部房屋场地租金。"根据法律规定，抵销合同属于诺成性合同，当事人意思表示达成一致即合同成立，因此，《补充协议》签署后即具有法律效力，为抵销合同的生效时间，并不在人民法院受理破产申请前六个月内。另一方面，关于四川某房地产开发有限公司与邓谋协商抵销的在人民法院受理破产申请前六个月内的租金，即使超过前述《补充协议》所约定抵销的金额和时间，也属于《中华人民共和国企业破产法》第四十条所规定的可以抵销的情形，并非个别清偿行为，原告四川某房地产开发有限公司管理人并未提供证据证明四川某房地产开发有限公司与邓某之间的抵销具有法律规定不得抵销的情形，也未按照《适用〈企业破产法〉若干问题的规定（二）》第四十四条规定在破产申请受理之日起三个月内向人民法院提起诉讼。据此，四川某房地产开发有限公司管理人要求撤销四川某房地产开发有限公司与邓某关于以借款抵销租金的行为，并要求邓某返还租金没有事实和法律依据，本院不予支持。

案例评析

（一）裁判要旨

破产申请受理前六个月外，债务人与债权人达成的债务抵销不属于个别清偿，管理人不能主张撤销。

（二）典型意义

近年来，企业破产案件逐年增多。对于企业破产前达成的债务抵销是否构成个别清偿，是否应予否定，如何进行否定的问题也逐渐增多。对此，《中华人民共和国企业破产法》第四十条规定：“债权人在破产申请受理前对债务人负有债务的，可以向管理人主张抵销。但是，有下列情形之一的，不得抵销：（一）债务人的债务人在破产申请受理后取得他人对债务人的债权的；（二）债权人已知债务人有不能清偿到期债务或者破产申请的事实，对债务人负担债务的；但是，债权人因为法律规定或者有破产申请一年前所发生的原因而负担债务的除外；（三）债务人的债务人已知债务人有不能清偿到期债务或者破产申请的事实，对债务人取得债权的；但是，债务人的债务人因为法律规定或者有破产申请一年前所发生的原因而取得债权的除外。”《适用〈企业破产法〉若干问题的规定（二）》第四十四条规定“破产申请受理前六个月内，债务人有企业破产法第二条第一款规定的情形，债务人与个别债权人以抵销方式对个别债权人清偿，其抵销的债权债务属于企业破产法第四十条第（二）、（三）项规定的情形之一，管理人在破产申请受理之日起三个月内向人民法院提起诉讼，主张该抵销无效的，人民法院应予支持。”司法实践中，对于企业破产前达成的债务抵销是否构成个别清偿，是否应予否定，如何进行否定，仍存在分歧。本案例对于企业破产前达成的债务抵销是否构成个别清偿，是否应予否定，如何进行否定，具有参考意义。

1. 债务抵销属于诺成性合同，当事人意思表示达成一致即合同成立并生效

本案中，邓某与四川某房地产开发有限公司于 2019 年 6 月 25 日签订《补充协议》，达成以借款 200 万元抵偿后续租金的合意，该债务抵销行为自双方签订《补充协议》时成立并生效。

2. 债务抵销是否构成个别清偿取决于抵销的债权债务是否属于《中华人民共和国企业破产法》第四十条规定的情形之一

根据《中华人民共和国企业破产法》第四十条的规定，企业进入破产程序后，除《中华人民共和国企业破产法》第四十条规定的不得抵销的三种情形外，债权人在破产申请受理前对债务人负有债务的，可以向管理人主张抵销，此债务抵销不构成个别清偿。根据举重以明轻原则，企业进入破产程序前，除《中华人民共和国企业破产法》第四十条规定的不得抵销的三种情形外，债权人也可以与债务人进行债务抵销，且不构成个别清偿。

3. 企业破产前达成的债务抵销构成个别清偿的，管理人应当通过主张抵销无效否

定债务抵销的效力，而不是通过撤销抵销行为否定债务抵销的效力

根据《适用〈企业破产法〉若干问题的规定（二）》第四十四条的规定，债务人与债权人达成的债务抵销构成个别清偿的，管理人应当通过主张抵销无效否定债务抵销的效力，而不是通过撤销抵销行为否定债务抵销的效力，且管理人必须在破产申请受理之日起三个月内向人民法院提起诉讼，主张抵销无效。否则，人民法院不应支持管理人的诉讼请求。

拓展思考

（一）依法进行的债务抵销不构成个别清偿。根据《中华人民共和国企业破产法》第四十条的规定，除《中华人民共和国企业破产法》第四十条规定的三个除外情形外，债权人可以向管理人主张抵销，也就是说，除《中华人民共和国企业破产法》第四十条规定的三个除外情形外，债权人与管理人进行的债务抵销不构成个别清偿。根据举重以明轻原则，除《中华人民共和国企业破产法》第四十条规定的三个除外情形外，在企业破产前，债权人与债务人达成的债务抵销也不构成个别清偿。

（二）《适用〈企业破产法〉若干问题的规定（二）》第四十四条规定的三个月系管理人向人民法院提起诉讼主张抵销无效的法定期间，不同于诉讼时效，不适用诉讼时效中止、中断和延长的规定。本案中，即便四川某房地产开发有限公司向人民法院起诉主张抵销无效，因超过了三个月的法定期间，人民法院也不应予以支持。

（编者：刘俊生）

编后记

法学专业人才培养事关新时代中国式法治现代化大局。2017 年，习近平总书记在中国政法大学考察时强调，法学学科是实践性很强的学科，要打破高校和社会之间的体制壁垒，将实际工作部门的优质实践教学资源引进高校，加强法学教育、法学研究工作者和法治实际工作者之间的交流。教育部也要求进一步拓展高校与法治工作部门合作的新模式、新路径，实现培养目标共同制定、课程体系共同设计、优质教材共同开发、教学团队共同组织、实践基地共同建设，探索形成常态化、规范化的法治人才培养机制。2023 年 2 月，中共中央办公厅、国务院办公厅印发《关于加强新时代法学教育和法学理论研究的意见》，明确提出要“推动法学院校与法治工作部门在人才培养方案制定、课程建设、教材建设、学生实习实训等环节深度衔接”，为进一步健全法学教育体系、强化法学实践教学与加强院校合作、深化协同育人指明了方向，对于坚持立德树人，德法兼修，培养大批高素质法治人才具有非常重要的意义。

长期以来，我国高等法学教育的同质化现象一直未能得到根本性的改变，地方院校法学专业人才培养目标定位也不是很清晰，长期存在重理论、轻实务的倾向，校地协同育人也大多停留在实践教学环节。2016 年，湖南人文科技学院法学院与娄星区人民法院、娄底市中级人民法院开始校地联合培养法官助理的模式，并设计和制定了相应的实务课程清单，借助专业实习、产学研合作教育和专业课程实践教学环节实现法律实务课程嵌入。2019 年 9 月，由法学院与娄星区人民法院联合申报的“法学类专业校院创新创业教育基地”获批为湖南省普通高校校企合作创新创业教育基地。12 月，湖南人文科技学院与地方司法实务部门联合组建法律实务教学中心，聘任法治工作部门优秀实务专家承担“法律实务”课程教学工作，引入案例教学资源，取得了很好的教学效果。尤其是2018年以来，我们开始探索“法务金融”这一特色培养方向，与地方司法部门、金融机构和金融类律师事务所联合开展专业培养方案改革论证，不断强化金融法案例教学和创新培养应用型法律人才。本书的编写充分体现了这一校地协同育人的探索成果，为新文科建设改革尝试提供了一个新的思路。本教材按照银行法、保险法、证券信托法、公司法、票据法、破产法案例六大板块进行编写，每一个案例统一按照基本案情（案件事实、审判结果、裁判理由）、案例评析（裁判要旨、典型意义）、拓展思考的逻辑结构编写。编写组对每个入选的案例进行了准确、全面、深入地了解、分析和研究，以确保案例材料的针对性、典型性、实践性。本书由朱耀斌、罗立晖担任主编，由刘小林、张永红担任副主编。朱耀斌、罗立晖负责本书编写总纲设计与统稿，刘小林、张永红负责案例审核与章节衔接，唐全民、刘小林、欧阳晨、杨长林、贺光辉分别负责组稿修改，闫俊负责相关法条搜集与核对，终稿由朱耀斌、罗立晖、刘小林、张永红等集体审定。本书也得到了相关法院、检察院和律师事务所法律实务专家的大力响应与协助，在此一并谨致谢忱。本书作为湖南省一流专业建设点阶段性研究成果，可供法学类、金融类本科学生以及考研、法考类人员学习使用。由于编者水平有限，不足之处在所难免，敬祈指正。

本书编写组

2024年10月

